[Organização, sistemas e métodos (OSM)
e design organizacional: novas práticas]

EDITORA intersaberes

O selo DIALÓGICA da Editora InterSaberes faz referência às publicações que privilegiam uma linguagem na qual o autor dialoga com o leitor por meio de recursos textuais e visuais, o que torna o conteúdo muito mais dinâmico. São livros que criam um ambiente de interação com o leitor – seu universo cultural, social e de elaboração de conhecimentos –, possibilitando um real processo de interlocução para que a comunicação se efetive.

[Organização, sistemas e métodos (OSM)
e design organizacional: novas práticas]

ANDERON ANDELLON MAKIOSZEK

R. Clara Vendramin · 58 · Mossunguê
CEP 81200-170 · Curitiba · Paraná · Brasil
Fone: [41] 2106-4170
www.editoraintersaberes.com.br
editora@editoraintersaberes.com.br

Conselho editorial

[Dr. Ivo José Both (presidente)

Drª Elena Godoy

Dr. Neri dos Santos

Dr. Ulf Gregor Baranow]

Editora-chefe [Lindsay Azambuja]

Supervisora editorial [Ariadne Nunes Wenger]

Analista editorial [Ariel Martins]

Preparação de originais [Julio Cesar Camillo Dias Filho]

Edição de texto [Arte e Texto Edição e Revisão de Textos | Gustavo Piratello de Castro]

Capa *design* [Mayra Yoshizawa]

imagem [optimarc/Shutterstock]

Projeto gráfico [Raphael Bernadelli]

Diagramação [Andreia Rasmussen]

Equipe de *design* [Luana Machado Amaro e Mayra Yoshizawa]

Iconografia [Celia Kikue Suzuki

Regina Claudia Cruz Prestes]

Dados Internacionais de Catalogação na Publicação (CIP)
(Câmara Brasileira do Livro, SP, Brasil)

Makioszek, Anderon Andellon
 Organização, sistemas e métodos (OSM) e design organizacional: novas práticas/Anderon Andellon Makioszek. Curitiba: InterSaberes, 2019. (Série Administração da Produção)

 Bibliografia.
 ISBN 978-85-227-0002-8

 1. Administração de empresas – Metodologia 2. Comunicação na administração 3. Organização 4. Sistema de informação gerencial I. Título. II. Série.

19-24246 CDD 658.402

Índices para o catálogo sistemático:
1. Organização, sistemas e métodos: Administração de empresas 658.402
2. OSM: Organização, sistemas e métodos: Administração de empresas 658.402

Maria Alice Ferreira – Bibliotecária – CRB-8/7964

1ª edição, 2019.
Foi feito o depósito legal.
Informamos que é de inteira responsabilidade do autor a emissão de conceitos.
Nenhuma parte desta publicação poderá ser reproduzida por qualquer meio ou forma sem a prévia autorização da Editora InterSaberes.
A violação dos direitos autorais é crime estabelecido na Lei n. 9.610/1998 e punido pelo art. 184 do Código Penal.

[sumário]

apresentação [7]

como aproveitar ao máximo este livro [11]

1 Princípios e visão geral de organização, sistemas e métodos (OSM) [13]

1.1 Breve histórico de OSM [17]
1.2 Método [21]
1.3 Sistema(s) [31]
1.4 Organização [36]
1.5 Design organizacional [41]

2 Conceito, notação e representação em OSM [51]

2.1 Evolução do perfil profissional [55]
2.2 Regulamentação profissional [60]
2.3 Técnicas de OSM [70]
2.4 Ferramentas de gestão organizacional [84]
2.5 Ferramentas de gestão emergentes [94]

3 Estruturas organizacionais [101]

3.1 Estruturas formal e informal de uma organização [105]
3.2 Componentes, condicionantes e níveis organizacionais [107]
3.3 Tipos de estruturas organizacionais formais [110]
3.4 Sistemas organizacionais [122]
3.5 Modelos de gestão [124]

4 Design organizacional [133]

4.1 Diagnóstico organizacional [137]
4.2 Modelagem de negócios: Modelo Canvas [147]
4.3 Gestão do design [157]
4.4 *Design thinking* [162]
4.5 Cenário de negócio [169]

5 Tecnologias e tendências [179]

5.1 Evolução e tendências [182]
5.2 Tecnologia e inovação [184]
5.3 Evolução das tecnologias [189]
5.4 Tecnologias: um comparativo entre o Brasil e o mundo [195]
5.5 Tecnologias emergentes [202]
5.6 Tecnologias de gestão [206]

6 Análise e aplicação de ferramentas em OSM [215]

6.1 Análise de mercado [218]
6.2 Aplicação de organogramas [221]
6.3 Avaliação de *layout* organizacional [224]
6.4 Ferramentas de criação de fluxogramas, organogramas, mapas e modelos [227]
6.5 Construção de cenários [231]

para concluir... [237]
referências [239]
respostas [255]
sobre o autor [259]

[apresentação]

No decorrer do século XX, a área de organização, sistemas e métodos (OSM) evoluiu em conjunto com as teorias da administração, utilizando-se, principalmente, de conceitos das ciências sociais aplicadas e das ciências exatas. Consideramos tratar-se de um campo que aplica ferramentas, métodos e sistemas que dão suporte às atividades de uma organização. Compreende ferramentas e instrumentos utilizados no ambiente organizacional e aplicados em diferentes sistemas, com métodos específicos, constituindo-se, assim, numa prática consolidada nas empresas de diferentes portes. Por essa razão, nesta obra oferecemos estudo de casos e aportes teóricos para o desenvolvimento das áreas de OSM e design organizacional no contexto das empresas.

Além disso, trabalhamos também um assunto muito explorado nas organizações atuais, o design organizacional, que, com as técnicas de OSM, vem somar e enriquecer o cabedal de possibilidades no diagnóstico e nas inovações dos processos organizacionais.

Salientamos que, antes que possa parecer, o intuito desta obra não é esgotar o tema que abarca as noções de OSM e design organizacional, mas mostrar seus diferentes mecanismos de base de aplicação nas organizações, como: visão geral e princípios de OSM; conceito, notação e representação em OSM; estruturas e sistemas organizacionais; design organizacional; evolução e tendências; análise e aplicação dos instrumentos, ferramentas e tecnologias.

Faremos aqui um breve estudo sobre a interface entre OSM e design organizacional, trabalhando em diferentes níveis de conhecimento. Passaremos, para isso, pela compreensão dos conceitos de OSM e chegaremos à aplicação dos modernos métodos e das ferramentas de gestão, em conjunto com os aspectos de design organizacional em direção à criação de competências necessárias ao desenvolvimento da atividade nas áreas de OSM e de design organizacional.

Ressaltamos, portanto, que o objetivo da presente obra é enriquecer os estudos acerca das atividades teóricas e práticas da área de OSM e design organizacional. Para isso, o livro compreende estudos de caso e questões para revisão e reflexão. Cada capítulo foi, como já antecipamos e como você poderá comprovar, estruturado para atender às competências profissionais necessárias na atuação da OSM e design organizacional na gestão das organizações. Os temas explorados abordam assuntos de acordo com as necessidades rotineiras e inovadoras de um profissional gestor. Além disso, o conteúdo elaborado tem como propósito contribuir com o desenvolvimento do perfil profissional alinhado com o desenvolvimento de competências e objetivos preconizados pelas Diretrizes Curriculares Nacionais (DCNs)[1].

Os capítulos foram construídos, então, de forma que você, durante a leitura, possa pensar/refletir sobre os diferentes níveis dos objetivos educacionais, como o conhecimento, a compreensão, a análise, a síntese, a avaliação e a aplicação, em direção a um diferencial de atuação profissional. Nos primeiros capítulos, você notará na estrutura da obra a experiência de estudo diferenciada, uma vez que o texto traz linguagem dialogada, casos práticos de estudo e questões com intuito de revisar e refletir sobre o conteúdo visto.

No Capítulo 1, você terá uma visão geral e acompanhará o histórico da área de OSM, bem como verá alguns princípios importantes, como os de método, de sistema, de organização e de design organizacional.

O Capítulo 2, por sua vez, trata do conceito e da representação em OSM, ou seja, da atuação do profissional de OSM, das atividades relacionadas à área, das técnicas de OSM e de suas ferramentas.

---

1 Segue o *link* do *site* no qual você pode encontrar as variadas DCNs já publicadas: <http://portal.mec.gov.br/component/content/article?id=12991>. Acesso em: 28 fev. 2019.

No Capítulo 3, abordaremos as características, os componentes, as estruturas e os sistemas organizacionais, a departamentalização e os modelos de gestão.

No Capítulo 4, passaremos a explorar o design organizacional e suas modelagens de negócios, a gestão de design, o *design thinking* e o cenário de negócios.

No Capítulo 5, demonstraremos a evolução e as tendências da área no que se refere à tecnologia e à inovação, além de fazer um comparativo das tecnologias no Brasil e no mundo e de descrever as tecnologias de gestão.

No Capítulo 6, para finalizar, descrevemos, analisamos e aplicamos as principais ferramentas organizacionais, como organogramas, fluxogramas, mapas e modelos.

Esperamos que, no decorrer da leitura, o livro lhe ofereça experiências que o ajudem a desenvolver as competências necessárias para a atuação profissional na área. Reiteramos, ainda, que esta obra não esgotará os conhecimentos sobre o assunto, uma vez que a busca pelo aprimoramento nas diferentes maneiras de pensar, como cidadão responsável à procura de uma sociedade justa e sustentável, deve ser contínua.

[como aproveitar ao máximo este livro]

Este livro traz alguns recursos que visam enriquecer o seu aprendizado, facilitar a compreensão dos conteúdos e tornar a leitura mais dinâmica. São ferramentas projetadas de acordo com a natureza dos temas que vamos examinar. Veja, a seguir, como esses recursos se encontram distribuídos no projeto gráfico da obra.

- *Conteúdos do capítulo*
  Logo na abertura do capítulo, você fica conhecendo os conteúdos que serão nele abordados.

- *Após o estudo deste capítulo, você será capaz de:*
  Você também é informado a respeito das competências que irá desenvolver e dos conhecimentos que irá adquirir com o estudo do capítulo.

- *Estudo de caso*
  Esta seção traz ao seu conhecimento situações que vão aproximar os conteúdos estudados à sua prática profissional.

- *Síntese*
  Você dispõe, ao final do capítulo, de uma síntese que traz os principais conceitos nele abordados.

- *Questões para revisão*

  Com estas atividades, você tem a possibilidade de rever os principais conceitos analisados no capítulos. Ao final do livro, o autor disponibiliza das respostas às questões, a fim de que você possa verificar como está sua aprendizagem.

- *Questões para reflexão*

  Nessa seção, a proposta é levá-lo a refletir criticamente sobre alguns assuntos e a trocar ideias e experiências com seus pares.

- *Para saber mais*

  Você pode consultar as obras indicadas nesta seção para aprofundar sua aprendizagem.

1 Princípios e visão geral de organização, sistemas e métodos (OSM)

Conteúdos do capítulo:
- *Visão geral e princípios de OSM.*
- *Histórico da área de OSM.*
- *Definição de método, sistema e organização.*
- *Conceito de design organizacional.*

Após o estudo deste capítulo, você será capaz de:
1. *abordar a OSM na atualidade;*
2. *identificar os princípios de OSM;*
3. *explicar o histórico da área de OSM;*
4. *definir os conceitos de organização, sistemas e métodos;*
5. *conceituar design organizacional.*

A sigla OSM – de *organização, sistemas e métodos* – nos direciona para uma visão (ou entendimento) de como deverão funcionar as rotinas dos processos organizacionais. Por sua vez, o *design organizacional* busca a colaboração de modelos e ferramentas de negócios. Nesse viés, com a união de todas essas funções, as empresas são enriquecidas com diferentes tipos de gestão para saber como conduzir as atividades e poder alcançar os objetivos organizacionais.

O estudo de OSM e design organizacional engloba conhecimentos específicos da grande área de ciências sociais a serem aplicados na empresa como objeto dos estudos de administração, gestão e negócios. Envolve, ainda, os desafios de planejamento e execução de modelos de gestão, sempre presentes no momento de propor mudanças e de executar novas formas de procedimento em atividades diversas, tarefas para cuja realização normalmente se encontra resistência em razão da cultura organizacional.

Na evolução do tema proposto durante as décadas, na opinião de Préve (2013, p. 34), a OSM, tendo encontrado seu maior desafio na adaptação às novas circunstâncias, "garantiu espaço ao profissional da área demonstrando [...] que operar dados via instrumentos modernos informatizados não traduzia a interpretação necessária requerida por uma organização".

Um profissional conhecedor dos diversos modelos de aplicação no diagnóstico organizacional dá espaço para a aplicação das ferramentas organizacionais.

Atualmente a área de OSM, em conjunto com a de design organizacional, focaliza os processos de negócio de forma ampla. A atual OSM tem se centrado mais no Planejamento Estratégico. Como finalidade, a área:

- procura utilizar os melhores processos para alcançar os objetivos da organização;
- objetiva, com função consultiva e colaborativa, a melhoria nos processos de negócios;
- usa, como ferramentas no processo de melhoria das empresas, organogramas, formulários, fluxogramas, modelagem de negócio e as modernas ferramentas de gestão organizacional, com o intuito de eliminar o supérfluo e, principalmente, otimizar os recursos das empresas, maximizando os resultados organizacionais.

1.1 Breve histórico de OSM

Desde os primórdios da civilização, o ser humano tem buscado meios de sobrevivência para atender às necessidades básicas da espécie. Uma das maneiras de perpetuação da humanidade foi a formação de grupos ou tribos, uma vez que, no decorrer da história, percebeu-se que o isolamento dificultava a sobrevivência. Na coletividade, então, as probabilidades de tempo de vida aumentavam, razão pela qual, em conjunto, seria possível unir forças e ideias para atingir um objetivo comum: buscar melhores condições de vida e recursos e melhores maneiras de fazer coisas no cotidiano.

A forma como o ser humano buscou a sobrevivência está relacionada diretamente com o trabalho. Com o tempo, à medida que as tarefas foram sendo distribuídas, percebeu-se que os esforços individuais não se comparavam com os coletivos e que estes facilitariam o atingimento de objetivos comuns. No decorrer da história, a distribuição das atividades entre os membros facilitou a utilização de recursos e o rendimento da produção de subsistência, atendendo, portanto, as necessidades básicas dos grupos ou tribos. Com base nessa evolução histórica da humanidade, surgiram a organização e os diferentes métodos de trabalho, compreendidos como a forma de atingir um rendimento satisfatório por meio de união de esforços para alcançar os resultados com o aumento da produtividade.

1.1.1 A antiga função de organização e método (O&M)

Organização e **método** foram os primeiros conceitos trabalhados na evolução histórica que culminaria na função de OSM. No decorrer do tempo, à medida que foram sendo aperfeiçoados e integrados entre si, contribuíram com o início da antiga área de organização e métodos (O&M), que surgiu em decorrência da Revolução Industrial. A utilização intensiva das primeiras máquinas industriais exigiu a criação de maneiras diferentes de fazer as coisas, distintas das da produção artesanal anterior à era industrial, pois novos problemas foram surgindo, quando se exigiu dos profissionais organização e métodos que buscassem maior produtividade.

Observe que a criação da função de O&M ganhou forma nas empresas após a Segunda Guerra Mundial, depois que as atividades de escritório atentaram para a importância da utilização de métodos no auxílio às funções desempenhadas, a fim de que se atingissem resultados mais satisfatórios com menos utilização de tempo e recursos.

1.1.2 O início de OSM

Na década de 1970, após a criação dos centros de processamento de dados com *mainframes* – computadores de grande porte –, a área de OSM presenciou sua modificação mais significativa, tendo saído de um cenário de excesso de formulários, manuais e papelórios para executar a integração dos processos pela utilização de processamento dos dados. Na década de 1980, com a disseminação dos computadores pessoais e, consequentemente, a criação da informática, as práticas foram rapidamente absorvidas pelas grandes corporações. De certa maneira, os profissionais de informática, como os programadores, trabalhavam com grande proximidade aos profissionais de OSM ou até mesmo a consultores externos. Muitas vezes, a área de OSM era responsável por integrar uma série de processos que dependiam da área de informática, a fim de apoiar as atividades de suporte das operações.

1.1.3 A evolução da OSM e o design organizacional

Na década de 1990, a área de OSM precisou reformular suas práticas em razão das alterações trazidas pela tecnologia da informação. Com a criação de diversas ferramentas de diagnóstico e arquitetura organizacional, ganhou novamente importância no cenário dos negócios. Por fim, na virada do milênio, a internet contribuiu para a disseminação do design organizacional, rapidamente absorvido pelos profissionais de OSM em razão da proximidade de conceitos e ferramentas de diagnóstico organizacional. Observe a seguir a linha do tempo com o desenvolvimento das teorias da administração e da área de OSM.

Figura 1.1 – Linha do tempo das teorias da administração e OSM

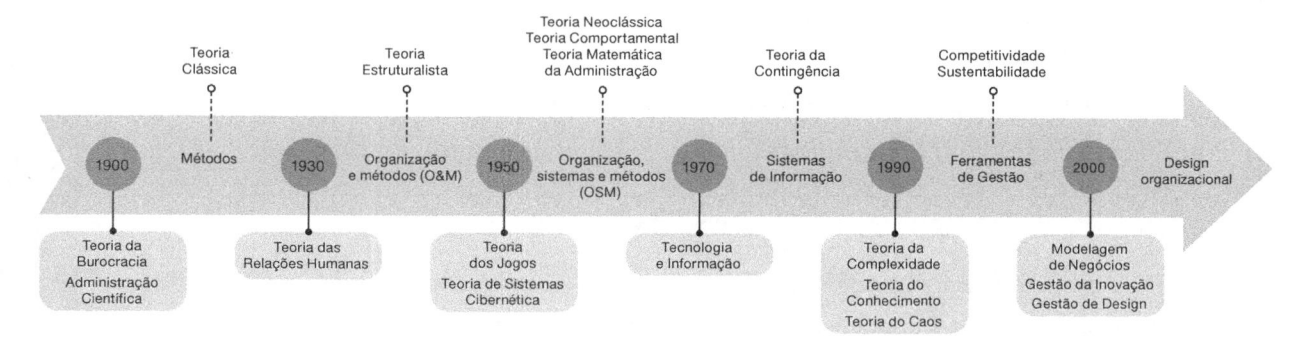

Linha do tempo (1900–2000+):
- 1900 — Métodos | Teoria Clássica | Teoria da Burocracia, Administração Científica
- 1930 — Organização e métodos (O&M) | Teoria Estruturalista | Teoria das Relações Humanas
- 1950 — Organização, sistemas e métodos (OSM) | Teoria Neoclássica, Teoria Comportamental, Teoria Matemática da Administração | Teoria dos Jogos, Teoria de Sistemas, Cibernética
- 1970 — Sistemas de Informação | Teoria da Contingência | Tecnologia e Informação
- 1990 — Ferramentas de Gestão | Competitividade, Sustentabilidade | Teoria da Complexidade, Teoria do Conhecimento, Teoria do Caos
- 2000 — Design organizacional | Modelagem de Negócios, Gestão da Inovação, Gestão de Design

Conforme expõe Curto Jr. (2011, p. 242), anteriormente, os setores responsáveis pela função de organização e métodos

> envolviam mais o aconselhamento e eram muito isolados. Havia pouca preocupação com "o que" fazer, e mais com o "como" fazer. Alguns definiam como uma simples análise administrativa. Ocorria a organização pelo simples ato de organizar. A parte de formulários era excessiva e não passava de simples desenho dos fluxogramas.

Observe a seguir algumas definições que retratam a evolução e a intersecção dos conceitos de organização e métodos (O&M); organização, sistemas e métodos (OSM); e design organizacional.

Quadro 1.1 – Evolução da O&M e da OSM para o design organizacional

O&M
Apenas aconselhamento
Muito isolado
Pouca preocupação com o "o que fazer" e mais com o "como fazer"
"Organizava por organizar"
Excesso de formulários
Mero desenho de fluxogramas
OSM
Foco em processos
Integrativa
Preocupação com "o que fazer" e "por que fazer"
Objetivo organizacional
Auxilia na elaboração (ou melhoria) dos procedimentos
Formulários, organogramas e fluxogramas são ferramentas

(continua)

(Quadro 1.1 – conclusão)

Design organizacional
Foco no negócio
Colaborativo
Preocupação com o negócio: "quem somos?" e "aonde queremos chegar?"
Competitividade
Inovação do negócio
Ferramentas organizacionais e modelagem de negócio

Conforme exposto no Quadro 1.1, podemos observar a evolução prática pela qual passaram os conceitos de *organização e métodos* e de OSM e o da atual área de design organizacional (a qual tem, como se pode ver, foco principalmente no negócio como um todo e não somente em uma função da organização). Essa transformação no tempo mostra a preocupação que tem a OSM com a integração dos processos da organização, e o design organizacional consolida uma área que visa priorizar a inovação e a competitividade da empresa.

Estudo de caso 1 – parte I

Carlos é gerente de uma empresa de médio porte que atua na geração de serviços e aplicações *mobile*, principalmente desenvolvidos para os diversos tipos de *smartphones*. Durante a condução da empresa, sentiu falta de conhecimentos sobre alguns princípios de OSM e, então, procurou estudar sobre o assunto, entendendo seu histórico. Nesse contexto, descobriu, após diagnóstico da organização, a carência de método em algumas atividades, ou seja, viu que atividades vinham sendo feitas da maneira que melhor conviesse a cada colaborador da empresa, o que se refletiu na falta de padronização dos produtos e serviços oferecidos e, muitas vezes, na falha no desenvolvimento das soluções. Esse cenário ocasionou reclamações constantes dos clientes, razão pela qual Carlos decidiu entender ainda mais sobre a área de OSM, mais precisamente sobre seu primeiro nível de atividade, o *método*, e como isso poderia ajudá-lo na condução do negócio.

1.2 Método

Para entender a constituição da palavra *método*, vale a pena levar em conta a sua etimologia, isto é, a origem dos termos que compõem a palavra:

Dos gregos *meta* = objetivo e *hodos* = caminho

Com base na raiz etimológica do termo, deduzimos o conceito de método nos diferentes significados e contextos em que é trabalhado. Nesse sentido, *método* costuma designar o caminho percorrido para se atingir um determinado objetivo.

No âmbito das organizações, observe as diferentes definições de **método**:

"O caminho, ou a maneira pela qual uma ou mais operações de um processo devem ser feitas para se alcançar o resultado esperado". (D'Ascenção, 2001, p. 59)

"Forma ordenada de proceder ao longo de um caminho. Conjunto de processos ou fases empregadas na investigação, na busca do conhecimento". (Barros; Lehfeld, 2000, p. 3)

"Caminho pelo qual se chega a determinado resultado, ainda que esse caminho não tenha sido fixado de antemão de modo refletido e deliberado". (Hegenberg, 1976, p. 115)

"Método é o conjunto coerente de procedimentos racionais ou prático-racionais que orienta o pensamento para serem alcançados conhecimentos válidos". (Nérici, 1978, p. 15)

"Método é um procedimento regular, explícito e passível de ser repetido para conseguir-se alguma coisa, seja material ou conceitual". (Bunge, 1980, p. 19)

A utilização de métodos não se restringe somente às empresas, uma vez que perpassa por uma infinidade de aplicações em diversas áreas do conhecimento.

Na opinião de Oliveira (2009), os profissionais que trabalham com implementação de métodos precisam ter clareza para conseguir executá-los, primeiramente por se tratar de uma determinação subjetiva do ritmo e da intensidade de trabalho; segundo, porque não é das tarefas mais fáceis pedir para que alguém faça algo, principalmente quando a forma como se vai executar essa tarefa já está determinada.

1.2.1 Métodos de raciocínio ou de abordagem

Compreendem o fragmento de uma suposição ou premissa, definida com base em um conceito particular ou empírico que precisa obter uma comprovação universal ou plausível.

Vamos entender os diferentes métodos de raciocínio ou de abordagem e como se classificam:

- Método indutivo.
- Método dedutivo.
- Método hipotético-dedutivo.
- Método dialético.
- Método estruturalista (sistêmico).

Acompanhe a explicação de cada um dos tipos de método de raciocínio e de abordagem:

Método indutivo

Aos teóricos que exploraram a indução damos o nome de *empiristas*. Os principais representantes são: Bacon[1], Hobbes[2], Locke[3], Hume[4]. A indução se refere ao mecanismo de pensar por meio de conhecimento específico relatado para inferir uma realidade global ou total, às vezes não contida no extrato analisado. Parte da premissa de que inicialmente se analisam os fatos e depois se relacionam as hipóteses a confirmar; em suma, parte do particular ou específico para definir o todo ou o geral. As leis e princípios contatados no particular serão aplicados no todo. Tanto o método indutivo como o dedutivo (que veremos a seguir) apresentam a premissa como fundamento. No entanto, o que os difere entre si é a conclusão: para os dedutivos, as premissas conduzem à conclusão da verdade absoluta; para os indutivos, elas direcionam a conclusões verossímeis ou prováveis.

Na opinião de Cervo e Bervian (1978, p. 25): "pode-se afirmar que as premissas de um argumento indutivo correto sustentam ou atribuem certa verossimilhança à sua conclusão. Assim, quando as premissas são verdadeiras, o melhor que se pode dizer é que a sua conclusão é, provavelmente, verdadeira".

---

[1] Francis Bacon (Londres, 22 de janeiro de 1561 – 9 de abril de 1626) foi um político, filósofo, ensaísta inglês, tendo sido considerado fundador da ciência moderna.
[2] Thomas Hobbes (5 de abril de 1588 – 4 de dezembro de 1679) foi um matemático, teórico político e filósofo inglês, autor de *Leviatã* (1651) e *Do cidadão* (1651).
[3] John Locke (Wrington, 29 de agosto de 1632 – Harlow, 28 de outubro de 1704) foi um filósofo inglês e ideólogo do liberalismo, tendo sido considerado o principal representante do empirismo britânico e um dos principais teóricos do contrato social.
[4] David Hume (Edimburgo, 7 de maio de 1711 – 25 de agosto de 1776) foi filósofo e historiador, empirista radical e cético filosófico.

Observe o exemplo a seguir, que facilitará o esclarecimento do fundamento dos pensadores indutivos.

Poseidon é imortal.

Zeus é imortal.

Hades é imortal.

Ora, Poseidon, Zeus e Hades são deuses. Logo, (todos) os deuses são imortais.

Método dedutivo

Usado pelos chamados *racionalistas* ou *reducionistas*, entre os quais se destacam Descartes[5], Spinoza[6] e Leibniz[7], o pensamento dedutivo, como dito anteriormente, difere do indutivo por expor as premissas como verdade absoluta. Ou seja, toda conclusão está ao menos implícita nas premissas. Todos os fenômenos são traduzidos em teoria ou modelo geral. Sendo assim, a teoria geral, definida com base no particular, explica o todo. Com base nas premissas, definem-se as conclusões ou verdades absolutas. Como diriam os racionalistas, apenas a razão é capaz de nos levar ao conhecimento verdadeiro. Vamos exemplificar, com o seguinte silogismo, o pensamento dedutivo:

Todo deus é imortal (premissa maior)

Zeus é deus (premissa menor)

Logo, Zeus é imortal (conclusão)

Método hipotético-dedutivo

O seu principal representante é Popper[8]. Na ausência de uma teoria ou na ausência da razão, o pesquisador inicia pelo método indutivo, com base no qual conseguirá organizar o seu relato e dará andamento na possível formulação teórica, na sequência, testa as hipóteses e apenas depois disso aplica o método dedutivo. Identifica na etapa inicial o problema e observa a situação testada. Kaplan (1969), sobre o assunto, discorre:

---

5 René Descartes (La Haye en Touraine, 31 de março de 1596 – Estocolmo, 11 de fevereiro de 1650) foi filósofo, físico e matemático.
6 Baruch de Espinoza (Amsterdã, 24 de novembro de 1632 – 21 de fevereiro de 1677, Haia) era racionalista e filósofo moderno.
7 Gottfried Wilhelm Leibniz (Leipzig, 1 de julho de 1646 – Hanôver, 14 de novembro de 1716) foi filósofo, cientista, matemático e diplomata. Criou a numeração binária (em 1705) utilizada nos computadores.
8 Popper (Viena, 28 de julho de 1902 – Londres, 17 de setembro de 1994), filósofo social e político, defendia a democracia liberal.

> o cientista, através de uma combinação de observações cuidadosas, hábeis antecipações e intuição científica, alcança um conjunto de postulados que governam os fenômenos pelos quais está interessado, daí deduz ele as consequências por meio da experimentação e, dessa maneira, refuta os postulados, substituindo-os, quando necessário por outros e assim prossegue.

Na abordagem de Popper (1975b) sobre o método hipotético-dedutivo, o cientista descobre ou relata um problema, na sequência desenvolve uma possível solução ou uma teoria tentativa e, por conseguinte, critica a solução para tentar descobrir as falhas. Sendo assim, esse processo seria renovado, dando origem a novos problemas.

Figura 1.2 – Esquema do método hipotético-dedutivo

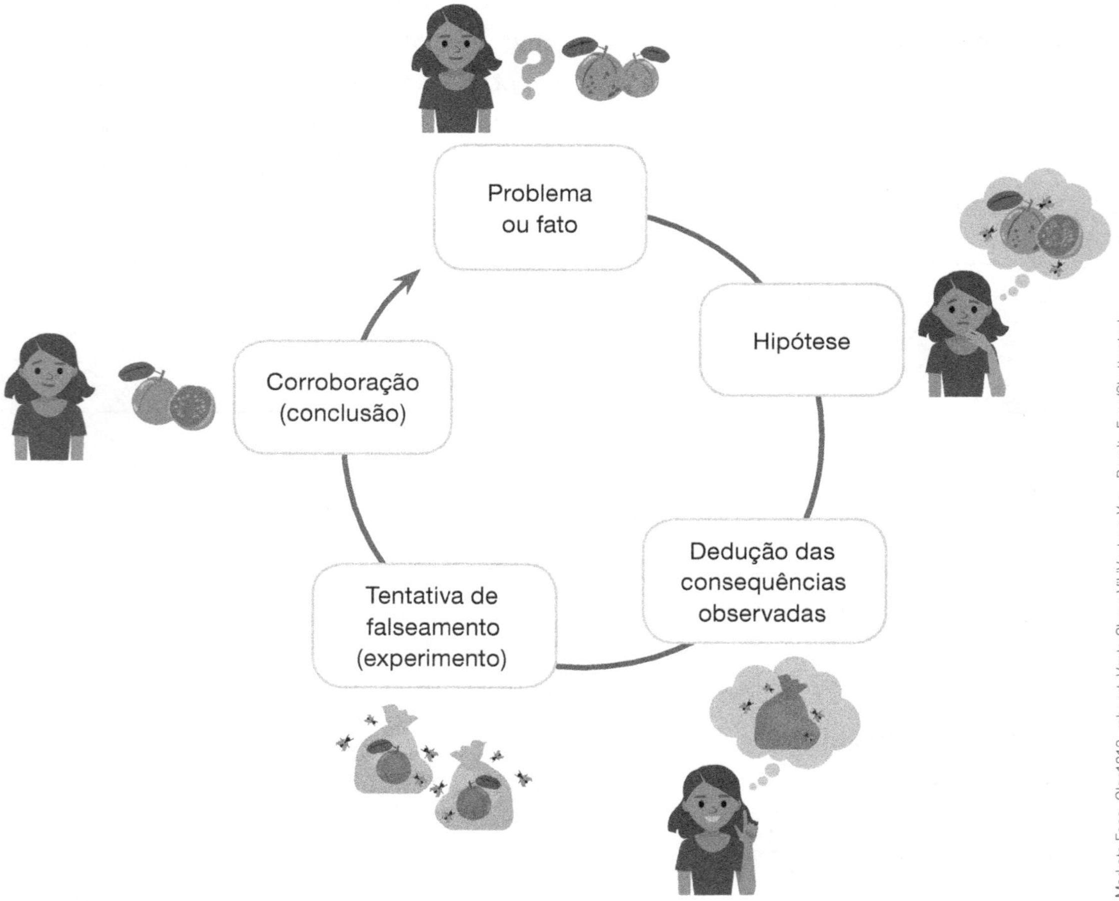

Marketa Fang, Olga1818, robuart, VectorShow, VikiVector e Yes - Royalty Free/Shutterstock

Ainda segundo Popper (1975b, p. 20), com base na utilização do método aqui descrito, poderíamos dizer, então, como exemplo, que "todos os cisnes são brancos, pelo menos até que alguma evidência em contrário seja descoberta". Na suposição de negação, devemos desconsiderar o resultado e, na sequência, buscar uma opção condizente que deve ser explícita para solução da cor dos cisnes.

As teorias científicas apontam o caminho mais provável acerca das hipóteses levantadas. A ciência atual busca a realidade intrínseca, evoluindo dinamicamente no tempo à medida que aumenta a ciência da ordem dos fatos. Esse método é utilizado majoritariamente pelos pesquisadores hoje em dia.

Método dialético

O termo *dialético* deriva do termo grego que significa "debater". As principais fases desse método foram desenvolvidas na Grécia antiga, especificamente no período pré-socrático – razão pela qual a conhecemos como *dialética pré-socrática* –, e na contemporaneidade, com a *dialética hegeliana* (este último termo deriva do nome do filósofo alemão Hegel[9]). Veja a definição de ambas as fases a seguir:

- **Pré-socrática** – Busca a solução de um problema pela utilização de perguntas e respostas até se chegar à conclusão do que é falso ou verdadeiro, processo no qual a pergunta é a *tese*, a resposta é a *antítese*; e a solução, a *síntese*.

- **Hegeliana** – Entende que cada fenômeno é um processo em transformação em consequência de leis internas, por meio do autodinamismo e das contradições concluídas.

Método estruturalista (sistêmico)

Entende um modelo amplo da estrutura de um fenômeno, descrevendo e analisando o todo e as relações entre suas partes, com base na realidade. As estruturas pressupõem relações entre essas partes, ou seja, pressupõe a dependência das conexões entre as partes de um sistema maior. Os fluxos da estrutura respondem pelas relações entre objetos distintos, como insumos, processos, resultados e informação, e sua interação com outros sistemas e o ambiente externo.

1.2.2 Métodos de investigação ou de procedimento

A aplicação desses métodos possibilita a obtenção do conhecimento científico. A classificação deles tem base nas etapas lógicas de trabalho que propiciam a descoberta do conhecimento e direcionam a conclusão do pensamento científico.

---

[9] Hegel (Stuttgart, 27 de agosto de 1770 – Berlim, 14 de novembro 1831), filósofo e idealista alemão que viveu na antiga Prússia.

Agora, acompanhe os métodos de investigação ou de procedimento e como se classificam com base em Marconi e Lakatos (2003):

- **Método histórico-social** – Busca o contexto de origem dos fenômenos no tempo passado com as atuais formas de vida social.
- **Método comparativo** – Usa comparações com o intuito de identificar as igualdades e diferenças dos fenômenos.
- **Método tipológico** – Cria classificação ou taxinomias ideais para representar o fenômeno com base na observação de aspectos essenciais.
- **Método monográfico** – Realiza estudo de caso aprofundado do fenômeno para explicar parte dele ou o todo igualmente.
- **Método estatístico** – Expressa por meio de modelos estatísticos um conjunto de fenômenos complexos quantitativos.
- **Método funcionalista** – Pressupõe que os fenômenos são constituídos por interdependentes e diferentes componentes que compõem as partes.
- **Método estruturalista** – Investiga um fenômeno concreto e compõe o objeto por meio da abstração.

Os métodos todos que você conheceu até aqui contribuem para que o profissional de OSM possa encontrar e utilizar procedimentos científicos que sejam aplicados nas organizações. Trata-se de um aspecto fundamental na busca por melhorias nos processos de negócios. O profissional que tiver em mente essas tipologias sobre os métodos poderá aplicá-los e, assim, contribuir com resultados organizacionais.

1.2.3 Método de trabalho nas organizações

Os métodos utilizados nas empresas representam o meio para atingir os objetivos organizacionais de maneira eficiente, ou seja, possibilitam alcançar melhores resultados nas atividades operacionais, como aperfeiçoamento da qualidade dos produtos e serviços, redução de custo e maior produtividade.

O método às vezes é relacionado com a ordem, isto é, com a lógica do modo de pensar as atividades cotidianas de uma empresa. Portanto, como método, é preciso executar o modelo mental e processual do raciocínio.

O método de trabalho estabelece uma maneira fácil de executar as tarefas, sendo passível de repetição por qualquer funcionário da empresa sem maiores complicações, além de permitir compreender claramente o caminho a seguir sem desperdício e de maneira eficiente. O profissional de OSM, portanto, precisa conhecer os diferentes métodos de trabalho e deverá saber aplicá-los na busca da eficiência operacional.

1.2.3.1 A origem dos métodos de trabalho nas organizações

A própria evolução humana ocorreu por meio de um processo contínuo de transformação, com base na criação de métodos de trabalho que visavam à sobrevivência ou à satisfação das necessidades básicas humanas nos tempos da caverna. Os primeiros registros dos métodos de trabalhos surgiram bem antes da criação das organizações formais que existem hoje – por exemplo, na construção das pirâmides do Egito, em aproximadamente 2700 a.C., quando foram estabelecidos os primeiros métodos de transporte de bloco de pedras.

Na Babilônia, o rei Hamurabi, durante o período de 1728 a.C. a 1686 a.C., estabeleceu alguns métodos de produção por meio da identificação da carga de trabalho, tarefa em decorrência da qual melhorou o aproveitamento da mão de obra, além de estabelecer um nível de quantidade de tarefas. Caso fossem realizadas, um pagamento mínimo era garantido à pessoa, ao qual hoje damos o nome de *salário mínimo*.

Figura 1.3 – Linha do tempo dos precursores dos métodos de trabalho

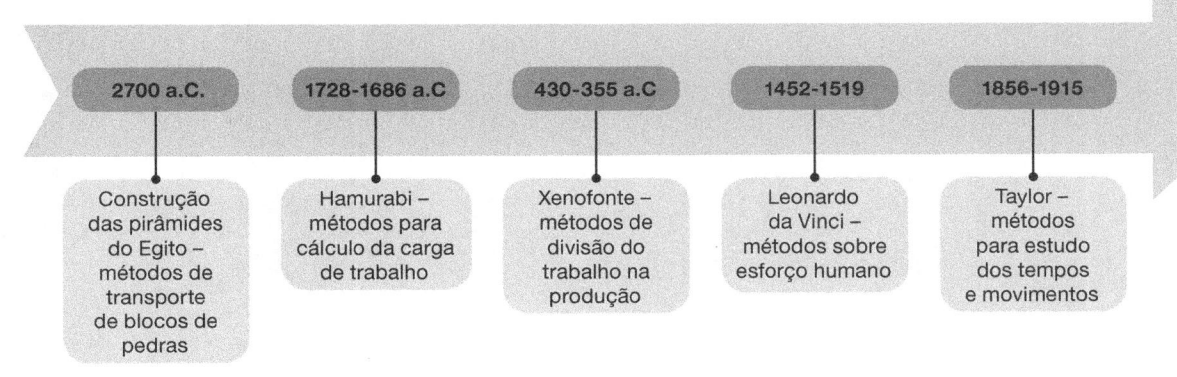

2700 a.C.	1728-1686 a.C	430-355 a.C	1452-1519	1856-1915
Construção das pirâmides do Egito – métodos de transporte de blocos de pedras	Hamurabi – métodos para cálculo da carga de trabalho	Xenofonte – métodos de divisão do trabalho na produção	Leonardo da Vinci – métodos sobre esforço humano	Taylor – métodos para estudo dos tempos e movimentos

Na antiga Grécia, na cidade de Atenas, Xenofonte (430-355 a.C.), filósofo e general no período difícil da economia ateniense, criticou a falta de organização e propôs algumas mudanças nos métodos de produção, entre as quais a divisão do trabalho.

Durante o período do Renascimento italiano, o polímata[10] Leonardo da Vinci (1452-1519), segundo os autores Silva et al. (2010, p. 17),

> se destacou por suas ideias nesse campo. Suas anotações continham ideias de organização racional de trabalho, em que indicam a divisão das atividades profissionais, a mensuração do tempo e o uso de quadros visuais de ordenação e de lançamento, semelhantes aos atuais quadros de planejamento.

No início do século passado, o engenheiro Frederick Winslow Taylor (1856-1915), considerado o precursor da administração científica, desenvolveu alguns princípios de métodos de trabalho na produção, com estudo de tempos e movimentos e a relação do rendimento na fábrica com o pagamento monetário. Propôs, com isso, que, quanto maior fosse a produção individual em termos de quantidade de peças, maior seria o salário do funcionário.

1.2.3.2 Os objetivos dos métodos de trabalho nas organizações

O método é compreendido como o melhor meio de executar uma atividade. É a maneira correta de fazer as coisas em um processo organizacional, com o intuito de direcionar as tarefas de forma que se busque o menor tempo de execução delas, com redução de custo e menor risco possível, a fim de atingir o objetivo da organização. Trata de um conjunto de rotinas interdependentes e aperfeiçoadas – no decorrer do tempo – na execução das tarefas do cotidiano de uma empresa.

---

10 Quem possui capacidade de atuar em diversas áreas do conhecimento e detém conhecimento amplo sobre diversos assuntos.

Figura 1.4 – Objetivos dos métodos de trabalho nas rotinas das organizações

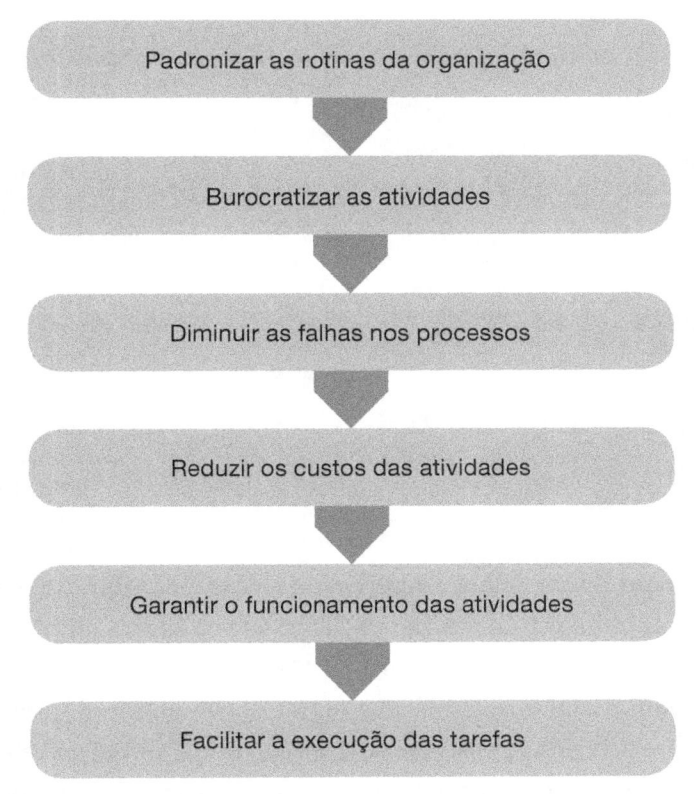

- Padronizar as rotinas da organização
- Burocratizar as atividades
- Diminuir as falhas nos processos
- Reduzir os custos das atividades
- Garantir o funcionamento das atividades
- Facilitar a execução das tarefas

A palavra *método*, então, tem relação direta com a técnica e, portanto, com a tecnologia que pressupõe o entendimento da técnica.

Conforme Kneller (1978, citado por Veraszto et al, 2008, p. 61-62, grifo nosso e do original):

> Desta maneira, torna-se notório conhecer que as palavras **técnica** e **tecnologia** têm origem comum na palavra grega *techné* que consistia muito mais em se alterar o mundo de forma prática do que compreendê-lo.
> Inicialmente era um processo onde a contemplação científica praticamente não exercia influências.

Entenda que a técnica envolve o "como realizar" uma atividade de forma prática ou empírica. Segundo Rodrigues (2001, citado por Veraszto et al., 2008), a evolução da palavra *técnica* em termos de aplicação do conhecimento científico envolve a *tecnologia*, cujo significado tem origem na junção dos termos *tecno*, do grego *techné* – que significa "saber fazer" – e *logia*, do grego *logus* – que significa "razão". Portanto, *tecnologia* significa a "razão do saber fazer".

Em outras palavras, o estudo da técnica é o "estudo da própria atividade do modificar, do transformar, do agir" (Veraszto et al., 2008, p. 62).

Figura 1.5 – A importância dos métodos de trabalho nas organizações

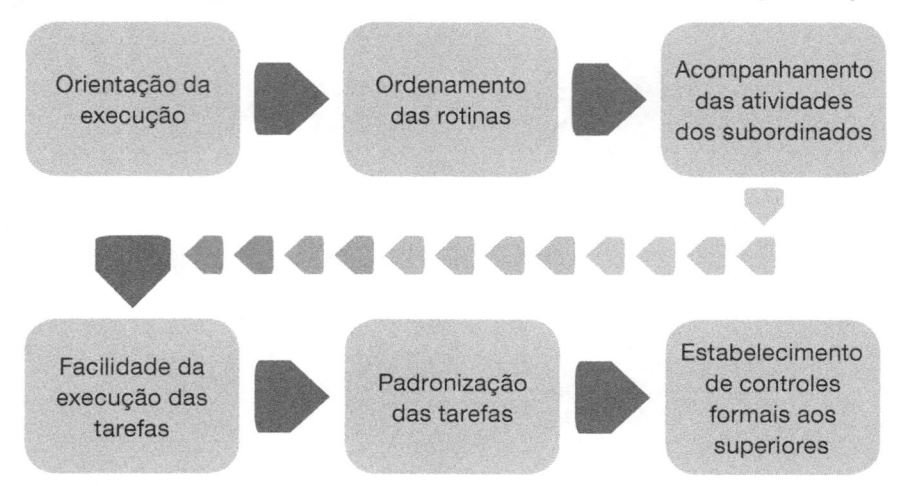

```
Orientação da execução → Ordenamento das rotinas → Acompanhamento das atividades dos subordinados
        ↓
Facilidade da execução das tarefas → Padronização das tarefas → Estabelecimento de controles formais aos superiores
```

A utilização de alguma técnica empregada na execução das atividades garante o melhor meio de realizar de maneira eficiente uma tarefa do dia a dia de uma organização. De acordo com Almeida (2015), a técnica expressa "a aplicação racional dos conhecimentos humanos [e o] uso adequado de um conjunto de informações, peculiaridades e detalhes que são importantes para o êxito final".

Além disso, existe um termo em inglês muito utilizado no ambiente empresarial, *know-how*, que quer dizer possuir, como repertório, um conjunto de técnicas (métodos, normas, processos) no negócio que garantam o sucesso da organização e confiram às empresas diferenciais competitivos no setor, sendo reconhecidas como *experts* em determinadas áreas de negócio ou indústria.

Estudo de caso 1 – parte II

Carlos conseguiu identificar uma série de falhas na sua rotina de produção e de serviços oferecidos aos seus clientes. Com o conhecimento sobre método, agora ele detectou problema na definição de uma série de fluxos que ocasionou falta de integração das rotinas, trabalhos repetitivos e até mesmo retrabalho. Seria necessário, portanto, imaginar a empresa como um sistema, com entrada, processamento e saída. Por essa razão, decidiu então buscar informação sobre sistemas, outro tema relevante da área de OSM.

1.3 Sistema(s)

O que entendemos por *sistema(s)* surgiu com a Teoria Geral de Sistemas (TGS), aventada nos trabalhos do biólogo Ludwig von Bertalanffy[11], em 1937, cuja divulgação alcançou o auge na década de 1950, tendo sido um marco moderno ocidental. De acordo com Uhlmann (2002, p. 11):

> Ludwig von Bertalanffy [...] sistematizou, na época do pós-guerra, as novas ideias científicas da abordagem dos "todos integrados". Os "todos integrados" já haviam sido concebidos por Alexander A. Bogdanov[12] em 1922, cuja obra foi pouco divulgada no Ocidente. Ao que se sabe, até mesmo a partir das citações de Bertalanffy, não teve este conhecimento ou contato com a obra de Bogdanov; [...].

A busca por uma TGS ainda continua, uma vez que, como diz Uhlmann (2002, p. 11), "estamos ainda na fase de uma Prototeoria dos Sistemas". Uma das premissas da TGS proposta não é buscar solucionar problemas ou tentar soluções práticas, mas produzir teorias e formulações conceituais para aplicações na realidade empírica.

1.3.1 O holismo e o pensamento sistêmico

Não podemos deixar de citar o holismo quando falamos de pensamento sistêmico. Segundo Teixeira (1996, p. 286):

> O paradigma holístico emerge de uma crise da ciência, de uma crise do paradigma cartesiano-newtoniano, que postula a racionalidade, a objetividade e a quantificação como únicos meios de se chegar ao conhecimento. Esse paradigma busca uma nova visão, que deverá ser responsável em dissolver toda espécie de reducionismo.

---

11 Karl Ludwig von Bertalanffy (Viena, 19 de setembro de 1901 – Buffalo, Nova Iorque, 12 de junho de 1972) foi um biólogo austríaco, criador da Teoria Geral dos Sistemas.
12 Alexander Aleksandrovich Bogdanov (Bielorrússia, 22 de agosto de 1873 – Moscou, 7 de abril de 1928) foi um filósofo, economista e médico. Entre 1912 e 1917, concebeu uma teoria geral dos sistemas intitulada *Tectologia* – do grego *tekton* (construtor) –, que pode ser traduzida como "ciência das estruturas vivas e não vivas".

A visão holística reacende um novo debate no âmbito da convergência das diversas ciências e permite uma reflexão para onde a sociedade está sendo direcionada. Teixeira (1996, p. 286), nesse sentido, alerta: "o planeta terra está doente, seus habitantes enfermos e seu habitat poluído e contaminado. Urge uma nova atitude, novos habitantes e novos modelos de ser/fazer ciência".

Ainda conforme Teixeira (1996, p. 287):

> O novo paradigma força uma visão sistêmica e uma postura transdisciplinar. O modelo sistêmico atende ao conceito de interdependência das partes. Postula que tudo é interdependente, que os fenômenos apenas podem ser compreendidos com a observação do contexto em que ocorre. Postula também que a vida é relação.

O holismo relaciona a ciência e a tradição e, além disso, busca a convergência de diversas áreas do conhecimento, trazendo à tona um caráter transdisciplinar, sem deixar uma lacuna entre as ciências, pois uma depende da outra para chegar ao resultado eficaz.

O termo *holismo* surgiu em 1926 com a publicação do livro *Holism and evolution*, de Jan Smuts (1870-1950), filósofo e precursor dos princípios holísticos. Sua obra trata principalmente da ideia evolutiva de corpo, vida e mente. Seus estudos avançaram para a ideia da importância da superioridade do todo em relação às partes, e não da fragmentação ou divisão das partes para estudar o todo.

Na opinião de Teixeira (1996, p. 287), além de Smuts, outros autores contribuíram para a definição de *holismo*:

> Em 1967, Arthur Koestler desenvolve o conceito de Hólon, levando em consideração a dinâmica todo-e-partes. O antropólogo Teilhard de Chardin discute a lei da complexidade-consciência, propondo novas uniões entre partes e partículas rumo ao todo-um.

Entenda que o propósito do holismo se confunde com postulados de antigas teorias orientais, fato do qual emerge a necessidade da junção destas com as do Ocidente, fomentando a aproximação das principais culturas mundiais.

Acompanhe os princípios do paradigma holístico de acordo com o físico Brian Swimme (citado por Teixeira, 1996, p. 287):

- Todos os elementos não possuem real identidade e existência fora do seu entorno total, eles interagem no universo, se envolvem e se superpõem num dinamismo de energia.
- Nossos conhecimentos são provenientes de uma participação e de uma interação no processo através de uma dimensão qualitativa da consciência.
- A análise e a síntese são fundamentais na compreensão do mundo. Para se conhecer algo há que se saber sua origem e finalidade.
- O universo é uma realidade auto-organizante, é total e inteligente.

O holismo pode, então, representar a tão esperada junção do que há de melhor nas culturas ocidentais e orientais, com intuito de alcançar um desenvolvimento pacífico de nosso planeta – a excelência espiritual representada pelo raciocínio tangencial ou paciente dos orientais e a excelência negocial representada pelo raciocínio objetivo do povo ocidente. Já observamos alguns reflexos da relação das duas principais culturas em alguns países de diferentes culturas, isto é, vemos práticas milenares de saúde do oriente em diversos países do ocidente e também nações orientais com modelo de negócio do ocidente, como Japão e Coreia do Norte.

1.3.2 Teoria Geral de Sistemas (TGS)

Citamos na seção anterior alguns conceitos e princípios do holismo com intuito de podermos relacioná-lo com a TGS, todos os quais partem do pressuposto da interdependência das partes e/ou a análise do todo, e não do reducionismo delas, na busca de soluções práticas em nosso cotidiano. Para cumprir esse propósito, veja quais são os pressupostos básicos da TGS, de acordo com o biólogo Bertalanffy (1975):

- Há uma clara tendência de integração entre as ciências naturais e ciências sociais.
- Essa associação entre essas ciências parece nos direcionar a uma teoria dos sistemas.
- Tal teoria pode ser uma forma mais ampla de estudar campos não físicos do conhecimento científico, especialmente as ciências sociais.

- Essa teoria de sistemas, depois de desenvolver os princípios unificadores que atravessem verticalmente os universos particulares das diversas ciências envolvidas, aproxima-nos do objetivo da unidade da ciência.
- Esse contexto todo pode nos levar a uma integração muito necessária da educação científica.

Observe que a relação de integração estabelecida pela teoria de sistemas representa a assimilação de diversos aspectos do cotidiano. Esse tipo de aplicação elimina a coluna em branco edificada pelo distanciamento das áreas do conhecimento, divididas pela sociedade moderna. Se tínhamos antes a separação entre ciências, agora o elemento (ou conceito) *sistema* poderá atravessá-las de maneira transversal, perpassando por diversas áreas do conhecimento na busca de aplicações condizentes com a nossa realidade. Ou seja, podemos afirmar que elas não foram separadas naturalmente, uma vez que foram os seres humanos, no decorrer de sua existência, que acabaram por dividir os diferentes conhecimentos científicos em áreas distintas.

1.3.3 Ciclo dos sistemas

Um ciclo que representa os sistemas deve expressar a forma natural de seus ajustamentos, com base na interferência e na relação de seus componentes, como entrada, processamento, saída e retroalimentação, além da influência do ambiente onde o sistema está inserido. Torna possível, portanto, visualizar o caminho da criação de produto e/ou serviço nas organizações, representando o processo cíclico.

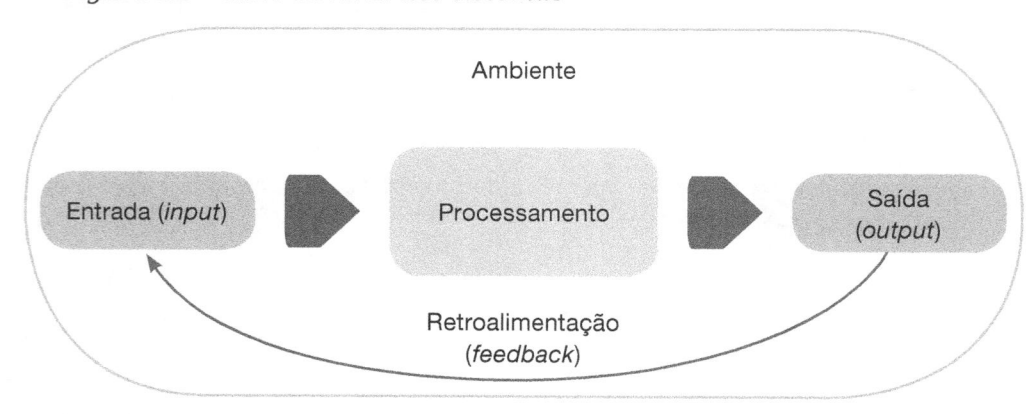

Figura 1.6 – Ciclo natural dos sistemas

Fonte: Elaborado com base em Bertalanffy, 1975.

A abordagem reducionista (que divide as partes para entender o todo), quando comparada com a sistêmica, compreende o entendimento de fragmentações ou divisão contínuas de um problema, muitas vezes compartimentadas e sem preocupar-se com o todo ao qual pertencem. O pensamento sistêmico, por sua vez, é contextual. Isto é, para que haja entendimento de algo, é preciso compreendê-lo segundo o contexto maior, como um componente de um sistema maior, sendo influenciado pelo ambiente em que se insere. Considerado o pressuposto ontológico[13], o todo justifica as partes e as partes são fundamentais para o todo.

Estudo de caso 1 – parte III

Carlos primeiramente aplicou os conceitos sobre métodos, na sequência, descobriu a possibilidade da integração de uma série de processos da empresa por meio da aplicação de sistemas e, com isso, possibilitou conhecer o todo e a relação de interdependência entre os setores da empresa. Agora, surgiu a necessidade de entender a empresa como uma organização, um sistema vivo, com o intuito de atingir os objetivos organizacionais na busca de melhores resultados.

---

13 Tudo o que se relaciona à investigação teórica do ser (próprio da *ontologia*).

1.4 Organização

O termo *organização* é utilizado na representação de um sistema de recursos e pessoas com um objetivo comum. Não é difícil, porém, encontrar a aplicação da palavra para expressar um meio de manter as coisas em ordem. O termo *organização* será estudado neste item com base na definição de Maximiano (2011, p. 4): "uma organização é um sistema de recursos que procura realizar algum tipo de objetivo".

1.4.1 Conceitos e definições sobre organização

Para introduzir o assunto, veja a seguir alguns conceitos e relações que se destacam sobre *organização*:

"É uma coletividade com uma fronteira relativamente identificável, uma ordem normativa com uma fronteira relativamente identificável, uma ordem normativa, escalas de autoridade, sistemas de comunicações e sistemas de coordenação de afiliação: essa coletividade existe numa base relativamente contínua em um ambiente e se engaja em atividades que estão relacionadas, usualmente, com um conjunto de objetivos". (Hall, 1984, p. 23)

"[...] a base da organização é ser uma unidade social, onde os objetivos organizacionais têm várias funções, entre elas, ser a fonte de legitimidade que justifica suas atividades; padrões para avaliar sua eficiência e rendimento; unidade de medida, para verificar sua produtividade". (Milani; Mosquin; Michel, 2008, p. 2)

"Entendemos por instituição as formas juridicamente estruturadas para a tomada de decisões legítimas. Chamamos organizações unidades coletivas de ação que utilizam categorias específicas de recursos, cumprem uma função legítima e se orientem por um modelo de autoridade própria". (Restrepo; Angulo, 1992, p. 31, traduzido e citado por Milani; Mosquin; Michel, 2008, p. 4)

"Um sistema socialmente estabelecido pelo conjunto de valores expressos pelos indivíduos que dela fazem parte, sendo [assimilados] e [transmitidos] sucessivamente por [estes], daí a importância e a responsabilidade diante dos outros, das novas gerações". (Kanaane, 1994, p. 30)

"O conhecimento é a base onde a organização deveria ser especializada e as funções definidas pela tarefa para tornar conhecimento em conhecimento produtivo". (Milani; Mosquin; Michel, 2008, p. 2)

Podemos dizer, então, que a organização é a união de pessoas, com base na qual cultura, regras e procedimentos internos se relacionam com o meio externo.

Deixando o significado de organização um pouco de lado, vamos inserir aqui a análise de Srour (1998) sobre o termo *instituição*, que, segundo ele, se aplica a agrupamentos sociais dotados de certa estabilidade estrutural, com um grau de importância dado a seus participantes, contexto em que se estabelecem um elo especial entre as pessoas – as instituições, portanto, são reconhecidas externamente graças à sua atuação social.

Ainda segundo Srour (1998, citado por Milani; Mosquin; Michel, 2008, p. 4), *organização*, por sua vez, pode ser definida como "coletividade especializada na produção de um determinado bem ou serviço".

Na opinião de Milani, Mosquin e Michel (2008, p. 4-5), as organizações:

> combinam agentes sociais e recursos e se convertem em instrumentos de economia de esforço em que ações cooperativas se dão de forma ordenada, ou ainda, são planejadas de forma deliberada para realizar um determinado objetivo e formam unidades sociais portadoras de necessidades e interesses próprios.

Milani, Mosquin e Michel (2008, p. 5), sintetizando as ideias de Srour (1998), ainda afirmam que "as organizações são sistemas abertos e campos de forças, competem para absorver mais energia ou valor do ambiente externo", processando insumos e gerando produtos, num local em que se administram pressões e apoios, dependendo da credibilidade que vão construindo, das quais, ainda, se exige "enorme capacidade de adaptação e grande flexibilidade".

1.4.2 Contexto organizacional

A relação da organização com a humanidade é histórica. Observamos no decorrer do tempo transformações significativas nas esferas sociais graças à atuação das organizações. A criação desse tipo de estrutura surgiu em razão de o indivíduo não conseguir desempenhar suas atividades sozinho. Sempre que precisamos de um grupo de pessoas para realizar determinada tarefa, necessitamos estabelecer maneiras para atingir o objetivo. A solução encontrada para isso foram as organizações, nas suas diferentes classificações – desde empresas criadas para obter lucros até instituições de ajuda humanitárias. Elas são formas de as pessoas se organizarem para obter resultados, tanto financeiros quanto sociais.

Cada vez mais a sociedade tem se tornado dependente das organizações ou instituições para suprir as necessidades cotidianas. Uma vez que elas são compostas por pessoas, podem sofrer as influências do comportamento humano, o que se reflete no desempenho delas. Também outro aspecto analisado é a dependência que as organizações têm dos sistemas. A maneira como as ações influenciam o contexto organizacional poderá ganhar grande dimensão. A depender do que se faz, passa a ser tão difícil reverter o cenário que o sistema se torna imprevisível e de difícil controle, o que pode gerar a extinção da organização. Decisões mal tomadas, por exemplo, podem fazer com que uma empresa não se sustente no decorrer do tempo, levando-a ao fechamento de seus negócios.

1.4.3 Organizações e seus componentes

As organizações, na maioria dos casos, compõem-se basicamente dos seguintes componentes: pessoas, estratégias, processos, políticas e cultura organizacional, com a combinação dos quais se orientam a um objetivo comum que gere os resultados.

O componente *pessoas* dentro de uma organização é, em suma, o mais importante. Isso ocorre porque as pessoas são as responsáveis por manter a essência da estrutura organizacional, dando vida aos negócios. Vale lembrar que, ao fazer uma abordagem humana do contexto organizacional, podemos realizar uma relação direta com a cultura organizacional.

Segundo Schein (2001, p. 7), a cultura organizacional "é formada pelos valores éticos e morais, políticas internas e externas bem como o clima organizacional". Não somente a cultura, mas também os valores que estabelecem padrões de atitudes influenciam a questão comportamental de uma organização. Segundo Silva (2010), existem duas formas distintas de manifestá-la: um subsistema que se liga à estratégia e à estrutura; e outro como uma estrutura à parte, que determina todos os demais componentes[14].

Ainda segundo Silva (2010), a cultura organizacional pode ter vários papéis dentro da organização: definição de limites e conduta dos agentes, identidade organizacional, formação de vínculo entre empresa e funcionário, entre outros. Conforme Stoeckl (2011, p. 34): "Todos esses papéis combinados resultam na absorção dos valores, objetivos e missão da empresa, diminuindo os conflitos, controlando a gestão e permitindo aos agentes melhor interpretar as ações dentro da organização".

Sobre o componente *estratégias* presente nas organizações, observam-se aquelas utilizadas nos diferentes tipos de negócio. Representa a mobilização de diversos recursos para atingir objetivos organizacionais (rumo à visão de futuro estabelecida antecipadamente).

Podemos dizer aqui que a evolução do pensamento estratégico apresenta duas vertentes básicas: a do posicionamento e a do movimento. A primeira diz respeito ao potencial que a empresa tem para adaptar ao meio e adquirir a sua competitividade. Para Stoeckl (2011, p. 36), a segunda é vista "como uma ruptura, [que coloca] em evidência uma estratégia centrada na intenção e no movimento, visando a transformação/adaptação permanente do jogo concorrencial e da própria organização."

Um outro componente integrante da organização a ser explicado são os *processos*. Stoeckl (2011, p. 34) os descreve da seguinte forma:

> [...] os processos de trabalho passaram a ter maior atenção a partir do momento que as atividades das empresas deixaram de ser analisadas somente em termos de funções, áreas ou produtos. Desta forma se tornaram muito mais abrangentes e permitiram que as organizações modernas abandonassem a estrutura por funções (tradicional), praticando a estrutura por processos, organizando seus recursos e fluxos ao longo de seus processos organizacionais.

---

14 A primeira forma diz respeito às áreas da empresa ligadas à estratégia da organização; a segunda, à alta cúpula da administração, que dissemina a cultura organizacional para toda a empresa.

As *políticas institucionais*, o último componente organizacional a ser trabalhado, são regras estabelecidas com intuito de facilitar as decisões burocráticas. Uma vez definidas as políticas, passa a ser possível conhecer as diretrizes que regem como as atividades devem funcionar por meio da definição de responsabilidades de cada pessoa.

Estudo de caso 1 – parte IV

Carlos até então já obtivera um olhar interno da organização com os conhecimentos adquiridos na área de OSM: já entendia os métodos, os sistemas e os componentes de organização. Faltava, no entanto, uma visão do entorno da empresa, isto é, ele precisava conhecer melhor seus clientes, fornecedores e concorrentes. Além disso, era necessário adaptar a estrutura organizacional com base em um modelo de negócios competitivo e conhecer o que as organizações estão aplicando na construção dos atuais modelos de negócio. Por essa razão, encontrou no design organizacional um bom começo para definir novas estratégias e modelagem das tendências de negócio da organização e sua relação com os objetivos organizacionais.

1.5 Design organizacional

No limiar deste milênio, as organizações sofreram fortes impactos nos negócios em razão dos diversos sistemas complexos que começaram a surgir. Elas, então, deixaram de concorrer somente localmente para fazê-lo globalmente. Uma vez que as fronteiras geográficas dos negócios quase se extinguiram no novo cenário, os modelos de gestão tiveram de se adaptar rapidamente. As organizações que não apresentavam um diferencial competitivo deixaram de existir. Nessa nova estrutura, os poderes e as responsabilidades são distribuídos entre muitas pessoas, de forma que os processos e as iniciativas a serem empreendidas se coordenem para viabilizar uma única visão estratégica.

Nesse contexto, conceber ou construir um modelo organizacional e adaptá-lo à estrutura organizacional é tarefa do processo de design organizacional, mais bem definido logo à frente (e também no Capítulo 4, mais profundamente). As estruturas das organizações tradicionais são definidas com base no nível de responsabilidade, autoridade e decisão. Durante esse processo, a descrição correta das atividades vai depender de cada organização. Conforme a org-rede[15] de facilitadores Target Teal: "No ato de criar uma empresa ou organização, a maioria das pessoas utiliza alguns elementos e padrões básicos e conhecidos que definem a estrutura organizacional. Elementos como a cadeia de comando e uma estrutura de cargos e áreas com diretorias e gerências vem logo a mente [sic]" (Bastos, 2017).

Com a ampliação das atividades, o cargo em si vem perdendo importância, e a estrutura orgânica começa a ganhar espaço, pois a ênfase será dada em razão das competências exigidas por determinada função.

Nesse sentido, pode-se afirmar que há uma relação forte entre estratégia e estrutura organizacional. À junção conceitual das estratégias com as práticas das estruturas organizacionais damos o nome de *design organizacional*.

Por essa razão, o design organizacional é uma ferramenta relevante para a alta cúpula da organização, uma vez que tem influência direta na habilidade de os gestores tomarem decisões críticas, alocarem seus recursos e coordenarem processos, possibilitando uma melhoria relevante ao negócio. Entretanto,

---

15 Como exemplo de organização-rede, a Target Teal se define como uma "org-rede de facilitadores interdependentes", em cuja estrutura não há "donos, chefes ou empregados", mas sim "empreendedores e autônomos" (Target Teal, 2017). "Cada facilitador gera a sua própria receita através de projetos individuais e em parceria com outros membros. [Tomam] decisões e [gerenciam] os ativos por meio da tecnologia social O2" (Target Teal, 2017).

conforme afirma a consultoria Elogroup (2017), o design organizacional não é uma variável estática na qualidade de estratégia e estrutura. Um determinado modelo implementado hoje não obrigatoriamente terá sucesso futuramente.

É preciso salientar que o design organizacional ultrapassa a simples representação de uma estrutura da organização feita em caixas de um determinado cronograma. Ele, na verdade, é o modo como se compreende a estratégia: ou seja, tem influência em aspectos fundamentais como as competências geradas e distribuídas no interior da organização, a reação da estrutura na estratégia empresarial e suas atividades, o nível de colaboração e de engajamento das áreas para alcançar os objetivos propostos.

1.5.1 Princípios da aplicação do design organizacional

Na aplicação do design organizacional, a organização precisa refletir sobre a estrutura organizacional. Para isso, com base nos princípios da atuação da consultoria Elogroup (2017), é preciso:

- evitar erros já conhecidos com base em uma análise do histórico organizacional da empresa;
- analisar detalhadamente o modo como a estrutura organizacional se alinha e viabiliza a estratégia de longo prazo da empresa, além de seu seu modelo de negócio;
- entender como a estrutura contribui para a produção de uma cultura que tenha as características desejadas pela empresa, em especial aspectos como meritocracia, participação e autonomia;
- compreender a complexidade da organização (múltiplos produtos, regiões, tecnologias) mediante representações processuais, garantindo que todas as dimensões apresentem eixos de coordenação adequados;
- compor estruturas com níveis homogêneos de poder e responsabilidade, a fim de gerar patamares semelhantes de *span of control*[16], alçadas de aprovação e horizontes de planejamento para todos os cargos de um mesmo nível hierárquico;
- trabalhar o design na implantação da estrutura organizacional e acionar as alavancas certas para implantar a estrutura.

---

16 Número de funcionários pelos quais um gerente é responsável.

1.5.2 Tipos de abordagem de design organizacional

A consultoria da Target Teal[17] entende que, "para fugir das armadilhas mais comuns encontradas pelas empresas, [é preciso implementar] um design organizacional radicalmente diferente" (Bastos, 2017). A mencionada consultoria chamou de *design evolutivo*[18] esse tipo diverso de design organizacional, cujo processo deve seguir alguns princípios e, portanto, deve ser:

- **Contínuo**. Precisa ser um processo contínuo e incremental, buscando uma melhor estrutura organizacional para aquele momento. Por isso gostamos de estruturas dinâmicas e fáceis de serem adaptadas.
- **Colaborativo**. Todos na organização devem contribuir com este design, pois as diferentes perspectivas contribuem para evitar fluxos de trabalho ineficientes e aumentar a responsabilização (*accountability*).
- **Clareza Organizacional**. A estrutura deve oferecer o máximo de clareza de expectativas para que cada um saiba o que tem que fazer na organização. Isso só acontece se o processo de (re)definição de expectativas for contínuo e um trabalho de todos.
- **Empoderamento Estrutural**. Todo papel e responsabilidade deve vir acompanhado de autonomia para executá-la. Isso gera um tipo de empoderamento que é estrutural e não depende da "vontade do chefe".
- **Livre Fluxo**. A estrutura precisa permitir o livre fluxo de pessoas e informações. Se existe a possibilidade de algum gestor "blindar" um departamento, você está com um problema nas mãos. Por isso também [...] a transparência precisa ser mais que uma palavra na lista de valores da organização. (Bastos, 2017, grifo do original)

Ainda segundo a consultoria Target Teal (Silva, 2017), tais princípios representam o alicerce de *frameworks* como a Holacracia[19]. Eles se materializam por meio de um metaprocesso, ou seja, um conjunto de regras que permitem a criação de um novo tipo de estrutura organizacional chamado de círculos aninhados".

---

17 Ver mais em: <https://targetteal.com/pt/>.
18 Tipo de abordagem incrementada de Design Organizacional que, portanto, se aconselha utilizar.
19 Trata-se de um sistema inovador que rompe com a hierarquia padrão de chefia, o qual, em vez de propor cargos, exige competências próprias da função em questão.

1.5.3 Níveis de intervenção de design organizacional

Quando da aplicação do design organizacional, as empresas precisam considerar diferentes etapas, percorrendo os níveis estratégico, gerencial e operacional da organização. Cada um desses níveis representa uma fase crucial para o desenvolvimento efetivo da estrutura organizacional e o alinhamento desta com os objetivos organizacionais. A fim de esclarecer os níveis de intervenção, a consultoria Elogroup (2017) propõe a seguinte explanação:

- Definição estratégica do macro-design organizacional: nessa etapa é analisado o histórico de como a empresa tem se organizado ao longo do tempo para entender suas experiências pregressas de sucesso e insucesso. Além disso, é realizada uma leitura da cadeia de valor e da estratégia de longo prazo da empresa, de modo a entender quais eixos de coordenação são importantes para entregar a estratégia. A partir desse entendimento são feitos cenários de desenhos organizacionais possíveis, apoiando a tomada de decisão relativa ao novo design.
- Desdobramento do macro-design organizacional para os demais níveis: uma vez feito o macro-design, é importante que as alterações realizadas sejam refletidas de forma consistente nos diversos níveis organizacionais. Normalmente isso significa construir um novo desenho para cada diretoria ou unidade de negócio da organização. Para que isso seja efetivamente implementado, o desenho organizacional detalha novos papéis e responsabilidades, além de ajustar a estrutura de metas e outros mecanismos de incentivo. Nesse momento é realizado uma calibragem [sic], garantindo que níveis hierárquicos semelhantes possuam o mesmo nível de complexidade em seu escopo de trabalho.
- Re-enquadramento de processos cargos [sic] a partir do novo design: O último nível de transformação do design organizacional cuida das alterações mais operacionais: o redesenho detalhado dos processos, o *sizing*.

Observe que os níveis de intervenção expostos pela consultoria perpassam os diferentes níveis organizacionais. Nesse contexto, é importante salientar que toda a organização deverá contribuir com o processo de design organizacional, diferentemente da aplicação da "estrutura organizacional" das décadas passadas, que tinha modelos rígidos e formais muitas vezes utilizados de maneira distinta em cada área da empresa – sem a participação integrativa dos outros setores. Lembre-se: o design organizacional propõe uma abordagem muita mais integrativa, em que se associam todos os pares e níveis da organização.

Estudo de caso 1 – parte V

Carlos estabeleceu uma nova estrutura organizacional que possibilitou uma série de melhoria nos seus produtos e serviços e aperfeiçoou a relação entre e com seus colaboradores. A organização obteve um crescimento expressivo, tendo adaptado a estrutura para a nova realidade. Após o entendimento da organização como um todo, surgiu a necessidade de adaptar a competitividade, pois a concorrência do setor é acirrada. Para isso, ele viu a possibilidade de utilizar o conhecimento sobre o design organizacional. Por se tratar de um tema pouco explorado nas organizações, isso passou a ser um diferencial competitivo em seu empreendimento, o que o tornou altamente rentável.

■ Síntese

No decorrer deste primeiro capítulo, você acompanhou os principais conceitos sobre a OSM e sobre a evolução histórica de todos eles. Para isso, apresentamos as definições de *método*, *sistema*, *organização* e *design organizacional*, além de diferentes interpretações e classificações sobre métodos e seus principais representantes. Na sequência, analisamos especificamente os métodos de trabalho, passando brevemente pelo início de sua aplicação em tempo remotos, inclusive antes de Cristo. Na explanação sobre sistemas, vimos os conceitos destes e comparamos sua aplicação com base em diversas abordagens, tendo representado um marco no pensamento científico e na administração. Você entendeu que eles continuam em processo de ampliação de conhecimento, uma vez que envolvem uma maneira diferente de compreender a utilização prática dos conceitos envolvidos, considerando o todo e não somente o reducionismo das partes. Sobre organização, mostramos que ela representa um sistema vivo, composto por pessoas com intuito de atingir objetivos organizacionais. E, por fim, possibilitamos o contato inicial com o conceito de *design organizacional*, que vamos abordar detalhadamente no Capítulo 4 desta obra.

■ Questões para revisão

1. Leia o fragmento de texto:

   No decorrer do século XX, a área de organização, sistemas e métodos (OSM) evoluiu em conjunto com as Teorias da Administração, utilizando conceitos principalmente das ciências sociais aplicadas e das ciências exatas.

   Leia atentamente os itens a seguir a respeito da OSM:

   I. É uma área que aplica ferramentas, métodos e sistemas que dão suporte às atividades de uma organização.
   II. Trata de ferramentas e instrumentos utilizados no ambiente organizacional aplicados em diferentes sistemas e com métodos específicos.
   III. Constitui uma prática consolidada somente nas empresas de grande porte.

   Agora, assinale a alternativa correta:

   a. Somente o item I é verdadeiro.
   b. Somente o item II é verdadeiro.
   c. Somente o item III é verdadeiro.
   d. Os itens I e II são verdadeiros.
   e. Os itens II e III são verdadeiros.

2. Correlacione cada um dos métodos de raciocínio ou de abordagem com sua respectiva definição:

   A. Método indutivo.
   B. Método dedutivo.
   C. Método hipotético-dedutivo.
   D. Método dialético.
   E. Método estruturalista (sistêmico).

   I. Expõe as premissas como verdade absoluta, ou seja, toda conclusão está ao menos implícita nas premissas.
   II. Refere-se ao mecanismo de pensar por meio de conhecimento específico relatado para inferir uma realidade global ou total, às vezes não contida no extrato analisado.
   III. O pesquisador inicia pelo método indutivo para conseguir organizar o seu relato e dá andamento à possível formulação teórica, após o que testa as hipóteses e só depois aplica o método dedutivo.

IV. Entende um modelo amplo da estrutura de um fenômeno, descrevendo e analisando o todo e as relações entre suas partes com base na realidade.

V. Busca a solução utilizando a formulação de perguntas e respostas até chegar à conclusão do que é falso e verdadeiro.

Agora, selecione a alternativa que apresenta a correlação correta:

a. A-I; B-II; C-III; D-IV; E-V.
b. A-II; B-I; C- IV; D-III; E-V.
c. A-II; B-I; C-III; D-V; E-IV.
d. A-V; B-IV; C-III; D-II; E-I.
e. A-V; B-III; C-IV; D-I; E-II.

3. Correlacione cada um dos métodos de investigação ou de procedimento com sua respectiva definição:

   A. Método histórico-social
   B. Método comparativo
   C. Método tipológico
   D. Método monográfico
   E. Método estatístico

   I. Busca o contexto da origem dos fenômenos no tempo passado com as atuais formas de vida social.
   II. Compara com o intuito de identificar as igualdades e diferenças dos fenômenos.
   III. Cria classificação ou taxinomias ideais para representar o fenômeno a partir da observação de aspectos essenciais.
   IV. Faz estudo de caso apronfundado do fenômeno para explicar algo ou todos igualmente.
   V. Expressa, por meio de modelos estatísticos, um conjunto de fenômenos complexos quantitativos.

   Agora, selecione a alternativa que apresenta a correlação correta:

   a. A-I; B-II; C-III; D-IV; E-V.
   b. A-II; B-I; C- IV; D-III; E-V.
   c. A-II; B-I; C-III; D-V; E-IV.
   d. A-V; B-IV; C-III; D-II; E-I.
   e. A-V; B-III; C-IV; D-I; E-II.

4. Leia o contexto a seguir:

Ainda que a evolução da OSM tenha ocorrido por décadas, foi na era da informática que a área encontrou seu maior desafio adaptativo. No entanto, foi desde então que se garantiu espaço ao profissional da área, demonstrando que somente os instrumentos modernos de sistemas de informação não compreenderiam a atuação dos meios necessários a uma organização.

Com base no exposto, disserte sobre a evolução da área de OSM e a relação desse fato com a aplicação da função no cotidiano das organizações atualmente.

5. O que nós entendemos por *sistemas* surgiu com a Teoria Geral de Sistemas (TGS), aventada nos trabalhos do biólogo Ludwig von Bertalanffy, em 1937, cuja divulgação alcançou o auge na década de 1950, tendo sido um marco moderno ocidental. Segundo Uhlmann (2002, p. 9):

Ludwig von Bertalanffy [...] sistematizou, na época do pós-guerra, as novas ideias científicas da abordagem dos "todos integrados".

Os "todos integrados" já haviam sido abordados por Alexander A. Bogdanov em 1922, cuja obra foi pouco divulgada no Ocidente. Ao que se sabe, até mesmo a partir das citações de Bertalanffy, não teve este conhecimento ou contato com a obra de Bogdanov; [...].

Explique o surgimento do conceito de sistemas e qual é a função deles nos dias atuais.

■ Questões para reflexão

1. Não podemos deixar de citar o holismo quando falamos de pensamento sistêmico. Na opinião de Teixeira (1996, p. 286): "O paradigma holístico emerge de uma crise da ciência, de uma crise do paradigma cartesiano-newtoniano, que postula a racionalidade, a objetividade e a quantificação como únicos meios de se chegar ao conhecimento".

   Sobre isso, reflita sobre o holismo e relacione-o com o pensamento sistêmico.

■ **Para saber mais**

Com a leitura da obra indicada a seguir, você compreenderá aspectos introdutórios da área de OSM, com conceitos e definições sobre a função:

D'ASCENÇÃO, L. C. M. **Organização, sistemas e métodos (OSM)**: análise, redesenho e informatização de processos administrativos. São Paulo: Atlas, 2001.

Nesta obra, a abordagem é integrativa e visa os processos organizacionais:

OLIVEIRA, D. de P. R. de. **Administração de processos**: conceitos, metodologia, práticas. 2. ed. São Paulo: Atlas, 2007.

O artigo seguinte é material complementar ao estudo feito no primeiro capítulo, uma vez que trabalha o conceito de holismo e um caso de aplicação dessa abordagem:

TEIXEIRA, E. Reflexões sobre o paradigma holístico e holismo e saúde. **Revista de Escola de Enfermagem da USP**, v. 30, n. 2, p. 286-290, ago. 1996. Disponível em: <http://www.scielo.br/pdf/reeusp/v30n2/v30n2a08.pdf>. Acesso em: 28 fev. 2019.

Leia a seguir um material base para enriquecer ainda mais seu conhecimento sobre a TGS:

UHLMANN, G. W. **Teoria geral dos sistemas**: do atomismo ao sistemismo (uma abordagem sintética das principais vertentes contemporâneas desta prototeoria). São Paulo: Instituto Siegen, 2002.

2 Conceito, notação e representação em OSM

Conteúdos do capítulo:
- *Conceito, notação e representação em OSM.*
- *O profissional de OSM.*
- *As atividades relacionadas à função de OSM.*
- *Técnicas de OSM.*
- *Ferramentas de OSM.*

Após o estudo deste capítulo, você será capaz de:
1. *relacionar o conceito de OSM à atualidade;*
2. *analisar a atuação do profissional de OSM;*
3. *estabelecer as atividades relacionadas à função de OSM;*
4. *identificar as técnicas e ferramentas de OSM.*

No capítulo anterior tratamos dos componentes que constituem a OSM, conhecendo, para isso, cada um dos conceitos que têm relação com a área: *métodos*, *sistemas* e *organização*. Vamos agora compreender a função de OSM de forma mais profunda e abrangente.

Para introduzir o assunto, podemos nos valer da definição de Pizza (2012, p. 4), para quem a OSM "é uma área clássica da administração que lida com um conjunto de técnicas e tem como objetivo principal aperfeiçoar o funcionamento das organizações".

A partir da década de 1960, a antiga função de organização e métodos, reconhecida, como já vimos, pela sigla **O&M**, sofreu uma evolução significativa, quando, por uma série de fatores que estuamos no capítulo precedente, passou a ser compreendida como **OSM** (organização, sistemas e métodos).

Para ilustração e exame minucioso sobre o assunto, vamos ver a seguir como alguns autores da área definem OSM.

Segundo Rocha (1998, p. 8), OSM é "a função mista de Organização e Planejamento, desenvolvendo-se na construção da estrutura de recursos e de operações de uma instituição, na determinação dos planos, principalmente na definição dos procedimentos, rotinas e métodos".

Na opinião de Tadeu Cruz (2002), "OSM é o estudo das organizações por meio da análise de cada uma das atividades, a fim de criar procedimentos que venham a interligá-las de forma sistêmica".

Para Oliveira (2005, p. 478), "a responsabilidade básica da área de Sistemas, Organização e Métodos é a de executar as atividades de levantamento, análise, elaboração e implementação de sistemas administrativos na empresa". Com base nisso, o autor diz que o objetivo da função é "criar ou aprimorar métodos de trabalho, agilizar a execução das atividades, eliminar atividades em duplicidade, padronizar, melhorar o controle, fazer o gerenciamento dos processos e solucionar problemas, também chamados de patologias organizacionais" (Oliveira, 205, p. 478).

Por fim, segundo Cury (2005, p. 122), "a função de Organização e Métodos é uma das especializações de Administração que tem como objetivo a renovação organizacional. Ela modela a empresa, trabalhando sua estrutura (organograma), seus processos e métodos de trabalho".

2.1 Evolução do perfil profissional

A regulamentação no Brasil da carreira da antiga organização e métodos (O&M) teve seu ápice nas décadas de 1970 e 1980, período no qual foi estabelecido um currículo básico no curso de Administração pelo Conselho Federal de Educação (CFE). Em razão disso, ocorreu um aumento do número de administradores no Brasil, o que se refletiu em melhoria da gestão das organizações. Durante esse mesmo período, houve um crescimento expressivo da área de qualidade, que foi incorporada às responsabilidades da função de O&M.

A atuação dos profissionais da área de O&M baseava-se principalmente na Administração Científica de Taylor, na Teoria Clássica de Fayol, nas Teorias Estruturalistas e na Teoria da Burocracia de Weber. Esse profissional se destacava por conhecer detalhadamente a estrutura da empresa, composta por níveis hierárquicos, setores ou departamentos, distribuição das funções e linhas de autoridade e responsabilidade. No decorrer das décadas mencionadas, com o advento da Teoria de Sistemas e da Tecnologia da Informação, à área de O&M foi incorporado o conhecimento sobre sistemas. Por essa razão, a função passou a ser conhecida por OSM, quando começou a exigir do profissional da área uma visão do negócio sobre a perspectiva sistêmica e a utilização dos Sistemas de Informação. A área de tecnologia da informação, antigo Departamento de Informática ou Processamento de Dados, obteve naquela época um crescimento expressivo dentro das organizações.

2.1.1 Perfil profissional das áreas de O&M e OSM

Segundo Sinclayr (1991, p. 157-158), a antiga função de *Analista de O&M* exigia os seguintes conhecimentos básicos:

- Métodos e técnicas administrativas: organização, planejamento e controle, delegação de responsabilidade, relatórios e orçamentos, padrões de produção, materiais de produção, manuais e regulamentos.
- Funções de análise administrativa: programação e distribuição de trabalho, distribuição de espaço, análise de procedimento, análise do esboço de formulários e técnicas de mecanização.

- Técnicas de análise em indústria e vendas: análise e técnicas de tempo e movimento, análise de movimento de materiais, vendas e distribuição.
- Serviços de escritório: processamento de dados, comunicações, correspondência, arquivo, serviços de digitação, reprodução de documentos, localização, conservação e manutenção de edifícios e condições de trabalho.
- Outros serviços administrativos: administração de pessoal, dos equipamentos de escritório, de materiais, dos transportes etc.

Observe que, entre os itens citados anteriormente, não eram estabelecidos níveis de complexidade que envolvessem o conhecimento da tarefa. Atualmente, na definição das atividades da área de OSM, exigem-se, além dos conhecimentos na área, habilidades e competências, ou seja, o "saber fazer" relacionado com a prática e o "saber ser" relacionado com as atitudes e as relações do profissional.

Entre as atividades dos profissionais de OSM incluíram-se as atualizações sobre as aplicações dos conceitos de sistemas, as ferramentas, os processos e a visão de negócio.

O perfil do profissional da área de OSM vai depender do tipo de serviço ou produto que a organização oferece e também do que as empresas utilizam na sua estrutura negócio, das maneiras ou dos métodos diversos que usam para atingir os objetivos, além do meio e dos processos, que são diferentes em cada organização. Ainda que todas a empresas precisem gerar resultados, as formas como cada organização atinge as metas são distintas entre si. Nesse cenário, embora seja exaustiva a tarefa de definir um perfil para cada um desses profissionais da área de OSM, podemos estabelecer algumas habilidades e capacidades inerentes a todos profissionais da área.

Antes de definirmos as habilidades desse profissional, vamos compreender qual é o posicionamento da área de OSM sobre o assunto nas empresas hoje.

Algumas organizações entendem a atuação do profissional de OSM como um setor de suporte ou assessoria às áreas gerenciais ou a outros setores vinculados diretamente à direção da empresa. Como nas últimas décadas o perfil desse profissional mudou significativamente, graças principalmente à aplicação das ferramentas de gestão que envolvem o negócio como um todo e também à modelagem de negócio ou o design organizacional, exigiu-se desses profissionais um conhecimento amplo da organização, das estratégias e dos processos de negócio. Por essa razão, muitas vezes os profissionais da área prestam serviço para organizações por meio de consultorias ou até mesmo vinculados diretamente à alta administração da instituição.

2.1.2 Habilidades relacionadas à função de OSM

Para a atuação na área de OSM, o profissional precisa conhecer a aplicação das técnicas e ferramentas que têm fundamental importância no negócio, ter amplo conhecimento dos processos de negócio, além, ainda, de participar das estratégias empresariais. Como dissemos que faríamos anteriormente, vamos elencar as principais habilidades necessárias ao desempenho das atividades na área de OSM. De acordo com o que expõe Oliveira (2009, p. 5), o profissional da área precisa ter:

- Capacidade para levantar dados e analisá-los, reunindo ideias de forma lógica e utilizando métodos e técnicas de análise administrativa;
- Capacidade de elaborar e implantar sistemas administrativos com base nos dados analisados;
- Capacidade de lidar com programas, bem como [de] manuseá-los, [com] processos, processamentos, tendo em vista a planificação detalhada do processo de trabalho;
- Capacidade de concentração e concisão;
- Habilidade para reconhecer as ferramentas e processos que a empresa usa;
- Capacidade de demonstrar e disseminar as ferramentas e métodos adotados.

Além das atividades listadas, como observamos anteriormente, a área de OSM evoluiu consideravelmente com a aplicação das ferramentas de gestão e do pensamento sistêmico, reflexo das tecnologias emergentes – principalmente de Sistema de Informações Gerenciais (SIG) e do design organizacional –, tendo incluído cada vez mais profissionais da área em planos estratégicos da organização.

2.1.3 Os profissionais analistas de OSM

Nos diversos cargos ou funções de analistas da área de OSM que atuam nas empresas, os profissionais planejam e executam processos em diferentes níveis. Além disso, eles utilizam as ferramentas e os sistemas organizacionais na aplicação de diferentes métodos de trabalho.

O profissional de OSM pode atuar em várias funções de análise em uma organização, entre as quais as de:

- analista de processo;
- analista de negócio;
- analista de sistemas.

Analista de processo

Atua no aprimoramento dos processos de uma empresa, integrando as atividades como um todo e buscando o elo entre os setores da organização. Muitas vezes as empresas estão tão departamentalizadas, que passam a dividir as atividades em diversos processos distintos, que não conversam entre si, tornando a empresa improdutivas. A função do analista de processo é reconhecer as falhas da execução das atividades rotineiras e integrá-las em um processo produtivo de qualidade.

Esse analista poderá trabalhar com dois métodos distintos de funcionamento dos processos da organização: as **atividades**, ou seja, a relação entre o produto ou serviço (funções, divisões e o fluxo de informação entre os setores), e a **utilização**, quando da interação do cliente ou funcionário, com a execução dos processos da organização.

Analista de negócio

Na aplicação de modelos preditivos do negócio ou empreendimento, esse profissional analista infere as tendências dos serviços e/ou produtos. Na concepção do modelo de negócio, ele desenvolve cenários por meio de previsões e, então, indica oportunidades de mercado e o potencial de investimento. Na exploração de suas habilidades, o profissional analisará tendências, construirá cenários plausíveis, identificando oportunidades de negócio, criando novos produtos e serviços, contribuindo no processo de inovação da organização e abrindo os horizontes de atuação.

Analista de sistemas

Esse profissional atua na integração do fluxo de informações da organização, por meio da implantação de sistemas de informação transacionais, gerenciais e estratégicos. Uma vez que as organizações geram grande quantidade de dados, a maneira como estes são organizados se reflete nos resultados e nas decisões da empresa. Nesse contexto, o analista de sistemas integra, implanta e avalia os sistemas, utilizando ferramentas como suporte na consolidação dessas informações, o que se considera um dos aspectos mais importantes dos processos da organização. Os sistemas refletem a decisões que serão tomadas em nível gerencial e estratégico.

Uma vez que há diferentes tipos de analistas – de processo, de negócio e de sistemas –, cujas atuações são diferentes entre si, quando a organização pretende contratar um profissional da área de OSM, ela precisa definir qual tipo de profissional será necessário ao negócio. Por muitas vezes um único analista não satisfaz as pretensões da área de OSM, contexto no qual vários profissionais acabam se complementando graças às suas diferentes competências.

Estudo de caso 2 – parte I

Os profissionais da área de OSM são responsáveis pela melhoria dos processos, dos sistemas e do negócio da organização, e cada tipo de analista se responsabiliza pelos diferentes tipos de competência aplicados na empresa. Porém, quando uma organização necessita dos serviços ou da contratação de um profissional da área de OSM, é necessário conhecer a regulamentação profissional e as particularidades de cada nível de atividade, que serão importantes na atuação de quem trabalha na organização.

2.2 Regulamentação profissional

A regulamentação das atividades na área de OSM no Brasil foi implementada por meio da Lei Federal n. 4.769, de 9 de setembro de 1965 (Brasil, 1965), que dispõe sobre o exercício da profissão de Administrador, e pelo Decreto Federal n. 61.934 de 22 de dezembro de 1967 (Brasil, 1967) que regulamenta a mencionada Lei.

Recentemente, a publicação da Resolução Normativa n. 493 do Conselho Federal de Administração (CFA), de 11 de novembro de 2016 (Brasil, 2016), aprovou o Catálogo de Atividades Típicas do Profissional de Administração nas áreas de OSM, para compor o Código Brasileiro de Administração (CBA). Além dessas áreas, o catálogo contempla os setores de: Suprimentos e Logística; Gestão de Pessoas; Administração Mercadológica ou Marketing; Administração Financeira e Orçamentária; Organização, Sistemas e Métodos; e Administração de Produção.

De acordo com a resolução normativa do CFA n. 493/2016:

> A descrição do Catálogo de Organização, Sistemas e Métodos – OSM tem o constructo com base restrita ao estabelecido na Lei Federal nº 4.769, de 9/9/1965, que "Dispõe sobre o exercício da profissão de Administrador e dá outras providências", bem como, no regulamento da lei, aprovado pelo Decreto nº 61.934, de 22/12/1967, que "Dispõe sobre a regulamentação do exercício da profissão de Administrador". (CFA, 2016)

Por sua vez, o art. 2º da Lei Federal n. 4.769/1965, estabelece:

> A atividade profissional de Técnico de Administração será exercida, como profissão liberal ou não, mediante:
> a) pareceres, relatórios, planos, projetos, arbitragens, laudos, assessoria em geral, chefia intermediária, direção superior;
> b) pesquisas, estudos, análise, interpretação, planejamento, implantação, coordenação e controle dos trabalhos nos campos da Administração, como administração e seleção de pessoal, organização e métodos, orçamentos, administração de material, administração financeira, administração mercadológica, administração de produção, relações industriais, bem como outros campos em que esses se desdobrem ou aos quais sejam conexos. (Brasil, 1965)

2.2.1 Funções da área de OSM

As principais funções e atividades listadas no Catálogo de Atividades Típicas do Profissional de Administração para a área de organização, sistemas e métodos, publicado pelo Conselho Federal de Administração (CFA), conforme Resolução Normativa do CFA n. 493/2016.

Quadro 2.1 – Principais funções e atividades do Catálogo de Atividades Típicas do Profissional de Adminstração para a área de OSM

I) ESTRUTURA ORGANIZACIONAL
a) Diagnóstico organizacional   b) Análise organizacional   c) Redesenho de processo de negócio
II) MÉTODOS DE TRABALHO
a) Obtenção de dados   b) Análise crítica   c) Modelagem   d) Padronização   e) Elaboração de documentação padronizada
III) IMPLEMENTAÇÃO DE PROCESSOS ADMINISTRATIVOS
a) Comprometimento dos agentes envolvidos   b) Estruturação   c) Análise   d) Desenvolvimento   e) Implementação
IV) GESTÃO POR PROCESSO
a) Mapeamento de processo   b) Gestão de processo   c) Características de processos   d) Arquitetura de processo
V) RACIONALIZAÇÃO DO TRABALHO
a) Fluxograma   b) *Layout*   c) Formulários   d) Manuais   e) Quadro de distribuição de tarefas
VI) SISTEMA DE INFORMAÇÃO
a) Entrada   b) Processo de transformação   c) Saídas   d) Retroalimentação   e) Objetivos

(continua)

(Quadro 2.1 – conclusão)

VII) AUDITORIA EM OSM
a) Plano de auditoria
b) Planejamento dos trabalhos
c) Execução da auditoria
d) Comunicação dos resultados
e) Monitoramento
VII) PERÍCIA EM OSM
a) Planejamento da perícia
b) Análise documental
c) Diligência
d) Questionamento
e) Investigação
f) Arbitragem
g) Certificação
h) Emissão do laudo

Fonte: Elaborado com base em CFA, 2016, p. 12-14.

2.2.2 Descrição das principais funções da área de OSM

No Catálogo de Atividades Típicas do Profissional de Administração para as áreas de organização, sistemas e métodos, publicado pelo CFA, conforme Resolução Normativa do CFA n. 493/2016, há a seguinte descrição das principais funções listadas no item anterior:

> I – **FUNÇÃO ESPECÍFICA: ESTRUTURA ORGANIZACIONAL** – uma estrutura organizacional compreende a integração de diversos agentes responsáveis pelo processo de transformação de insumos em produto e/ou serviço. A estrutura interna da organização define os níveis hierárquicos, os setores e departamentos da organização e como estão interligados. Determina as inter-relações e mobilidade dentro da organização. A estrutura organizacional, influencia e é influenciada pela cultura e pelo clima organizacional. Abrange as seguintes subações: diagnóstico organizacional, análise organizacional e redesenho de processo organizacional.
>
> II – **FUNÇÃO ESPECÍFICA: MÉTODOS DE TRABALHO** – é a melhor maneira de realizar um trabalho ou uma operação. É a forma mais eficaz para intervir no processamento, objetivando direcioná-lo no caminho que implique menores custos e riscos, menor tempo e maior aproveitamento do esforço e dos recursos aplicados, sendo capaz

de alcançar o objetivo com menor dispêndio e perdas. Abrange as seguintes subações: obtenção de dados, análise crítica, modelagem, padronização e elaboração de documentação padronizada.

III – **FUNÇÃO ESPECÍFICA: IMPLEMENTAÇÃO DE PROCESSOS ADMINISTRATIVOS** – é dar execução aos processos. Trata-se processos administrativos, o conjunto de atividades interligadas e interdependentes que transformam os insumos provenientes do ambiente em produtos e/ou serviços dotados de valor que atenda às necessidades dos clientes. Abrange as seguintes subações: comprometimento dos agentes envolvidos, estruturação, análise, desenvolvimento e implementação.

IV – **FUNÇÃO ESPECÍFICA: GESTÃO POR PROCESSO** – o sucesso das organizações dependem que todas as atividades inter-relacionadas sejam compreendidas e gerenciadas segundo uma visão de processos. Os clientes precisam ser conhecidos, assim como suas necessidades e o que cada atividade adiciona de valor na busca do atendimento a essas necessidades. Abrange as seguintes subações: mapeamento de processo, gestão de processo, características de processos e arquitetura de processo.

V – **FUNÇÃO ESPECÍFICA: RACIONALIZAÇÃO DO TRABALHO** – é a função que trata da movimentação de documentos, definição de seus fluxos, estudo das rotinas, contribuição nas eventuais melhorias dos métodos de trabalhos, atualização de formulários, implantação dos princípios de ergonomia e melhoria do ambiente. Abrange as seguintes subações: fluxograma, layout, formulários, manuais e quadro de distribuição de tarefas.

VI – **FUNÇÃO ESPECÍFICA: SISTEMA DE INFORMAÇÃO** – é um conjunto de atividades interligadas de forma que todas estejam em uma relação direta, de maneira a possibilitar que determinados objetivos sejam alcançados. Abrange as seguintes subações: entrada, processos de transformação, saída, retroalimentação e objetivos.

VII – **FUNÇÃO ESPECÍFICA: AUDITORIA EM OSM** – compreende o conjunto de etapas destinado a examinar a regularidade e avaliar a eficiência da gestão administrativa e dos resultados alcançados, bem como apresentar subsídios para o aperfeiçoamento dos procedimentos administrativos e controles internos de uma organização: entrada, processos de transformação, saída, retroalimentação e objetivos.

VIII – **FUNÇÃO ESPECÍFICA: PERÍCIA EM OSM** – visa atuar de maneira imparcial e elaborar seus laudos de forma a facilitar a interpretação, o entendimento do conteúdo, e oferecer demonstrações alusivas a todos os critérios e valores apresentados em seus trabalhos, atuando na esfera Judicial e Extrajudicial, sempre considerando seu compromisso maior, que é o esclarecimento da verdade. Abrange as seguintes subações: planejamento da perícia; análise documental; diligência; questionamento; investigação; arbitragem; certificação e emissão do laudo. (CFA, 2016, p. 19-20, grifo do original)

2.2.3 Resumo das atividades das funções da área de OSM

Com base também no Catálogo de Atividades Típicas do Profissional de Administração nas Áreas de organização, sistemas e métodos publicado pelo CFA, veja a seguir um resumo das descrições das atividades das funções descritas no item anterior (CFA, 2016, p. 22-56, grifo do original):

1. FUNÇÃO ESPECÍFICA: ESTRUTURA ORGANIZACIONAL

[...]

1.1. Diagnóstico organizacional: o conhecimento do histórico e dos resultados, aliado às projeções futuras será base para que o diagnóstico seja bem planejado e acompanhado, corrigindo tendências ao longo do tempo.

[...]

1.2. Análise organizacional: a análise organizacional é um processo racional utilizado para caracterizar, decompor e interpretar um sistema, de modo a conhecer seus fatores constitutivos, assim como seu comportamento e suas interações.

[...]

1.3. Redesenho de processo de negócio: para transformar uma necessidade em um produto ou serviço faz se [sic] necessário um conjunto de processos que precisam interagir entre si, afim [sic] [...] de assegurar a presença dos requisitos do cliente em cada atividade executada.

[...]

2. FUNÇÃO ESPECÍFICA: MÉTODOS DE TRABALHO

[...]

2.1. Obtenção de dados: a obtenção de dados é feita com a colaboração e participação dos agentes atuantes na área em estudo. [...]

[...]

2.2. Análise crítica: é através da análise crítica que se reúne fatores [sic] para a simplificação ou racionalização de um processo. Essa análise permite o desenvolvimento de alternativas. [...]

[...]

2.3. Modelagem: a modelagem pode ser definida como um novo método ou um processo que irá requerer um novo desenho organizacional – quer seja para um produto ou para um serviço.

[...]

2.4. Padronização: para padronizar é necessário contar com a participação dos agentes que irão contribuir, de forma significativa, na reunião de alternativas passíveis de alterações e de execuções, para garantir um patamar mínimo de resposta ao estudo proposto.

[...]

2.5. Elaboração de documentação padronizada: o responsável pelo processo deverá descrever o procedimento ou designar um funcionário ou uma equipe de funcionários executantes das atividades [...].

[...]

3. FUNÇÃO ESPECÍFICA: IMPLEMENTAÇÃO DE PROCESSOS ADMINISTRATIVOS

[...]

3.1. Comprometimento dos agentes envolvidos: é nesta etapa que acontece o alinhamento de ideias e o compromisso de agentes envolvidos numa rede complexa de engajamento organizacional.

[...]

3.2. Estruturação: é a identificação de todos os aspectos que venham a contribuir para o desenvolvimento e implementação, a partir de atividades que formam um processo.

[...]

3.3. Análise: esta etapa organiza todos os recursos que darão suporte para a etapa de implementação.

[...]

3.4. Desenvolvimento: consolida a gestão de processo. Permite desenhar um consenso de que o proposto está categorizado em determinado nível de alcance, ou seja, já tem uma visão da nova realidade.
[...]

3.5. Implementação: representa o momento da operacionalização de tudo que, anteriormente, foi idealizado e construído. [...]
[...]

4. FUNÇÃO ESPECÍFICA: GESTÃO POR PROCESSO
[...]

4.1. Mapeamento de processo: o mapeamento de processos é uma ferramenta gerencial e de comunicação que tem o objetivo de ajudar a melhorar os processos existentes ou de implantar uma nova estrutura voltada para processos.
[...]

4.2. Gestão de processo: os profissionais são agrupados em equipes com atribuições bem definidas. Estas atribuições são conjuntos de atividades a serem realizadas, a partir do mapeamento de processo.
[...]

4.3. Características de processos: algumas características são fundamentais serem identificadas [sic], como:
- fluxo de valor: tem relação com as entradas e saídas e os valores que são agregados em suas partes;
- eficácia: grau de expectativa que atende aos requisitos do cliente;
- eficiência: grau de aproveitamento de recursos agregar valor ao processo;
- tempo de ciclo: tempo necessário para transformação possível; e custo: recursos necessários no processo.

[...]

4.4. Arquitetura de processo: consiste na construção de um mapa que identifica os processos de negócio da organização, suas relações e sua contribuição para o atendimento dos seus objetivos estratégicos.
[...]

5. FUNÇÃO ESPECÍFICA: RACIONALIZAÇÃO DE TRABALHO
[...]

5.1. Fluxograma: trata-se de uma representação gráfica em rede de um sistema, mostrando os elementos ativos e respectivas interligações de dados, com outros elementos e unidades.
[...]

5.2. Formulários: o uso de formulários tem um papel bem definido nas organizações que é a de comunicar. É composto por campos pré-impressos onde são preenchidos [sic] com dados e informações para viabilizar um fluxo de comunicação.
[...]
5.3. Manuais: os manuais tem [sic] o objetivo de esclarecer dúvidas e orientar quanto aos procedimentos.
[...]
5.4. Quadro de distribuição de tarefas: tem por objetivo de [sic] deixar claro o nível de autoridade e de responsabilidade dos que detêm funções que compõem a estrutura de uma organização.
[...]
6. FUNÇÃO ESPECÍFICA: SISTEMA DE INFORMAÇÃO
[...]
6.1. Entrada: são requisitos dos clientes, informações de mercado, materiais e energia necessária para alimentar o sistema, resultando em saídas alinhadas aos resultados e aos requisitos dos clientes;

6.2. Processo de transformação: é a transformação das entradas, através de processos que interagem direcionados, medidos e gerenciados, em produtos e/ou serviços com os resultados esperados.

6.3. Saídas: resultado do processo de transformação. Estes resultados tem [sic] a finalidade de atingirem os objetivos propostos coerentes com os requisitos dos clientes;

6.4. Retroalimentação: muito conhecido como *feedback*, é nesta etapa que se busca saber se o que foi recebido pelo mercado está bom ou não. É uma etapa fundamental no processo de melhoria continua [sic] e controle.
[...]
6.5. Objetivos: é a finalidade de todo o processo. É o que se busca atingir diante do que foi assumido pela organização em respostas aos requisitos do mercado.
[...]
7. FUNÇÃO ESPECÍFICA: AUDITORIA EM OSM
[...]
7.1. Plano de auditoria: consiste em um documento devidamente formalizado contendo a programação dos trabalhos de auditoria;

7.2. Planejamento dos trabalhos: abrange os objetivos da auditoria, data de realização, seu alcance, critérios, metodologia a ser aplicada, além do prazo e recursos necessários para garantir que cubra as atividades, processos, sistemas e controles mais importantes. [...]

7.3. Execução da auditoria: compreende a realização de provas e reunião de evidências em quantidade e qualidade, baseando-se nos objetivos, critérios e na metodologia selecionada durante o planejamento. [...]

7.4. Comunicação dos resultados: corresponde à elaboração do relatório, que consiste no registro e comunicação dos resultados da auditoria ao auditado. A comunicação dos resultados representa o ápice dos trabalhos de auditoria. Trata-se do momento em que se concretiza efetivamente o sentido de todo um ciclo de auditoria. [...]

7.5. Monitoramento: os auditores devem monitorar a aceitação e implementação de suas recomendações pelo auditado, de modo a garantir a eficácia do seu trabalho. [...]

8. FUNÇÃO ESPECÍFICA: PERÍCIA EM OSM

[...]

8.1. Planejamento da perícia: esta etapa antecede as diligências, pesquisas, cálculos e respostas aos quesitos, onde o administrador perito define a maneira como os exames serão aplicados no âmbito judicial, extrajudicial, para o qual foi indicado ou contratado, elaborando-o a partir do exame do objeto da perícia.

[...]

8.2. Análise documental: essa fase consiste na verificação de documentos legais e normativos, contratos, convênios, atas, registros financeiros, livros, regulamentos, planejamentos, controles, pesquisas de mercado e quaisquer outros processos normativos, seus registros ou a falta deles.

8.3. Diligência: é a fase [em] que o administrador perito busca elementos de prova, assim como todos os subsídios necessários para elaboração, no final, do laudo pericial. [...]

8.4. Questionamentos: é a busca por informações mediante entrevista com conhecedores do objeto ou fato relacionado à perícia.

8.5. Investigação: é a busca por informações mediante entrevista com conhecedores do objeto ou fato relacionado à perícia.

8.6. Arbitragem: nesta fase é determinado [sic] valores ou a solução de controvérsia por critério técnico. [...]

8.7. Certificação: nesta etapa é atestada a informação trazida ao laudo pericial pelo Administrador Perito, conferindo-lhe caráter de autenticidade pela fé pública atribuída a esse profissional.

8.8. Emissão do laudo: é um documento escrito, no qual o Administrador Perito deverá registrar, de forma abrangente, o conteúdo da perícia e particularizar, os aspectos e os detalhes que envolvam o seu objeto e as buscas de elementos de prova necessários para a conclusão do seu trabalho.

Estudo de caso 2 – parte II

Com o histórido de toda regulamentação da profissão, vimos que, no decorrer das décadas, a função do profissional da área de OSM foi sendo alterada. Com a publicação do Cátalogo do Conselho Federal de Administração, podemos observar, ainda, que a atuação do profissional não se restringe apenas às atividades rotineiras da organização, abarcando também funções importantes durante o processo de OSM – da aplicação do método de trabalho até à perícia e à auditoria –, muitas vezes executadas na organização por meio de consultorias que trabalham na área de OSM e design organizacional. Como as atividades são diversas, na sequência vamos conhecer as principais técnicas utilizadas por esses profissionais.

2.3 Técnicas de OSM

Na área de OSM se aplicam algumas técnicas que permitem melhorar os processos da empresa. A seguir, listamos as mais comuns e, depois, descrevemos cada uma delas com detalhes:

- Fluxogramas.
- Formulários.
- Manuais.
- Arranjo físico (ou *layout*).
- Levantamento das funções organizacionais.
- Análise de distribuição do trabalho.

2.3.1 Fluxogramas

A maneira como as etapas de um processo são descritas influencia-lhe a execução. São os fluxogramas que possibilitam ao funcionário o entendimento simples da sequência das tarefas e a identificação dos setores envolvidos no processo, além de mostrar até onde deverá atuar.

Lembre-se de que os fluxogramas evidenciam um processo da organização, um conhecimento sendo descrito de maneira gráfica que estabelece diferentes tipos de atividades dos diversos setores da empresa.

Nas empresas tradicionais são desenvolvidas tarefas que muitas vezes não levam em consideração a relação entre os departamentos, criando verdadeiras tribos, cada uma das quais com um interesse particular. Com a criação dos processos representados na fluxogramação, a organização deixa de compreender a empresa como um bloco separado por diferentes departamentos e cria-se integração entre todos eles. Um fluxograma mais detalhado, portanto, ajuda nesse aspecto.

Na opinião de Oliveira et al. (2016, p. 2):

> esse tipo de técnica apresenta a facilidade na comunicação visual, um ponto forte. Porém, o fato desta chegar a assumir grande extensão na representação de seus processos é um ponto fraco da técnica.

Entretanto o fluxograma apresenta uma flexibilidade e uma simplicidade como um ponto forte para o modelador e, como ponto negativo, tem-se o fato de existirem diversas notações diferentes associadas à técnica, apresentando diferentes formas e tamanhos.

Observe a seguir as principais simbologias da fluxogramação[1].

Quadro 2.2 – Os símbolos do fluxograma

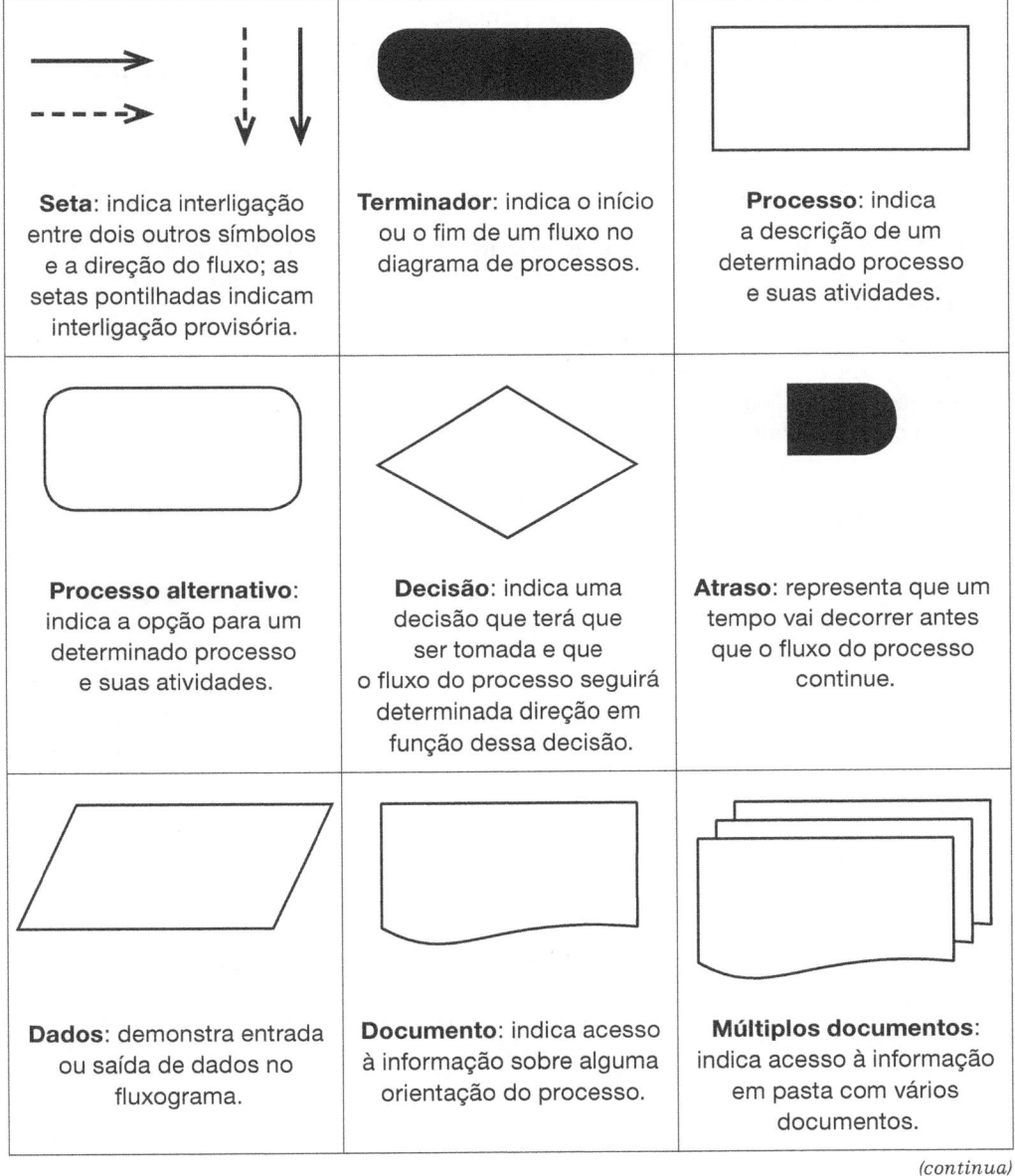

Seta: indica interligação entre dois outros símbolos e a direção do fluxo; as setas pontilhadas indicam interligação provisória.	**Terminador**: indica o início ou o fim de um fluxo no diagrama de processos.	**Processo**: indica a descrição de um determinado processo e suas atividades.
Processo alternativo: indica a opção para um determinado processo e suas atividades.	**Decisão**: indica uma decisão que terá que ser tomada e que o fluxo do processo seguirá determinada direção em função dessa decisão.	**Atraso**: representa que um tempo vai decorrer antes que o fluxo do processo continue.
Dados: demonstra entrada ou saída de dados no fluxograma.	**Documento**: indica acesso à informação sobre alguma orientação do processo.	**Múltiplos documentos**: indica acesso à informação em pasta com vários documentos.

(continua)

---

1 No item 6.4 vamos mostrar aplicações que facilitam o desenvolvimento dos fluxogramas.

(Quadro 2.2 – continuação)

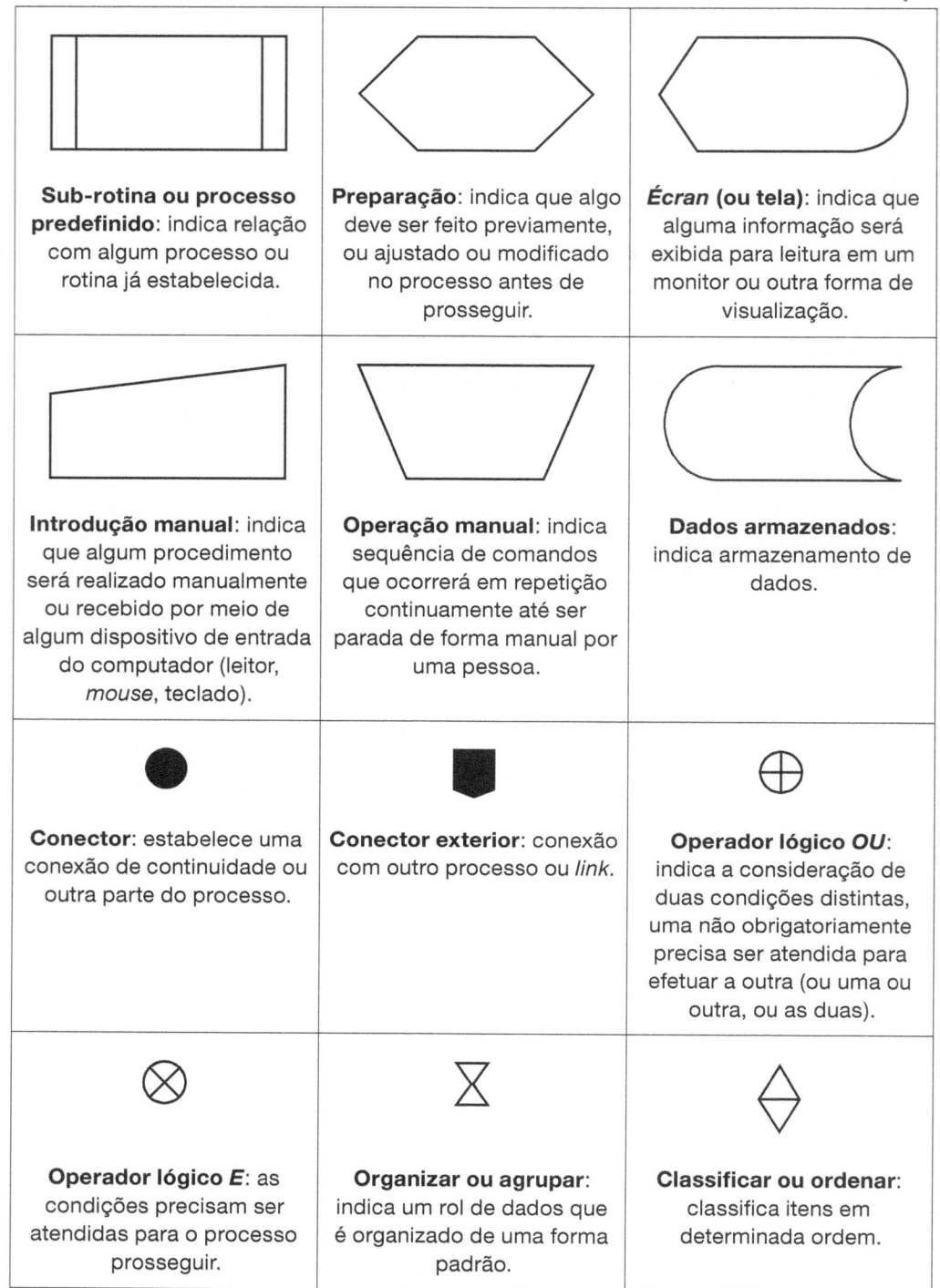

Sub-rotina ou processo predefinido: indica relação com algum processo ou rotina já estabelecida.	**Preparação**: indica que algo deve ser feito previamente, ou ajustado ou modificado no processo antes de prosseguir.	***Écran* (ou tela)**: indica que alguma informação será exibida para leitura em um monitor ou outra forma de visualização.
Introdução manual: indica que algum procedimento será realizado manualmente ou recebido por meio de algum dispositivo de entrada do computador (leitor, *mouse*, teclado).	**Operação manual**: indica sequência de comandos que ocorrerá em repetição continuamente até ser parada de forma manual por uma pessoa.	**Dados armazenados**: indica armazenamento de dados.
Conector: estabelece uma conexão de continuidade ou outra parte do processo.	**Conector exterior**: conexão com outro processo ou *link*.	**Operador lógico *OU***: indica a consideração de duas condições distintas, uma não obrigatoriamente precisa ser atendida para efetuar a outra (ou uma ou outra, ou as duas).
Operador lógico *E*: as condições precisam ser atendidas para o processo prosseguir.	**Organizar ou agrupar**: indica um rol de dados que é organizado de uma forma padrão.	**Classificar ou ordenar**: classifica itens em determinada ordem.

(Quadro 2.2 – conclusão)

△	▽	⌭
Extrair: retirar ou exportar algo ou arquivo temporário.	**Intercalar**: juntar ou unir algo ou arquivo definitivo.	**Base de dados**: indica armazenamento em uma estrutura padronizada que permite consulta aos dados.
	Armazenamento interno: indica um dispositivo de armazenamento interno.	

2.3.2 Formulários

Os formulários suprem a necessidade de informação de que a organização se vale para executar determinado processo, por meio da validação e da entrada de dados nos sistemas. Antigamente, era comum utilizar formulários em papel, os quais atualmente são cada vez mais substituídos pelos eletrônicos, em sistemas disponíveis na internet. Os formulários eletrônicos são usados, por exemplo, para consultas em hospitais, declaração do Imposto de Renda ou mesmo aposta lotérica no aplicativo de banco no celular.

Conforme expõe D'Ascenção (2001, p. 137): "o formulário é um documento com campos pré-impressos onde são preenchidos os dados e as informações que permitem a formalização do fluxo das comunicações nas organizações".

A maneira como o formulário é organizado facilita a consolidação das informações, estabelece um padrão na coleta dos dados e permite o preenchimento de maneira ágil.

Os formulários passaram por uma evolução significativa após a criação de ferramentas que permitem a inserção das informações diretamente de forma eletrônica e as assinaturas digitais. Anteriormente, os formulários eram impressos e preenchidos no papel e, quando necessário, assinados para, depois, terem seus dados lançados no sistema, o que tornava o processo lento e conferia-lhe custo elevado graças à demora de execução. Havia, ainda, nesse contexto, a possibilidade de erro durante o preenchimento e o lançamento no sistema, pois o processo era feito manualmente.

Na opinião dos autores Wanzeler, Ferreira e Santos (2010), a utilização de formulários desenvolve um sistema de controle do processo produtivo que conduz informações confiáveis para as futuras tomadas de decisão.

Oliveira et al. (2016, p. 3), por sua vez, no que diz respeito ao estudo sobre formulários, afirmam: "a clareza, o formato e o conteúdo desses documentos os tornam eficientes de forma fundamental para o bom funcionamento dos sistemas e métodos administrativos".

Segundo Oliveira (2013, p. 309), "o formulário é um importante meio de comunicação, transmissão e registro de informações, principalmente as baseadas em dados quantitativos". Os formulários, portanto, devem trabalhar com informações importantes e padronizadas que, posteriormente consolidadas, têm influência nas decisões das organizações.

2.3.3 Manuais

O manual é um documento composto de normas ou procedimentos comuns estabelecidos na organização, necessários ao conhecimento dos funcionários na execução das tarefas rotineiras. Eles contêm informações organizadas, muito bem explicadas, cuja consulta é fácil de ser feita, e demonstram procedimentos que indicam "como fazer" e "por que fazer", além dos níveis de responsabilidades de cada setor. A vantagem principal de utilizá-los é a facilidade que conferem aos novos funcionários, uma vez que possibilitam que conheçam a organização, garantindo a execução permanente das atividades. Uma das questões que aparecem nesse contexto de utilização é o fato de que, ainda que os antigos funcionários, depois de serem desligados da empresa, levem consigo toda a experiência absorvida na execução das tarefas, evita-se que os novos, isto é, aqueles que vão desempenhar as mesmas atividades, percam o conhecimento necessário à realização de suas funções, já que, com os manuais, a organização pode manter todo o saber gerado até então *na* e *para* a empresa.

Veja a seguir uma das definições da técnica que aqui descrevemos:

> Manual é todo e qualquer conjunto de normas, procedimentos, funções, atividades, políticas, objetivos, instruções e orientações que devem ser obedecidos e cumpridos pelos executivos e funcionários da empresa, bem como a forma como esses assuntos devem ser executados, quer seja individualmente, quer seja em conjunto. (Oliveira, 2013, p. 367)

Na opinião de Chinelato Filho (1999, p. 86), por sua vez, "os manuais possuem um caráter esclarecedor e, por se tratar de um documento para tirar dúvidas, devem ser acessíveis, claros e atualizados". De acordo com Oliveira et al. (2018, p. 4), dentre as vantagens dos manuais, podemos destacar as seguintes:

- São uma forma de disponibilizar material de consulta, orientação e treinamento às pessoas envolvidas nos processos;
- Padronizam as atividades, aumentando a eficiência e reduzindo a perda de tempo;
- Facilitam o treinamento de novos funcionários, já que, em alguns casos, quem é treinado pode buscar o conhecimento sozinho;
- Deixam claro o que, como, onde, quando, por quem e por que deve ser feito;
- Definem de forma clara quem é o responsável por cada uma das tarefas a serem realizadas, evitando conflitos entre funcionários.

Algumas organizações utilizam a intranet – isto é, um portal virtual de acesso restrito aos funcionários – para disponibilizar uma série de manuais e tutorias separados por processos. O acesso às informações e a consulta são facilitados, evitando a guarda permanente delas em uma gaveta qualquer, o que as faz ser esquecidas. Nas instituições, muitas vezes os manuais estão publicados em forma de políticas e resoluções, separados de acordo com suas finalidades. Muitos deles ainda podem conter informações acerca de organograma da empresa, níveis hierárquicos, responsabilidades, normas, políticas, diretrizes, código de ética e conduta. Outros também podem conter somente a descrição das rotinas e dos procedimentos de determinados processos.

O nível de clareza e concisão das instruções depende da necessidade de detalhamento exigida por cada setor ou processo. Os manuais também devem ser uma ferramenta de fácil acesso e objetiva naquilo que pretende informar.

2.3.4 Arranjo físico (ou *layout*)

O arranjo físico, ou *layout*, busca organizar de maneira eficiente a estrutura física, os mobiliários e os equipamentos da empresa. A disposição dos móveis no espaço, por exemplo, pode influenciar positivamente a produtividade dos empregados e a qualidade de vida no trabalho, oferecer segurança ao ambiente, facilitar a comunicação entre as pessoas e a supervisão. Uma correta disposição do local e dos respectivos elementos diminui os investimentos com instalações e tem impacto no rendimento das atividades entre os setores e em toda a organização. Além disso, caso receba clientes ou parceiros, a empresa poderá impressionar de maneira positiva em relação ao seu negócio.

A maneira pela qual o arranjo físico está disposto está diretamente ligada à cultura da organização e visa atingir a eficiência operacional, proporcionando qualidade de vida às pessoas que desempenham as tarefas de modo que elas permaneçam confortáveis e permitindo a interação entre pares e clientes quando necessário. Sobre o assunto, discorre Cury (2000, p. 386):

> O layout corresponde ao arranjo dos diversos postos de trabalho nos espaços existentes na organização, envolvendo, além da preocupação de melhor adaptar as pessoas ao ambiente de trabalho, segundo a natureza da atividade desempenhada, a arrumação dos móveis, máquinas, equipamentos e matérias-primas.

Observe, ainda, que a escolha do *layout* exige alguns cuidados, como saber:

- quais setores realizam o mesmo processo;
- a distância entre as pessoas e os maquinários dos processos;
- qual tipo de interação será feira no local – entre os funcionários somente ou com atendimento ao cliente (a depender da situação, existem diferentes tipos de *layout*).

2.3.5 Levantamento das funções organizacionais

O levantamento das funções organizacionais – técnica fundamental – objetiva definir a divisão correta das atividades e suas interações no conjunto de processos que aplicam um recurso da organização. Cada função é realizada dentro de uma organização por meio de uma área funcional ou departamento.

As áreas funcionais são agrupamentos de processos que perpassam entre os diferentes setores da empresa e possibilitam que os objetivos organizacionais sejam atingidos. Existem dois tipos principais de áreas funcionais: as de **fim** e as de **meio**. A primeira representa as entradas e saídas dos recursos utilizados; e a segunda é responsável por dar suporte à primeira.

Com base nos estudos de Oliveira (2013) e nos do autor desta obra, as principais áreas funcionais e atividades de uma organização são:

a. **Áreas funcionais fim:**
   - Produção e/ou serviço.
   - Vendas e marketing.

b. **Áreas funcionais meio:**
- Finanças.
- Logística.
- Pessoas.
- Tecnologia.
- Gestão empresarial.

Figura 2.1 – Áreas funcionais básicas da organização

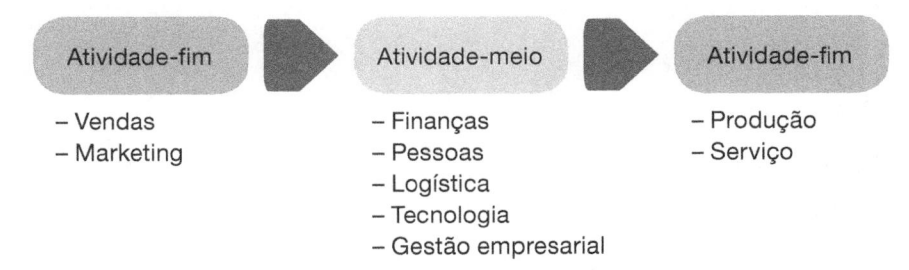

Atividade-fim	Atividade-meio	Atividade-fim
– Vendas – Marketing	– Finanças – Pessoas – Logística – Tecnologia – Gestão empresarial	– Produção – Serviço

As principais atividades de cada uma das áreas funcionais básicas, de acordo com Oliveira (2013) são:

1. **Área funcional: Marketing**
- Produto:
  - desenvolvimento dos produtos;
  - lançamento de novos produtos;
  - estudo de mercado;
  - embalagem.
- Praça ou distribuição:
  - expedição;
  - venda direta;
  - venda por atacado.
- Promoção:
  - material promocional;
  - publicidade;
  - propaganda;
  - amostra grátis.

- Preços:
    - precificação;
    - estudos e análises;
    - estrutura de preços, descontos e prazos.

2. **Área funcional: Produção**
- Fabricação:
    - processo produtivo;
    - programação;
    - controle.
- Qualidade:
    - auditoria;
    - programas;
    - inspeção.
- Manutenção:
    - preventiva;
    - corretiva.

3. **Área funcional: Finanças**
- Planejamento:
    - orçamentos;
    - projeções financeiras;
    - análise do mercado de capitais.
- Captação:
    - títulos;
    - empréstimos e financiamentos;
    - administração de contratos.
- Gestão dos recursos:
    - pagamentos;
    - recebimentos;
    - operações bancárias;
    - fluxo de caixa;
    - acompanhamento do orçamento.

- Seguros:
    - análise do mercado securitário;
    - contratação de apólices;
    - administração de apólices;
    - liquidação de sinistros.
- Contábil:
    - contabilidade patrimonial;
    - contabilidade de custos;
    - contabilidade geral;
    - pagamentos e recolhimentos:
        - folha de pagamento;
        - encargos sociais;
        - rescisões de contratos de trabalho;
        - auxílios.

4. **Área funcional: Pessoas**

- Planejamento:
    - programação de necessidade de pessoal;
    - análise de mercado de trabalho;
    - pesquisa de recursos humanos;
    - orçamento de pessoal.
- Recrutamento e seleção:
    - cadastramento de candidatos a emprego;
    - recrutamento;
    - seleção;
    - registro e cadastramento;
    - contratação de mão de obra de terceiros.
- Gestão de recursos humanos:
    - movimentação de pessoal;
    - cargos e salários;
    - controle de pessoal;
    - acompanhamento de orçamento de pessoal;
    - relações com sindicatos.

- Desenvolvimento de recursos humanos:
  - avaliação de desempenho;
  - acompanhamento de pessoal;
  - treinamento.
- Benefícios:
  - assistência médica;
  - empréstimos e financiamentos;
  - lazer;
  - assistência social.
- Obrigações sociais:
  - medicina do trabalho;
  - segurança do trabalho;
  - ações trabalhistas;
  - relatórios fiscais.

5. **Área funcional: Logística**

- Planejamento de materiais e equipamentos:
  - programação das necessidades de materiais e equipamentos;
  - análise de estoques;
  - normatização e padronização;
  - orçamento de compras.
- Aquisições:
  - seleção e cadastramento de fornecedores;
  - compras de materiais e equipamentos;
  - contratação de serviços e obras.
- Gestão de materiais e equipamentos:
  - inspeção e recebimento;
  - movimentação de materiais;
  - alienação de materiais e equipamentos;
  - controle de estoques;
  - distribuição e armazenagem dos materiais e equipamentos.

- Transportes:
    - planejamento da frota de veículos;
    - normatização do uso dos transportes;
    - administração da frota de veículos.
- Serviços de apoio:
    - manutenção, conservação e reformas;
    - manutenção de móveis e equipamentos de escritório;
    - serviços de zeladoria, limpeza e copa;
    - segurança.

6. **Área funcional: Gestão empresarial**
- Planejamento e controle empresarial:
    - planejamento estratégico;
    - acompanhamento das atividades da empresa.

7. **Área funcional: Tecnologia**
- Sistema de Informação:
    - planejamento de sistemas de informação;
    - desenvolvimento e manutenção de sistemas de informação;
    - processamento de dados;
    - planejamento e operação do sistema de comunicação telefônica.

2.3.6 Análise de distribuição do trabalho

Essa técnica é aplicada com a utilização do instrumento intitulado *Quadro de Distribuição do Trabalho* (QDT), com o preenchimento correto do qual é possível distinguir e descobrir de maneira eficiente a carga de trabalho dos colaboradores, evitando o retrabalho ou até mesmo a falta ou excesso das atividades rotineiras da organização.

Na opinião de Cury (2000, p. 15), a análise da distribuição do trabalho é, portanto,

> uma técnica especializada de OSM, [cuja] finalidade [é] avaliar a distribuição de atividades entre os diversos órgãos distribuindo então a tarefa de cada um dos funcionários. Deve ser desenvolvida no intuito

de identificar e criticar a carga de trabalho de cada unidade da organização. Todo o estudo de distribuição de trabalho conduz a confecção de um QDT – quadro de distribuição de trabalho.

Na análise da distribuição do trabalho também é possível identificar o nível de responsabilidade e as pessoas alocadas em função errada em relação ao cargo, além de estabelecer uma métrica para tempo e esforço alocados para cada uma das atividades que estão sendo desenvolvidas na empresa. Além disso, com uma análise cuidadosa do QDT em conjunto com os outros instrumentos que auxiliam no processo – que veremos a seguir –, podemos listar outros benefícios. Conforme Oliveira (2011, p. 5), o uso do QDT: "permite diagnosticar possíveis perdas de tempo nos processos; identifica tarefas de maior importância ou que exigem maior tempo; controla a correspondência entre o treinamento dos empregados e as tarefas a estes atribuídas; promove o equilíbrio na distribuição das diversas tarefas".

Segundo Oliveira et al. (2016, p. 3), "alguns obstáculos podem aparecer pela utilização dessa técnica, que são causados pelo fato da ferramenta utilizar informações quantitativas, e o analista pode eventualmente esquecer as relações interpessoais que também colaboram para o desenvolvimento das atividades".

Já de acordo com Medeiros e Cavalcante (2011, p. 2), essa ferramenta "[...] possibilita uma visão panorâmica das atividades executadas por uma área, e quem as executa ressalta áreas que possam estar sobrecarregados de atividades, é de fácil aplicação e entendimento e facilita a análise comparativa de participação de cada integrante na atividade da área".

Conforme Oliveira (2011, p. 5), a construção de um QDT depende do preenchimento de quatro formulários; a saber:

> 1º Lista de tarefas individuais: É elaborada uma relação individual de tarefas através do preenchido feito pelo próprio empregado de um formulário onde constam informações a respeito das tarefas desempenhadas por ele, além de informações a respeito da frequência com que determinada tarefa [é] executada (diárias regulares ou esporádicas);
> 2º Lista de tarefas semanais: Nesse formulário é feita uma consolidação da lista diária de tarefas em uma lista semanal, o preenchimento é feito pelo analista e nele contém a quantidade de horas por semana que determinada tarefa exige;

3º Lista de atividades: Esse formulário também é preenchido pelo analista, que elabora uma lista de atividades por órgão; as tarefas são colocadas por ordem decrescente de importância, de acordo com a percepção da chefia;

4º Quadro de Distribuição do Trabalho – QDT: A elaboração do QDT é feita pelo analista e as atividades devem estar ordenadas por ordem decrescente de importância; nele constam informações a respeito do tempo dispensado a cada tarefa.

Ainda segundo Oliveira (2011, p. 6):

> A análise do quadro de distribuição do trabalho deve levar em consideração: o tempo gasto com cada tarefa e a importância dela; a capacidade profissional do empregado, de modo que seu cargo esteja de acordo com a sua capacidade; o equilíbrio no volume de trabalho de modo que não ajam [sic] desestímulos entre os membros da equipe [...].

Sendo assim, é preciso compreender o nível e a carga de trabalho das atividades rotineiras da organização, e a síntese delas poderá fornecer uma visão geral dos processos. O auxílio de outras técnicas de OSM, como fluxogramas, formulários, manuais e um estudo de *layout*, poderá contribuir efetivamente com os resultados organizacionais, por se tratar de técnicas imprescindíveis ao profissional de OSM.

Estudo de caso 2 – parte III

As técnicas de OSM, de maneira geral, auxiliam em todas as etapas da função do administrador – planejamento, organização, direção e controle – e contribuem com a definição, a sequência e o registro dos processos, tornando a execução eficiente. Além das técnicas, o profissional de OSM precisa conhecer as ferramentas de gestão organizacional, uma vez que sua atuação atualmente depende muito da visão do todo da organização. É preciso, portanto, conhecer os processos não só da organização, mas também do negócio, razão pela qual o profissional de OSM que souber aplicar as devidas ferramentas de gestão organizacional poderá contribuir e muito com o sucesso do negócio.

2.4 Ferramentas de gestão organizacional

Nas últimas décadas, as ferramentas de gestão se tornaram um aliado importante no gerenciamento das organizações, tendo ajudado fortemente os profissionais de gestão a atingir os objetivos organizacionais. No entanto, é preciso identificar as ferramentas mais apropriadas para os desafios de cada organização. Na opinião de Rigby (2009, p. 5), da empresa de consultoria Bain & Company, "o segredo não está em descobrir uma ferramenta mágica, mas sim entender as diferentes ferramentas e saber quando e como utilizá-las".

Segundo Rigby e Bilodeau (2015), uma pesquisa feita pela consultoria Bain & Company sobre o uso das ferramentas de gestão foi aplicada em organizações de grande porte em diferentes países, agrupadas em nível global e nas seguintes grandes regiões continentais:

- América do Norte (N. America);
- Europa, Oriente e África (EMEA);
- Ásia-Pacífico (APAC);
- América Latina (L. America).

Quadro 2.3 – Classificação de utilização das ferramentas em nível mundial – grandes regiões continentais

	Global	América do Norte	EMEA	APAC	América Latina
Gestão de Relacionamento com o Cliente	1	4	1(t)	2(t)	4
Benchmarking	2(t)	2(t)	1(t)	14	2
Pesquisas de Engajamento de Colaboradores	2(t)	1	5	8	9(t)
Planejamento Estratégico	2(t)	2(t)	9	5(t)	1
Terceirização	5	6	3(t)	5(t)	9(t)
Balanced Scorecard	6(t)	7(t)	3(t)	15(t)	3
Declaração de Missão e Visão	6(t)	5	8	18	5
Gestão da Cadeia de Suprimentos	8	7(t)	10	2(t)	13(t)

(continua)

(Quadro 2.3 – conclusão)

	Global	América do Norte	EMEA	APAC	América Latina
Programa de Gestão de Mudanças	9	9	6(t)	21	9(t)
Segmentação de Clientes	10	14(t)	6(t)	12(t)	7
Competências Essenciais	11(t)	10	–	7	–
Big Data Analytics	11(t)	–	–	1	–
Gestão da Qualidade Total	11(t)	–	–	4	–
Gestão de Satisfação e Lealdade	16	–	–	9	–
Transformação Digital	19(t)	–	–	10	–
Reengenharia de Processos de Negócios	15	–	–	–	6
Alianças Estratégicas	17	–	–	–	8

Fonte: Rigby; Bilodeau, 2015, p. 4, tradução nossa.

Os resultados mostram diferentes níveis de utilização de cada ferramenta nas diversas regiões do mundo.

Em nível global e na EMEA, a ferramenta *Customer Relationship Management* (Gestão de Relacionamento com o Cliente) apareceu na primeira colocação, e, na segunda colocação, aparece *Benchmarking*, em nível global e nas Américas.

A pesquisa da Bain & Company também analisou a porcentagem de utilização e o índice de satisfação das mais populares ferramentas de gestão utilizadas em 2014. Graças à ênfase no baixo crescimento daquele ano, não foi nenhuma surpresa perceber que os executivos são mais inclinados a confiar em uma variedade de ferramentas de gestão relacionadas ao cliente e de melhores práticas visando a redução de custo.

Quadro 2.4 – Quadro da porcentagem de utilização e índice de satisfação

	Utilização	Satisfação
Gestão de Relacionamento com o Cliente	46%*	3,93*
Benchmarking	44%*	3,80
Pesquisas de Engajamento de Colaboradores	44%*	3,75
Planejamento Estratégico	44%*	3,93*
Terceirização	41%*	3,61**
Balanced Scorecard	38%*	3,90
Declaração de Missão e Visão	38%*	3,82
Gestão da Cadeia de Suprimentos	36%*	3,85
Programa de Gestão de Mudanças	34%*	3,69**
Segmentação de Clientes	30%*	3,96*

(continua)

(Quadro 2.4 – conclusão)

	Utilização	Satisfação
Big Data Analytics	29%*	4,01*
Competências Essenciais	29%*	3,78
Gestão da Qualidade Total	29%*	3,97*
Fusões e Aquisições	28%*	3,87
Reengenharia de Processos de Negócios	26%*	3,78
Gestão de Satisfação e Lealdade	24%**	3,86
Alianças Estratégicas	22%**	3,90
Gestão do Tempo Organizacional	21%**	3,76
Transformação Digital	18%**	3,94
Gestão de Cenários e Contingências	18%**	3,80
Redução da Complexidade	17%**	3,67**
Modelos de Otimização de Preço	17%**	3,87
Ferramentas de Tomada de Decisão	10%**	3,92
Orçamento Base Zero	10%**	3,72
Laboratórios de Inovação Disruptiva	8%**	3,95

Fonte: Rigby; Bilodeau, 2015, p. 14, tradução nossa.

De maneira geral, as ferramentas de gestão mais utilizadas pelas empresas em 2014 foram: *Customer Relationship Management* (Gestão de Relacionamento com o Cliente), *Benchmarking*, *Employee Engagement Surveys* (Pesquisas de Engajamento de Colaboradores) e *Strategic Planning* (Planejamento Estratégico). Dentre as que obtiveram os maiores índices de satisfação, estavam: *Big Data Analytics*, *Total Quality Management* (TQM – gestão da qualidade total), *Disruptive Innovation Labs* (Laboratórios de Inovação Disruptiva) e *Customer Segmentation* (Segmentação de Clientes).

A pesquisa também mostrou a projeção de utilização das ferramentas, conforme podemos observar no quadro a seguir.

Quadro 2.5 – Projeção de utilização das ferramentas de gestão

	Aumento projetado	Utilização projetada para 2015	Utilização real em 2014
Gestão de Cenários e Contingências	42%	60%	18%
Redução da Complexidade	40%	57%	17%
Gestão do Tempo Organizacional	40%	61%	21%
Gestão de Satisfação e Lealdade	39%	63%	24%
Alianças Estratégicas	38%	60%	22%
Competências Essenciais	38%	67%	29%

(continua)

(Quadro 2.5 – conclusão)

	Aumento projetado	Utilização projetada para 2015	Utilização real em 2014
Modelos de Otimização de Preço	37%	54%	17%
Orçamento Base Zero	37%	47%	10%
Segmentação de Clientes	37%	67%	30%
Reengenharia de Processos de Negócios	37%	63%	26%
Big Data Analytics	35%	64%	29%
Gestão da Qualidade Total	35%	64%	29%
Transformação Digital	35%	53%	18%
Ferramentas de Tomada de Decisão	34%	44%	10%
Gestão de Relacionamento com o Cliente	33%	79%	46%
Programa de Gestão de Mudanças	33%	67%	34%
Planejamento Estratégico	33%	77%	44%
Declaração de Missão e Visão	33%	71%	38%
Benchmarking	33%	77%	44%
Pesquisas de Engajamento de Colaboradores	30%	74%	44%
Laboratórios de Inovação Disruptiva	28%	36%	8%
Fusões e Aquisições	27%	55%	28%
Balanced Scorecard	27%	65%	38%
Gestão da Cadeia de Suprimentos	27%	63%	36%
Terceirização	26%	67%	41%

Fonte: Rigby; Bilodeau, 2015, p. 15, tradução bossa.

Ainda segundo a consultoria, embora observado (ver Quadro 2.5) que os executivos previam aumentos maiores do que a realidade nos anos posteriores a 2014, o fato de a utilização dessas ferramentas ter sofrido os maiores aumentos previstos – maior que 25% – refletiu o estado de espírito positivo dos executivos para os próximos anos.

> A utilização das ferramentas tende a flutuar de acordo com as condições econômicas. Em períodos de progresso, as empresas utilizam mais ferramentas, acompanhando orçamentos maiores e lançamentos de mais iniciativas. Durante uma crise, as empresas cortam praticamente tudo, incluindo ferramentas de gestão. (Rigby; Bilodeau, 2011, p. 6)

Gráfico 2.1 – Matriz de utilização e satisfação

Utilização		
50%		
	• Pesquisas de Engajamento de Colaboradores	• CRM
		•• Planejamento Estratégico
	• Benchmarking	
35	• Terceirização	
	• Declaração de Missão de Vida	• Balanced Scorecard
	• Gestão de Mudança • Gestão da Cadeia de Suprimentos	• Segmentação de Clientes
	• Competências Essenciais	•• TQM • Big Data Analytics
	• Reengenharia de Processos de Negócios	• Fusões e Aquisições
20	• Gestão do Tempo Organizacional	• Gestão de Satisfação e Lealdade • Alianças Estratégicas
	• Gestão de Cenários e Contingências	• Transformação Digital
	• Redução da Complexidade	• Modelos de Otimização de Preço
	• Orçamento Base Zero	• Ferramentas de Tomada de Decisão
5		• Laboratórios de Inovação Disruptiva
	3.50 Satisfação 4.10	

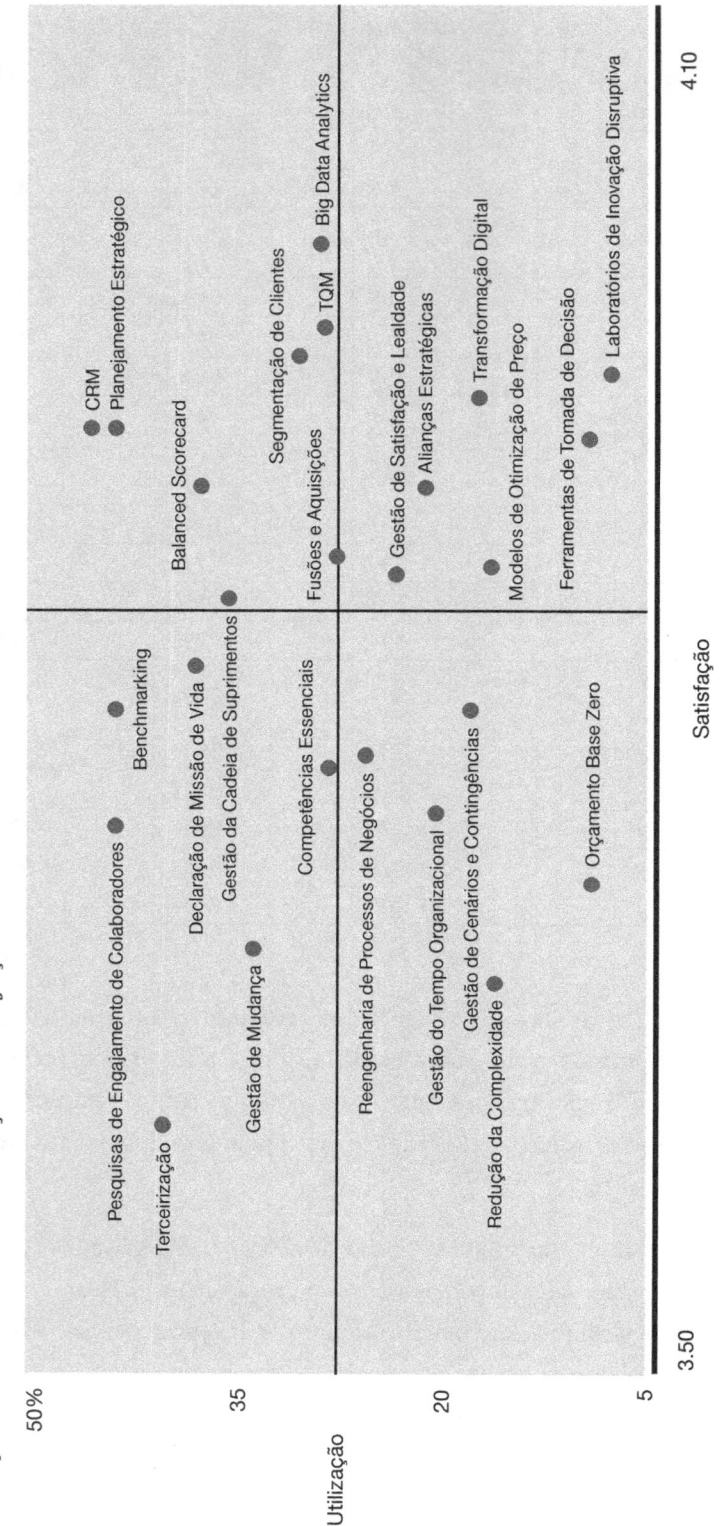

Fonte: Rigby; Bilodeau, 2015, p. 14, tradução nossa.

A pesquisa solicitou aos executivos que classificassem a satisfação obtida com as ferramentas utilizadas.

Na matriz apresentada no quadrante com maior uso e alta satisfação (ver Gráfico 2.1) estão as ferramentas: *Big Data Analytics*, TQM (Gestão da Qualidade Total), CRM (Gestão de Relacionamento com o Cliente), *Strategic Planning* (Planejamento Estratégico), *Customer Segmentation* (Segmentação de Clientes), *Balenced Scorecard* e *Supply Chain Management* (Gestão da Cadeia de Suprimentos). No quadrante de menor uso e alta satisfação, estão: *Disruptive Innovation Labs* (Laboratórios de Inovação Disruptiva), *Digital Transformation* (Transformação Digital), *Decision Rights Tools* (Ferramentas de Tomada de Decisão), *Strategic Alliances* (Alianças Estratégicas), *Mergers & Acquisitions* (Fusões e Aquisições), *Price Optimization Models* (Modelos de Otimização de Preço) e *Loyalty Management* (Gerenciamento da Fidelidade).

Na sequência, vamos conceituar as principais ferramentas de gestão utilizadas na América Latina e, no Capítulo 5, vamos entender como aplicamos essas ferramentais como tecnologias de gestão.

2.4.1 Declaração de missão e visão

A missão e a visão expressam, em conjunto, a essência do negócio e aonde organização pretende chegar. A **missão** declara como a organização está inserida no contexto do mercado ou sociedade, ou seja, a razão dos seus negócios e o propósito para o alcance do qual ela existe. A **visão** descreve a posição futura desejada pela empresa.

Figura 2.2 – Concepção estratégica

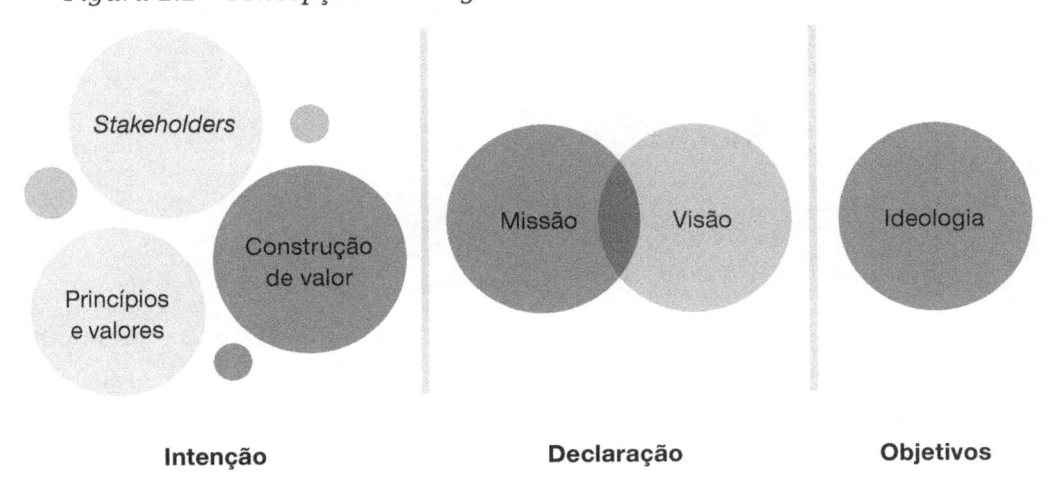

Segundo Bain & Company (Rigby, 2015, p. 40, tradução nossa), "as declarações são muitas vezes combinadas para fornecer os propósitos, objetivos e valores da empresa. No entanto, às vezes, os dois termos são usados de forma intercambiável".

Lembre-se: muitas vezes, a alta administração expressa a declaração de missão e visão geral da empresa, mas pode haver outras declarações em diferentes níveis organizacionais, em divisões ou unidades de negócios, devendo, para isso, estar alinhadas à declaração principal.

2.4.2 Planejamento Estratégico (*Strategic Planning*)

O planejamento estratégico oferece um processo sistemático para perguntar e responder as questões mais críticas que uma equipe de gestores enfrenta, especialmente em decisões de compromisso de recursos grandes e irrevogáveis.

Figura 2.3 – Sistema de Gestão Estratégica

Missão Organizacional	O que somos
Visão	O que queremos ser
Design Organizacional Estrutura / Estratégia Organizacional / Cultura organizacional Dinâmica	Como fazer
Processos organizacionais	O que fazer
Objetivos organizacionais	Aonde chegar

Fonte: Elaborado com base em Chiavenato; Sapiro, 2003.

Conforme Branco et al. (2010): "Essa ferramenta avalia todo o potencial da empresa e associa claramente seus objetivos às iniciativas e aos recursos necessários para atingir a meta. Pois o planejamento estratégico é o processo de elaborar a estratégia".

O planejamento estratégico como ferramenta de gestão possibilita aos gestores da alta cúpula da organização um meio para cumprimento da visão organizacional, como uma carta náutica que guia um navio ao seu destino.

2.4.3 Benchmarking

O *Benchmarking* melhora o desempenho empresarial ao identificar e aplicar as melhores práticas demonstradas em algum processo organizacional de referência no mercado. Os gestores comparam o desempenho de seus processos, externamente, com o dos concorrentes ou o das melhores empresas do ramo e, internamente, entre operações que são realizadas em atividades similares dentro da(s) própria(s) empresa(s).

O objetivo do *Benchmarking* é encontrar exemplos de desempenho superior e compreender os processos e as práticas que conduzem a ele. As empresas então melhoram seus processos adaptando e incorporando essas melhores práticas em suas próprias operações, sem, no entanto, imitá-las – vale lembrar –, mas sim inovando-as.

2.4.4 Balanced Scorecard (BSC)

O *Balanced Scorecard* (BSC) define o desempenho de uma organização e mede se o gerenciamento está conseguindo os resultados desejados. Com base no relatório da empresa de consultoria Bain & Company (Rigby, 2015, p. 12, tradução nossa), essas medidas geralmente incluem as seguintes categorias de desempenho:

> desempenho financeiro (receitas, ganhos, retorno do capital, fluxo de caixa); desempenho do valor do cliente (participação de mercado, medidas de satisfação do cliente, fidelização do cliente); desempenho interno do processo de negócios (taxas de produtividade, medidas de qualidade, pontualidade); desempenho de inovação (porcentagem de receita de novos produtos, sugestões de empregados, índice de taxa de melhoria); desempenho do empregado (moral, conhecimento, volume de negócios, uso das melhores práticas demonstradas).

O BSC traduz a missão e a visão em um quadro abrangente de objetivos e metas de desempenho quantificados, representados e acompanhados pelo quadro de indicadores estratégicos da organização.

2.4.5 *Customer Relationship Management* (CRM)

A ferramenta *Customer Relationship Management* (Gestão de Relacionamento com o Cliente) é aplicada pelas organizações para entender melhor os grupos de clientes e responder em tempo real aos desejos deles. Além disso, a tecnologia de CRM permite manter um histórico do atendimento dos clientes e, em seguida, realizar ações estratégicas com base nele.

De acordo com relatório da Bain & Company (Rigby, 2009, p. 17):

> Os dados coletados nas iniciativas de CRM ajudam a empresa a resolver problemas específicos dentro de seu ciclo de relacionamento com clientes, desde a definição dos clientes-alvo aos esforços de conquistá-los. Os dados das iniciativas do CRM também fornecem às empresas novos insights sobre comportamento e necessidades dos consumidores, permitindo desenhar produtos específicos para determinados segmentos.

O acompanhamento do histórico do cliente feito em programas de CRM pode apresentar soluções que não dizem respeito somente à área de vendas ou atendimento. Também é possível descobrir problemas dentro da organização que muitas vezes os gestores não conseguem identificar ou, até mesmo, novos produtos. Na comunicação com os clientes, estes expressam suas necessidades e anseios sobre o serviço ou produto.

2.4.6 Reengenharia de Processos de Negócios

Conforme a Bain & Company (Rigby, 2015), a Reengenharia de Processos de Negócios (*Business Process Reengineering*) envolve o redesenho radical dos principais processos de negócios para obter melhorias drásticas em produtividade, ciclos e qualidade.

Ainda segundo a consultoria Bain & Company (Rigby, 2009), com a Reengenharia de Processos de Negócios, as empresas começam com uma folha de papel em branco e repensam os processos existentes para oferecer mais valor ao cliente. Eles geralmente adotam um novo sistema de valores que coloca maior ênfase nas necessidades do cliente.

Com a aplicação dessa ferramenta, as organizações reduzem as funções e os setores e identificam atividades improdutivas em áreas-chave. Em primeiro lugar, os gestores redesenham organizações funcionais em equipes multifuncionais. Em segundo lugar, eles usam tecnologia para melhorar a disseminação de dados e a tomada de decisões.

Estudo de caso 2 – parte IV
O gestor precisa conhecer as mais diversas ferramentas de gestão. Por exemplo, um carpinteiro que utiliza incorretamente as ferramentas na construção de um telhado, de alguma forma, pode colocar em risco todo o projeto ou perder uma madeira única, que sustentaria todo o telhado, como uma espinha dorsal. O analista de OSM, nesse momento, poderá contribuir com a escolha certa da ferramenta de gestão durante o diagnóstico organizacional, alinhado com os objetivos da organização.

2.5 Ferramentas de gestão emergentes

Depois de acompanhar os resultados das ferramentas de gestão mais populares na seção anterior, vamos agora tratar das ferramentas emergentes de gestão, cuja aplicação é tendência em grandes corporações mundiais – embora nem sempre a aceitação da ferramenta seja igual em todos os continentes. Veja no Quadro 2.6 as principais ferramentas de gestão emergentes.

Quadro 2.6 – Ferramentas de gestão emergentes

Ferramenta	Definição
Big Data Analytics	Permite rápida extração, transformação, carregamento, pesquisa, análise e compartilhamento de conjuntos de dados maciços. Analisa um banco de dados grande, integrado – em tempo real –, em vez de conjuntos de dados menores, independentes e processados em lote. Procura identificar rapidamente correlações anteriormente não vistas e padrões para melhorar a tomada de decisões.
Laboratório de Inovação Disruptiva	Promove inovações disruptivas – risco alto ao negócio e avanços de alto retorno, que geralmente começam no final de mercado, mas eventualmente deslocam competidores estabelecidos (empresas consolidadas na área de negócio). As empresas, muitas vezes, criam instalações separadas para esse propósito, já que é difícil buscar inovações disruptivas nas operações principais.
Transformação digital	Integra tecnologias digitais na estratégia e nas operações da organização. Faz toda a organização focalizar oportunidades para fundir o melhor dos dois mundos físicos (digital e analógico). Examina cada *link* na cadeia de experiência do cliente, explora novos elos de tecnologia que podem reforçar o negócio de base e tecer holisticamente sistemas que criam experiências superiores de clientes.
Decision Rights Tools	Ajuda as empresas a organizar a decisão, a criação e a execução (um processo ou uma função do gestor de executar os planos definidos), definindo papéis e responsabilidades claras e dando a todos os envolvidos um senso de propriedade (de importância) nas decisões: quando fornecer informações; quem deve segui-las; e o que está além do alcance delas.

(continua)

(Quadro 2.6 – conclusão)

Ferramenta	Definição
Modelos de otimização de preços	São programas matemáticos que calculam como a demanda varia nos diferentes níveis de preços e combinam esses dados com informações sobre custos e níveis de inventário para recomendar preços que vão alavancar os lucros. Esta modelagem, portanto, permite que as empresas usem o preço como uma poderosa alavanca do lucro, que geralmente é insuficiente.
Gerenciamento de fidelidade	Aumenta as receitas e os lucros de uma empresa, melhorando a retenção de clientes, funcionários e investidores. Os programas de fidelidade medem e rastreiam a lealdade desses grupos, diagnosticam as causas profundas da deserção entre eles e desenvolvem maneiras não só de aumentar a sua fidelidade, mas também de transformá-la.

Fonte: Elaborado com base em Rigby, 2015.

Estudo de caso 2 – parte V

As ferramentas de gestão emergentes representam as possibilidades de ascensão a respeito do que há de novo na atuação de organizações no mundo. Todas as ferramentas listadas tiveram alto grau de satisfação dos executivos. Conhecê-las é antecipar os problemas ou soluções que poderão surgir em um futuro próximo e servirá de exemplo para atuação do profissional na área de OSM. Saber utilizá-las, portanto, será um grande diferencial competitivo na atual gestão das organizações.

■ Síntese

Neste capítulo, apresentamos a regulamentação da carreira inserida na antiga área de organização e métodos (O&M) no Brasil, que teve seu ápice nas décadas de 1970 e 1980. A atuação dos profissionais da área de O&M baseava-se principalmente na Administração Científica de Taylor, na Teoria Clássica de Fayol, na Teoria Estruturalista e na Teoria da Burocracia de Weber. Nesse contexto, você viu que a regulamentação das atividades nas áreas de OSM no Brasil foi implementada por meio da Lei Federal n. 4.769/1965, que dispõe sobre o exercício da profissão de Administrador; e pelo Decreto Federal n. 61.934/1967, que regulamenta a Lei. Na sequência, tratamos das principais técnicas que permitem melhorar os processos da empresa, as mais comuns das quais são: fluxogramas, formulários, manuais, arranjo físico (ou layout), levantamento das funções organizacionais e análise de distribuição do trabalho. Em seguida, vimos as principais ferramentas de gestão utilizadas em todo o mundo e o grau de satisfação dos executivos em relação a todas elas. Depois de compreendê-las, você pôde observar então, que, entre as mais bem classificadas, estão: *Big Data Analytics, TQM, CRM, Strategic Planning, Customer Segmentation, BSC e Supply Chain Management.*

■ Questões para revisão

1. Correlacione cada uma das principais técnicas de OSM, fundamentais ao profissional da área, com sua respectiva definição:
   A. Fluxograma
   B. Formulário
   C. Manual
   D. Arranjo físico (ou layout)
   E. Levantamento das funções organizacionais
   F. Análise de distribuição do trabalho

   I. Representa a necessidade de informação de que a organização se vale para executar determinado processo.
   II. Possibilita ao funcionário um entendimento simples da sequência das tarefas.
   III. Busca organizar de maneira eficiente a estrutura física, os mobiliários e os equipamentos da empresa.
   IV. É documento composto de normas ou procedimentos comuns estabelecidos na organização.
   V. Tem a finalidade de avaliar a distribuição de atividades entre os diversos órgãos, distribuindo, então, a tarefa de cada um dos funcionários.
   VI. Define a divisão correta das atividades e suas interações, no conjunto de processos que aplicam um recurso da organização.

   Agora, selecione a alternativa que apresenta a correta correlação:
   a. A-I; B-II; C-III; D-IV; E-V; F-VI.
   b. A-II; B-I; C- IV; D-III; E-VI; F-V.
   c. A-II; B-I; C-III; D-V; E-IV; F-VI.
   d. A-VI; B-V; C-IV; D-III; E-II; F-I.
   e. A-VI; B-IV; C-V; D-III; E-II; F-I.

2. Correlacione cada uma das ferramentas de gestão mais utilizadas na América Latina com sua respectiva definição:
    A. Planejamento Estratégico
    B. *Benchmarking*
    C. *Balanced Scorecard*
    D. *Customer Relationship Management*
    E. Declaração de missão e visão

    I. É um processo abrangente que determina aquilo que uma empresa deve se tornar e a forma pela qual ela pode atingir esse objetivo.
    II. Melhora o desempenho organizacional ao identificar e aplicar as melhores práticas demonstradas às operações e às vendas.
    III. Define o desempenho de uma organização e mede se o gerenciamento está alcançando os resultados desejados.
    IV. É um processo que as empresas usam para entender seus grupos de clientes e respondê-los rapidamente.
    V. Expressa a essência do negócio da empresa, sua situação atual e a posição futura almejada pela empresa.

    Agora, selecione a alternativa que apresenta a correta correlação:
    a. A-I; B-II; C-III; D-IV; E-V.
    b. A-II; B-I; C- IV; D-III; E-V.
    c. A-II; B-I; C-III; D-V; E-IV.
    d. A-V; B-IV; C-III; D-II; E-I.
    e. A-V; B-III; C-IV; D-I; E-II.

3. Analise a matriz do seguinte gráfico:

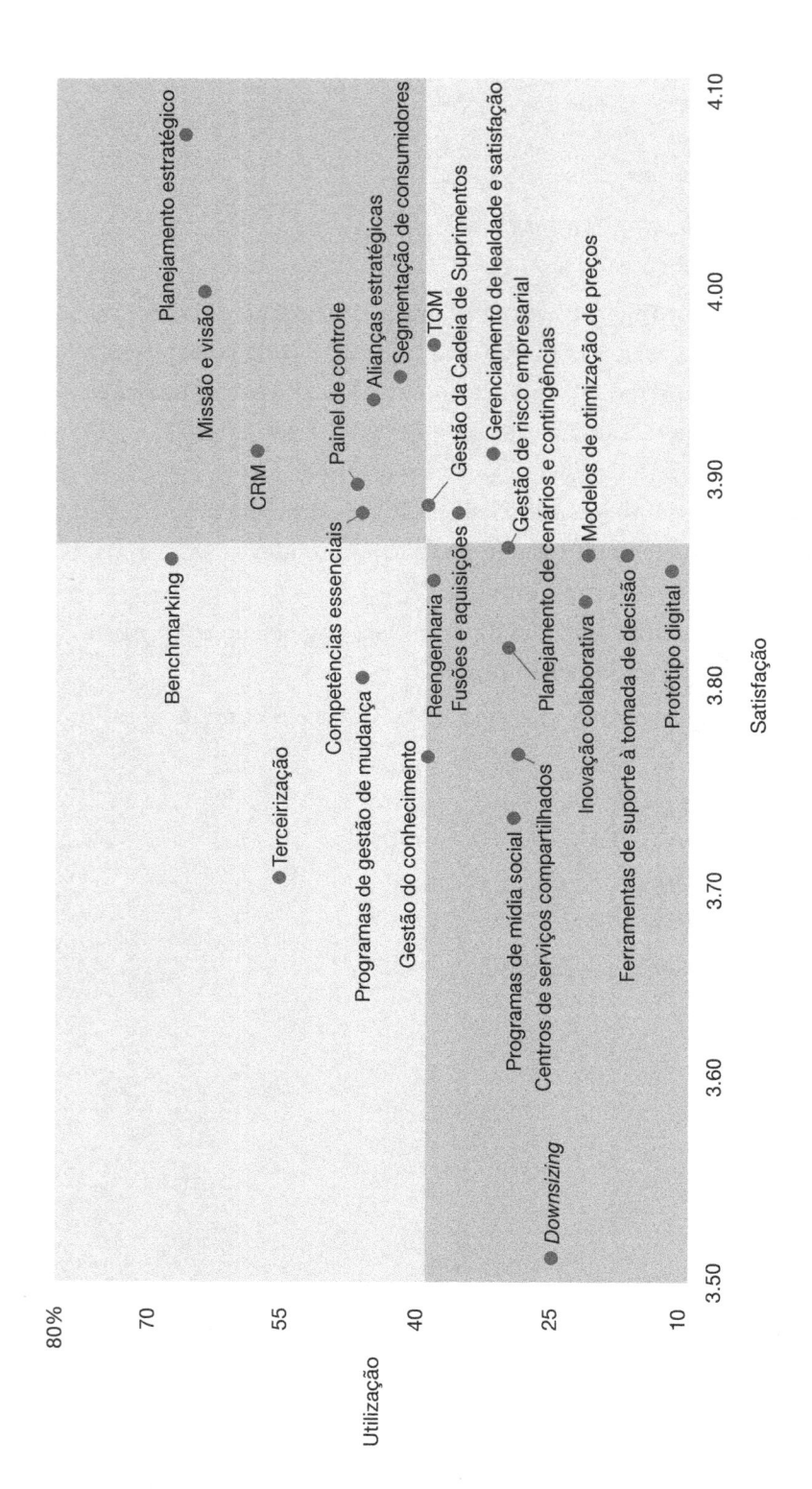

Gráfico: Utilização × Satisfação

Eixo Y — Utilização (%): 80%, 70, 55, 40, 25, 10
Eixo X — Satisfação: 3.50, 3.60, 3.70, 3.80, 3.90, 4.00, 4.10

Pontos plotados:
- Planejamento estratégico (~4.08; ~68%)
- Missão e visão (~3.95; ~65%)
- Benchmarking (~3.82; ~60%)
- CRM (~3.92; ~52%)
- Terceirização (~3.75; ~50%)
- Painel de controle (~3.92; ~47%)
- Competências essenciais (~3.87; ~47%)
- Alianças estratégicas (~3.95; ~45%)
- Programas de gestão de mudança (~3.76; ~45%)
- Segmentação de consumidores (~3.97; ~43%)
- Reengenharia (~3.82; ~40%)
- TQM (~3.95; ~40%)
- Gestão do conhecimento (~3.78; ~38%)
- Fusões e aquisições (~3.83; ~37%)
- Gestão da Cadeia de Suprimentos (~3.90; ~35%)
- Gerenciamento de lealdade e satisfação (~3.92; ~32%)
- Gestão de risco empresarial (~3.88; ~30%)
- Planejamento de cenários e contingências (~3.83; ~28%)
- Programas de mídia social (~3.68; ~28%)
- Centros de serviços compartilhados (~3.68; ~25%)
- Inovação colaborativa (~3.77; ~23%)
- Modelos de otimização de preços (~3.90; ~20%)
- Ferramentas de suporte à tomada de decisão (~3.80; ~18%)
- Protótipo digital (~3.83; ~13%)
- *Downsizing* (~3.53; ~12%)

Com base nos quadrantes do gráfico anterior, representados pelas áreas de tons de cinza do gráfico, selecione a alternativa correta:

a. Existem poucas ferramentas nos quadrantes de baixa porcentagem de utilização.
b. A maioria das ferramentas aparece nos quadrantes de alta porcentagem de utilização.
c. A maioria das ferramentas com alta porcentagem de utilização nos quadrantes apresenta graus elevados no quadrante de alta satisfação.
d. A maioria das ferramentas com baixa porcentagem nos quadrantes de utilização apresenta graus elevados no quadrante de satisfação.
e. A minoria das ferramentas aparece nos quadrantes de baixa porcentagem de utilização.

4. Analise os quadros e o gráfico apresentados neste capítulo e faça uma síntese sobre o desempenho das principais ferramentas de gestão no ano de 2014.

5. Com base na leitura do capítulo, no qual você pôde tomar conhecimento de uma série de ferramentas emergentes de gestão, disserte sobre o potencial de aplicação de pelo menos uma delas em uma organização e explique como sua utilização poderá gerar resultado para esta.

■ Questões para reflexão

1. Sobre as ferramentas de gestão, a empresa de consultoria Bain & Company (Rigby, 2009, p. 5) afirma: "O segredo não está em descobrir uma ferramenta mágica, mas sim [em] entender as diferentes ferramentas e saber quando e como utilizá-las". Reflita sobre as diversas opções de ferramentas e discuta quais se adaptam melhor a qual tipo de situação, solução ou problema em uma organização ou um setor.

■ Para saber mais

Para conhecer ainda mais as ferramentas de gestão, neste relatório a consultoria Bain & Company expõe as principais ferramentas utilizadas nas grandes corporações mundiais no ano de 2011:

RIGBY, D. K.; BILODEAU, B. **Management Tools & Trends 2011**. Boston: Bain & Company, 2011. Disponível em: <http://www2.bain.com/bainweb/images/Management_Tools_2011_POR.PDF>. Acesso em: 26 set. 2015.

No seguinte relatório, um pouco mais atualizado, a consultoria Bain & Company expõe as principais ferramentas utilizadas nas grandes corporações mundiais no ano de 2015.

RIGBY, D.; BILODEAU, B. **Management Tools & Trends 2015**. Boston: Bain & Company, 2015. Disponível em: <http://www.bain.com/Images/BAIN_BRIEF_Management_Tools_2015.pdf>. Acesso em: 9 ago. 2018.

No relatório seguinte, Daniel K. Rigby descreve, segundo pesquisa da consultoria Bain & Company, cada uma das ferramentas de gestão. O documento ajudará você, portanto, a aprofundar o conhecimento sobre o conceito e a aplicação de cada uma delas, sendo um guia de suma importância.

RIGBY, D. K. **Management Tools 2015**: an Executive's Guide. Boston: Bain & Company, 2015. Disponível em: <http://www.bain.com/Images/BAIN_GUIDE_Management_Tools_2015_executives_guide.pdf> Acesso em: 4 mar. 2019.

3 Estruturas organizacionais

Conteúdos do capítulo:
- *Estruturas e sistemas organizacionais.*
- *Componentes, condicionantes e nível de influência.*
- *Tipos de estruturas organizacionais (ou departamentalização).*
- *Sistemas organizacionais.*
- *Modelos organizacionais.*

Após o estudo deste capítulo, você será capaz de:
1. *relacionar estruturas e sistemas organizacionais;*
2. *indicar as características e os componentes organizacionais;*
3. *analisar os modelos organizacionais;*
4. *classificar os diferentes tipos de estrutura e seus níveis.*

Uma estrutura organizacional é um conjunto de responsabilidades, autoridades, comunicações e decisões de uma organização. A autoridade é atribuída por relações de hierarquia definidas no organograma da organização; as responsabilidades são repassadas segundo o nível de profundidade das atividades sob comando; à comunicação atribuem-se os meios de transformação da informação e o sistema no interior das organizações; e as decisões devem ser pensadas para que se saiba como tomá-las e para que elas se reflitam nos resultados da empresa.

Figura 3.1 – Perguntas-chave da definição da estrutura organizacional

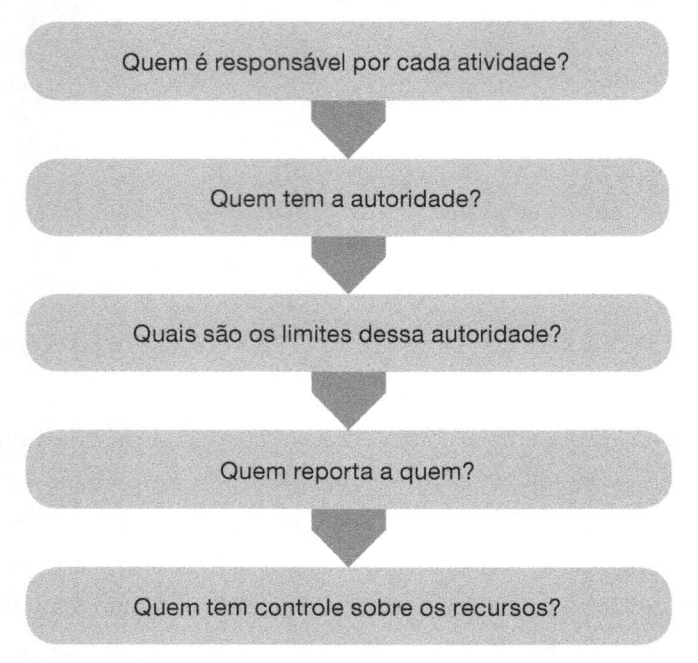

- Quem é responsável por cada atividade?
- Quem tem a autoridade?
- Quais são os limites dessa autoridade?
- Quem reporta a quem?
- Quem tem controle sobre os recursos?

A definição de cada uma das perguntas anteriores tem influência direta na execução dos processos e nos resultados organizacionais. Estabelecer as responsabilidades por cada atividade garante o funcionamento da organização, e os níveis de autoridade permitem resolver conflitos internos e problemas de comunicação e decisão.

3.1 Estruturas formal e informal de uma organização

Veremos agora os dois tipos de estruturas organizacionais mais comumente utilizados: a formal e a informal. Na formal, como será exposto, fica claro como os departamentos e as áreas da organização funcionam, sendo o tipo mais habitual de divisão estabelecida para controle da organização. Na informal, por sua vez, tal como descreveremos, a ordem da estrutura organizacional não é tão clara, e por vezes o potencial de liderança não é explicitado por meio de regulamentos e políticas, sendo feito pela convivência dos pares nas organizações.

3.1.1 Estrutura formal

A estrutura formal é a estrutura da maioria das empresas. De acordo com Oliveira (1994, p. 501), "é a estrutura deliberadamente planejada, e formalmente representada, em alguns aspectos, em organogramas".

Figura 3.2 – Estrutura organizacional formal

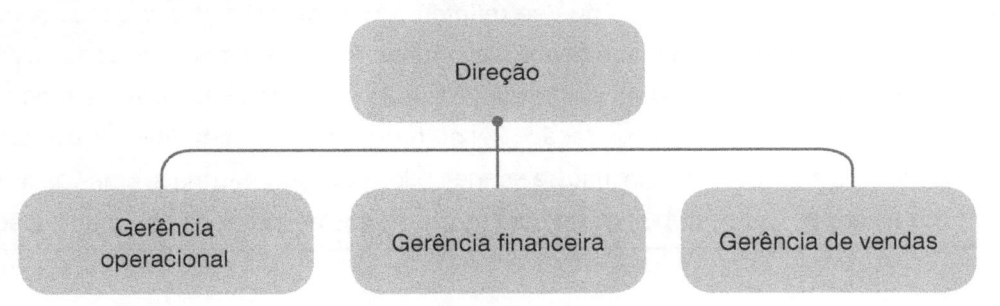

```
                    Direção
           ┌───────────┼───────────┐
       Gerência    Gerência     Gerência
      operacional  financeira   de vendas
```

Como característica, a estrutura formal:
- dá ênfase a posições com base em autoridades e responsabilidades;
- é estável;
- está sujeita a controle;
- está explícita na estrutura;
- representa a liderança formal.

3.1.2 Estrutura informal

A estrutura organizacional informal, segundo Stoner (1985, p. 231), é constituída de "relacionamentos não documentados e não reconhecidos oficialmente entre os membros de uma organização, que surgem inevitavelmente em decorrência das necessidades pessoais e grupais dos empregados".

Veja as características da estrutura informal:
- está nas pessoas;
- sempre existirá;
- é instável;
- não está sujeita a controle;
- está sujeita aos sentimentos;
- representa liderança informal;
- desenvolve sistemas e canais de comunicação.

Estudo de caso 3 – parte I

A estrutura informal nos dias atuais ganha espaço nas organizações inovadoras, pois permite que as pessoas se relacionem de maneira espontânea e criem vínculos de amizades e companheirismo, o que se reflete no desempenho das organizações. Um ambiente organizacional acolhedor faz o funcionário se sentir em casa, razão pela qual as empresas decidem permitir a utilização de vestimentas livres e manter espaços de recreação e descontração. Pense nisso na hora de definir a estrutura formal de uma empresa, ou seja, não se esqueça dos espaços informais, uma vez que isso, com certeza, vai contribuir muito com os processos de inovação da organização.

3.2 Componentes, condicionantes e níveis organizacionais

Os componentes, condicionantes e níveis organizacionais representam a organização nos seus diferentes aspectos de estrutura. Com eles, são estabelecidos níveis de responsabilidade, autoridades, comunicações, decisões, objetivos e estratégias, ambientes, evolução tecnológica, força de trabalho – capacidades e motivação –, além de níveis estratégico, tático e operacional. Nos próximos itens, acompanhe a descrição de cada um deles.

3.2.1 Componentes organizacionais

Para compor a definição de estruturas organizacionais, precisamos conhecer os componentes e os principais sistemas de uma organização. Apresentados com base nos estudos de Vasconcellos (1972), são eles:

1. **Sistema de responsabilidades** – Resultado da alocação das atividades constituído pelas funções e setores, linha e assessoria e nível de especialização do trabalho.

2. **Sistema de autoridades** – Resultado da distribuição do poder, constituído por amplitude administrativa ou de controle, níveis hierárquicos, delegação e centralização ou descentralização.

3. **Sistema de comunicações** – A interação entre todas as unidades da empresa, que estabelece o que, por que, como, quando, quanto, de quem e para quem comunicar.

4. **Sistema de decisão** – Decide uma ação responsável relacionada ao planejamento estratégico da empresa.

3.2.2 Condicionantes da estrutura organizacional

As definições de condicionantes da estrutura organizacional se diferem entre si a depender dos estudos dos principais autores da área. Observe o que alguns desses autores afirmam sobre o assunto:

Vasconcellos (1972) define um condicionante como resultado de um modelo que expressa um conjunto de componentes, como: fator tecnológico, fator ecológico, fator estrutura, fator humano e fator objetivos organizacionais.

Oliveira (2000), por sua vez, diz que os elementos que condicionam a estrutura de uma organização são: fator humano, ambiente externo, tecnologia e sistemas de objetivos e estratégias.

Já para Maximiano (2000a), o grau de diversificação de produtos e clientes, os planos e os objetivos e alocação de recursos são os fatores que definem a estrutura organizacional.

Listamos a seguir os principais condicionantes organizacionais:

a. objetivos, estratégias e políticas estabelecidas pela empresa;

b. ambiente da empresa;

c. evolução tecnológica e tecnologia aplicada na empresa;

d. recursos humanos, suas capacidades e os níveis de motivação deles.

3.2.3 Níveis de influência da estrutura organizacional

Os níveis de influência de uma organização estabelecem como o fluxo das informações e das decisões deverão percorrer os diferentes patamares dentro da estrutura organizacional. Veja a seguir a listagem dos principais níveis de influência nas organizações:

a. **Nível estratégico** – Corresponde à alta gestão da organização; envolve Conselho de Administração, presidência e superintendência e define o planejamento estratégico, o nível de investimento e os novos negócios.

b. **Nível tático** – Corresponde à média gestão da organização, isto é, a direção e a gerência; garante o cumprimento dos planos estratégicos definidos pela alta gestão e se reporta ao nível estratégico da empresa.

c. **Nível operacional** – Correponde à coordenação e à supervisão dos processos operacionais; garante o controle e a execução das atividades.

Figura 3.3 – Relação entre componentes, condicionantes e nível de influência organizacionais

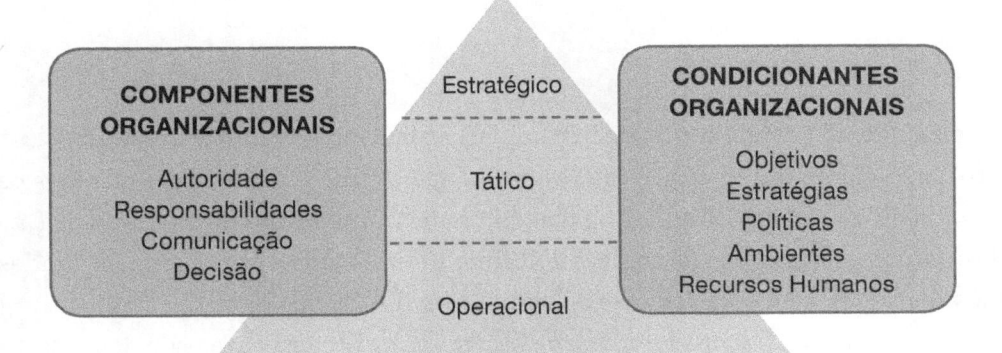

COMPONENTES ORGANIZACIONAIS
Autoridade
Responsabilidades
Comunicação
Decisão

Estratégico
Tático
Operacional

CONDICIONANTES ORGANIZACIONAIS
Objetivos
Estratégias
Políticas
Ambientes
Recursos Humanos

Estudo de caso 3 – parte II

Além de valorizar a cultura da estrutura informal, é importante também que a organização estabeleça a estrutura formal, constituída de seus componentes, condicionantes e níveis de influência que vimos nos itens anteriores. Cada um deles influenciará o resultado da organização. Nas organizações de grande porte é comum ainda estabelecer níveis de abrangência da estrutura formal, como o de unidade de negócios e corporação, muitas vezes com atuação em diversos locais, regiões, países (nível mundial).

3.3 Tipos de estruturas organizacionais formais

A definição da tipologia das estruturas organizacionais (ou *departamentalização*) se inicia na união de atividades parecidas ou que têm algo comum entre os setores ou as áreas. Observe que o agrupamento das atividades tem o objetivo de organizar as funções da empresa, definir a autoridade e as responsabilidades na supervisão e na coordenação e otimizar os resultados organizacionais.

Os critérios utilizados na divisão dos agrupamentos das áreas ou dos setores podem ser definidos com base nas semelhanças no processo ou nas atividades, nos recursos materiais e humanos, nos objetivos ou projetos, nos sistemas e tecnologias e nos recursos financeiros. Para essa definição são utilizados diferentes tipos de organograma, uma representação gráfica que especifica os principais setores e áreas, os níveis de hierarquia e seus responsáveis.

No momento da aplicação desse tipo de técnica, é importante especificar o nível de diferenciação e integração das atividades, na união das quais pode surgir algum processo importante para organização. Quando elas são muito diferentes entre si, devem ser separadas e inseridas em áreas e setores distintos, o que, no entanto, não quer dizer que somente um setor conduzirá o processo. Trata-se, na verdade, de definir o nível de tarefas semelhantes, que devem ser agrupadas em uma mesma área ou setor, muitas das quais perpassam por muitas outras áreas ou setores diferentes da empresa. Recomendam-se, no momento de criação de setores, áreas ou departamentos:

- uma quantidade significativa de tarefas, processos e pessoas (justifica a criação da área, do departamento ou do setor);
- agrupamento de processos ou tarefas com maior quantidade de etapas e recursos orçamentários (o setor que tem maior quantidade de etapas do processo deve ser responsável por elas);
- definição da área que tem maior afinidade no processo ou atividade (deverá ser responsável por garantir a execução das etapas);
- divisão feita com base no nível de controle e importância (as tarefas de supervisão devem ser separadas da execução).
- execução das atividades conforme as finalidades dos cargos e políticas da organização (nível de complexidade e execução, conforme a formação e a experiência do colaborador – para facilitar esse processo, utilize a

técnica de análise de distribuição do trabalho e o quadro de distribuição do trabalho – QDT).

3.3.1 Estrutura linear

É a tipologia organizacional mais simples e antiga, baseada na autoridade, decorrente do princípio da unidade de comando, ou seja, do cenário em que existe somente um chefe para um grupo de subordinados. Uma vez que nessa estrutura a autoridade não é compartilhada com outra chefia, cada superior tem autoridade única e absoluta sobre seus subordinados. Exemplos desse tipo de organização são a igreja e as forças armadas.

Figura 3.4 – Estrutura linear

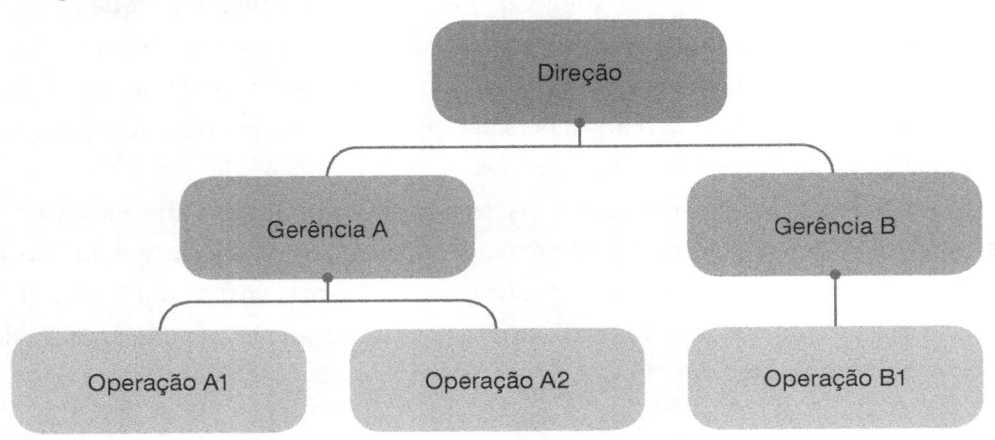

```
                    Direção
                   /       \
            Gerência A    Gerência B
            /      \           |
      Operação A1  Operação A2  Operação B1
```

3.3.2 Estrutura funcional

É a mais comum estrutura organizacional aplicada, cujos conceitos derivam da proposta da Teoria Clássica de Fayol. Nesse caso, a organização estrutura seus setores e departamentos com base nas funções mais conhecidas e utilizadas na gestão das empresas, como produção, marketing, vendas, logística, financeira e de pessoas. Possui a unidade de comando igual à da estrutura linear, mas se diferencia desta em razão das especializações das áreas e dos funcionários.

De acordo com Silva (2011):

> A estrutura funcional é mais indicada em ambientes mecanicistas. A especialização é valorizada, os degraus hierárquicos são bem definidos e é sabido o que fazer para galgar funções mais elevadas. A comunicação é facilitada, pois o departamento é formado por profissionais da mesma área e, portanto, falam a mesma "língua".

Figura 3.5 – Estrutura funcional

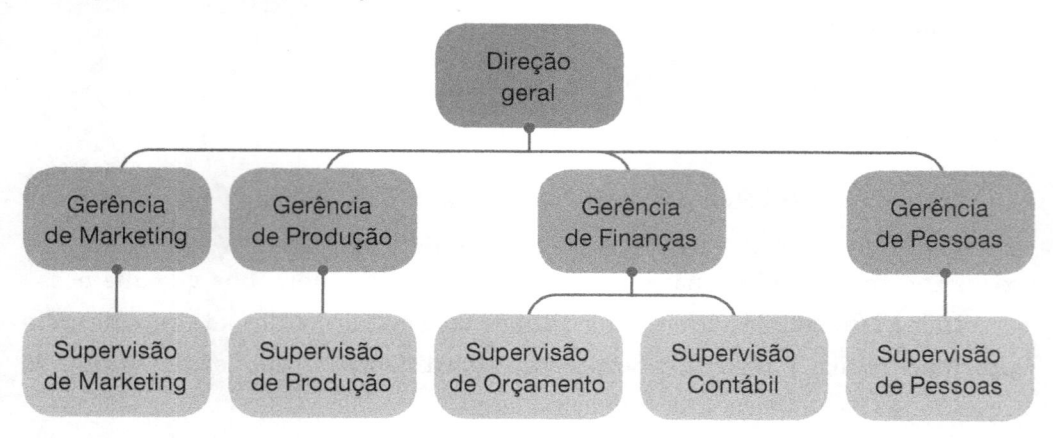

```
                        Direção
                         geral
    ┌──────────┬──────────┴──────────┬──────────┐
 Gerência    Gerência            Gerência     Gerência
de Marketing de Produção        de Finanças  de Pessoas
    │           │              ┌─────┴─────┐     │
Supervisão  Supervisão     Supervisão  Supervisão  Supervisão
de Marketing de Produção   de Orçamento Contábil   de Pessoas
```

Nesse tipo de estrutura existem ainda alguns pontos negativos, como a divisão de interesses na empresa, uma vez que os setores cumprem o que precisa ser feito do ponto de vista de cada um deles e não se preocupam com o todo da organização. Não é, portanto, aconselhável a uma estrutura dinâmica, com rápida modificação dos mercados, pois não consegue acompanhar devidamente a separação das áreas em especialidades.

Traz, no entanto, aspectos positivos, como a estabilidade das atividades. Com a repetição das tarefas, os funcionários se tornam especialistas em suas funções, conseguem manter maior concentração e utilizam recursos especializados. Nesse caso, então, não é necessário exigir dos funcionários o conhecimento de vários processos da empresa.

3.3.3 Estrutura divisional

Uma única estrutura divisional de uma empresa pode produzir um único produto ou serviço do início ao fim da cadeia. Embora se ofereça autonomia às operações, nessa estrutura todos se reportam a uma presidência, numa mesma organização, onde existem várias divisões de serviço ou produto.

Há diferentes tipos de estrutura divisional: por serviço ou produto, geográfica, por processo, por projeto e por cliente.

Figura 3.6 – Estrutura divisional

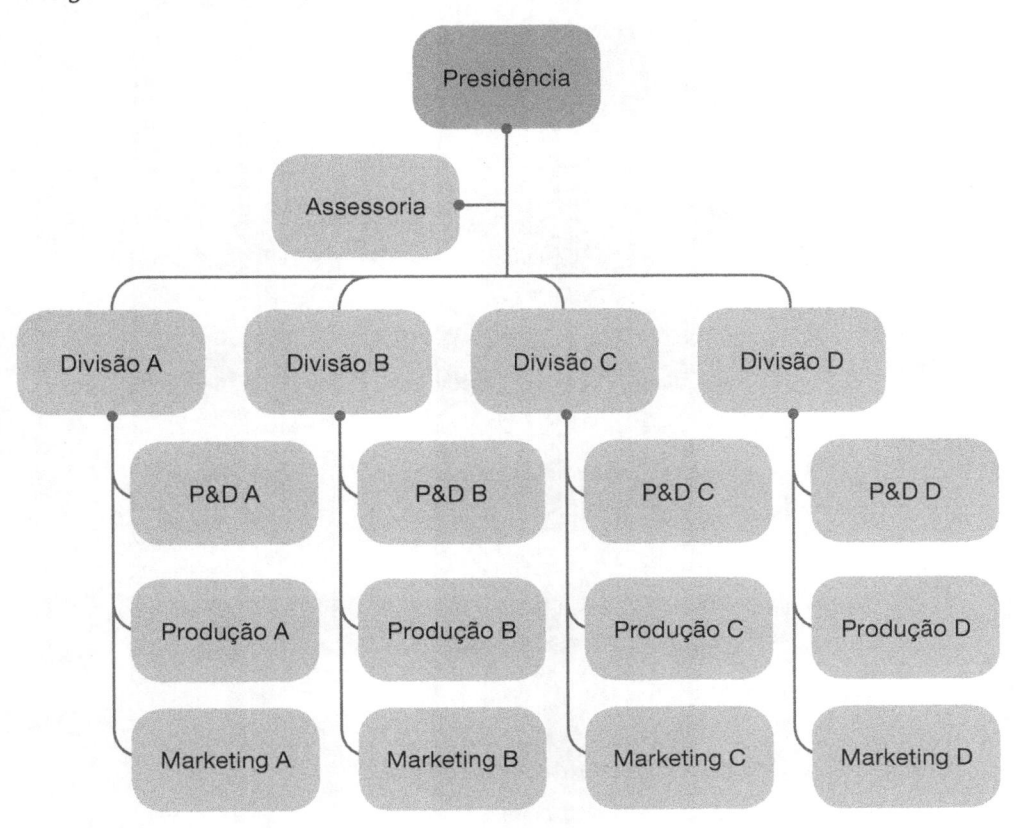

```
                          Presidência
                              |
            Assessoria -------|
                              |
        ┌─────────┬───────────┼───────────┐
     Divisão A  Divisão B  Divisão C   Divisão D
        │         │          │            │
      P&D A     P&D B      P&D C        P&D D
        │         │          │            │
    Produção A Produção B Produção C  Produção D
        │         │          │            │
   Marketing A Marketing B Marketing C Marketing D
```

3.3.3.1 Por serviço ou produto

Em uma organização que comercializa diversos produtos ou serviços separadamente dentro da mesma estrutura organizacional podem existir unidades de negócios autossuficientes, responsável apenas por um único produto. As grandes corporações utilizam esse tipo de estrutura.

Figura 3.7 – Estrutura divisional por serviço

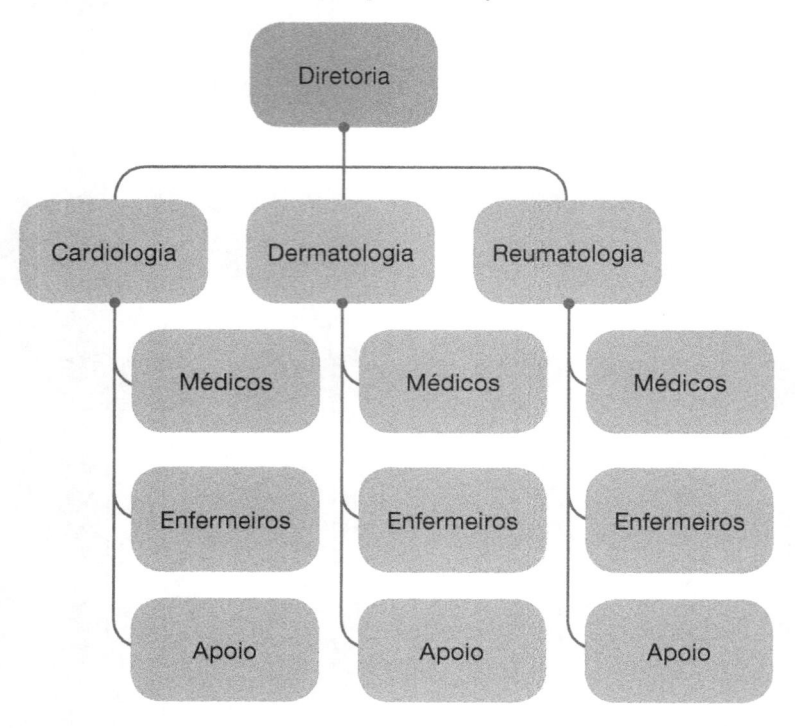

- Diretoria
  - Cardiologia
    - Médicos
    - Enfermeiros
    - Apoio
  - Dermatologia
    - Médicos
    - Enfermeiros
    - Apoio
  - Reumatologia
    - Médicos
    - Enfermeiros
    - Apoio

Figura 3.8 – Estrutura divisional por produto

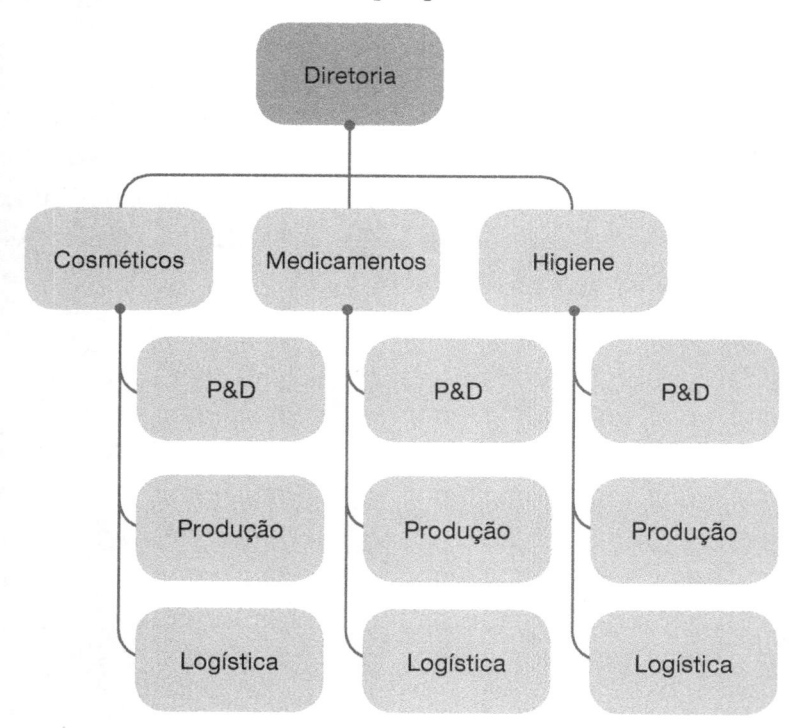

- Diretoria
  - Cosméticos
    - P&D
    - Produção
    - Logística
  - Medicamentos
    - P&D
    - Produção
    - Logística
  - Higiene
    - P&D
    - Produção
    - Logística

A estrutura divisional por serviço ou a estrutura divisional por produto apresentam a vantagem de terem foco e flexibilidade, se necessário, na melhoria dos seus processos. A coordenação se torna eficaz, pois se trabalha somente na área de domínio das atividades. Apesar de possuírem autonomia nas operações, todas as unidades de negócio seguem uma estratégia definida pela presidência da corporação.

3.3.3.2 Geográfica

A grande vantagem desse tipo de estrutura divisional é permitir adaptar seu produto à necessidade e ao costume regionais. Por exemplo, no Brasil, graças à grande extensão e às diferentes regiões do país, as preferências e os costumes têm influência na maneira como as grandes corporações atuam. Muitas vezes, um produto vendido em uma região, por exemplo, não possui grande aceitação em outra.

Figura 3.9 – Estrutura divisional geográfica

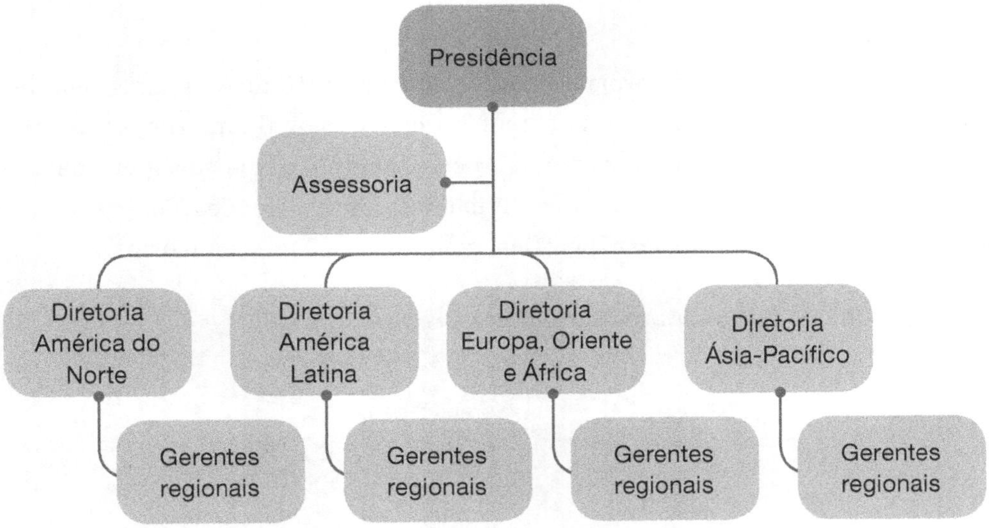

É possível, portanto, que um serviço oferecido de uma forma em uma região não funcione em outra, contexto no qual entra a necessidade de melhoria do produto e do serviço específico para cada região, respeitando-se os gostos e costumes particulares do local. Esse tipo de estrutura permite atender diferentes tipos de perfis de consumidores.

3.3.3.3 Por processo

Na divisão por processo, as atividades não são semelhantes e o que importa é o todo. Ou seja, um mesmo processo pode passar por vários setores ou por diversas funções na empresa.

Figura 3.10 – Estrutura divisional por processo

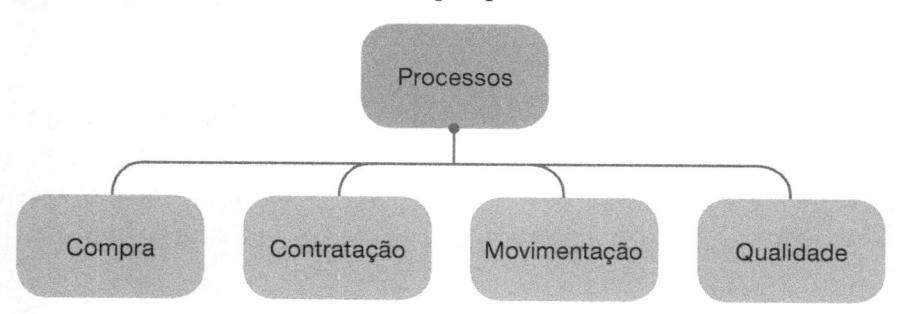

```
                    Processos
        ┌──────────┬─────────┬──────────┐
     Compra   Contratação  Movimentação  Qualidade
```

Cada setor, nesse caso, é responsável por uma etapa do processo, sendo as atividades agrupadas conforme a sequência das tarefas.

3.3.3.4 Por projeto

A estrutura divisional por projeto envolve equipe em função de uma demanda projetada. Ou seja, é diferente da estrutura convencional, em que os recursos estão alocados em um fluxo contínuo e permanente – o que se espera naturalmente na organização. Na estrutura divisional por projeto eles são preparados para atender a uma situação específica, com início e fim, provisória.

Figura 3.11 – Estrutura divisional por projeto

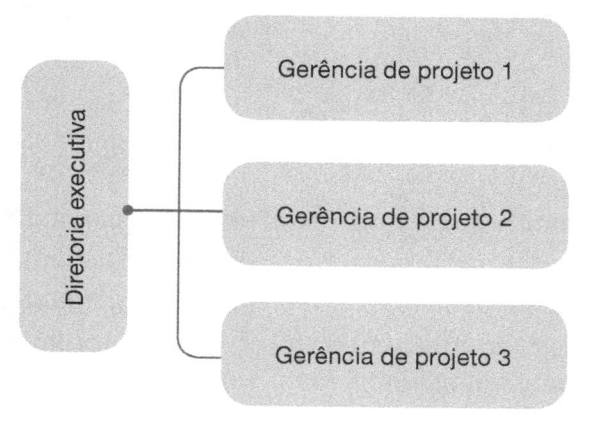

```
                        ┌── Gerência de projeto 1
  Diretoria executiva ──┼── Gerência de projeto 2
                        └── Gerência de projeto 3
```

Muitas vezes, nesse tipo de situação, encontramos profissionais altamente especializados profissionalmente e engajados no cumprimento das metas.

3.3.3.5 Por cliente

Nesse tipo de estrutura as atividades são agrupadas com base nas necessidades diversas e exclusivas dos clientes da empresa.

Figura 3.12 – Estrutura divisional por cliente

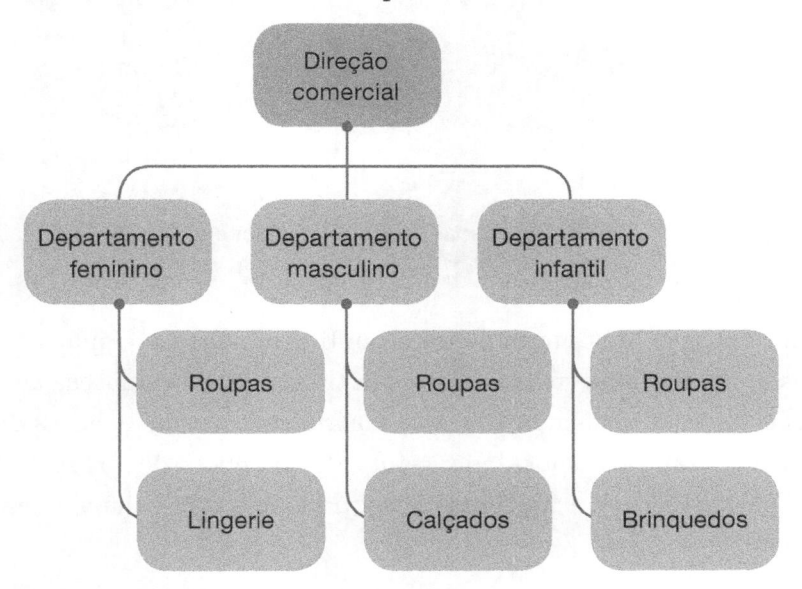

```
                    Direção
                   comercial
                       |
      ┌────────────────┼────────────────┐
 Departamento    Departamento    Departamento
   feminino        masculino        infantil
      │                │                │
   Roupas           Roupas           Roupas
      │                │                │
   Lingerie         Calçados         Brinquedos
```

É comum encontrarmos esse tipo de estrutura divisional em grandes lojas de departamentos e de roupas, uma vez que ela possibilita atender perfis específicos de clientes, com diversas opções de compra, o que facilita a venda.

3.3.4 Estrutura matricial

A estrutura matricial envolve a aplicação da estrutura funcional e a de *staff* ou assessoria num mesmo organograma. A unidade de comando perde a importância, uma vez que é compartilhada.

Figura 3.13 – Estrutura matricial

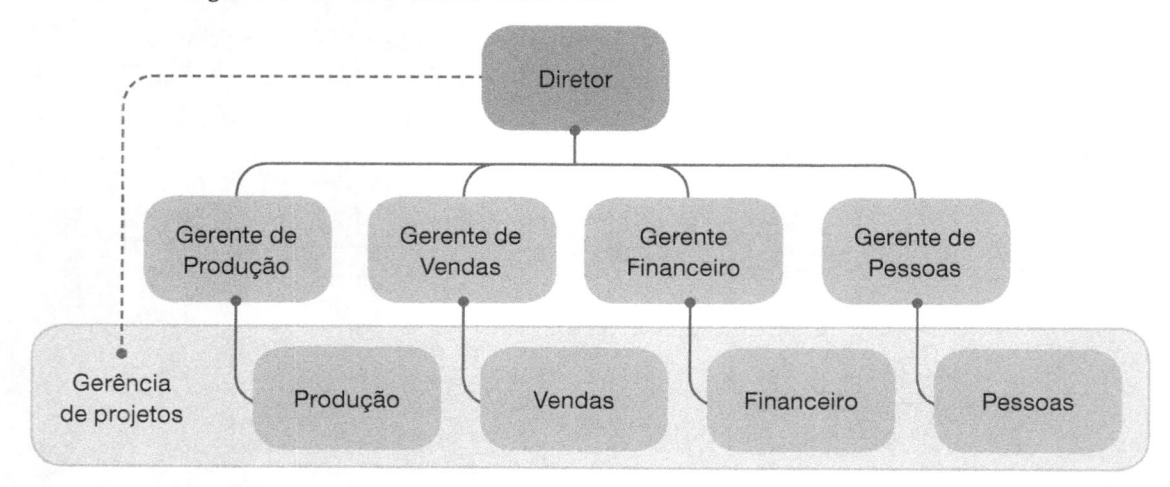

A matriz[1] possibilita obter um maior rendimento dos funcionários, uma vez que acaba aproveitando a mesma estrutura tradicional da empresa em projetos específicos. As estruturas numa mesma matriz aproveitam as horas do mesmo funcionário, evitando a ociosidade. A interdependência departamental é fundamental para a estrutura funcionar, e a experiência profissional é importante na aplicação do modelo.

3.3.5 Estrutura mista

A estrutura mista permite adaptar a organização conforme sua necessidade ou preferência. Muitas vezes, a empresa precisa utilizar tipos diferentes de estruturas, conforme o aspecto temporal. As possibilidades de combinação de estruturas são quase infinitas, a depender da realidade organizacional.

---

1 Relação entre os níveis de atuação dos setores ou áreas de organização de maneira vertical e horizontal.

Figura 3.14 – Estrutura mista

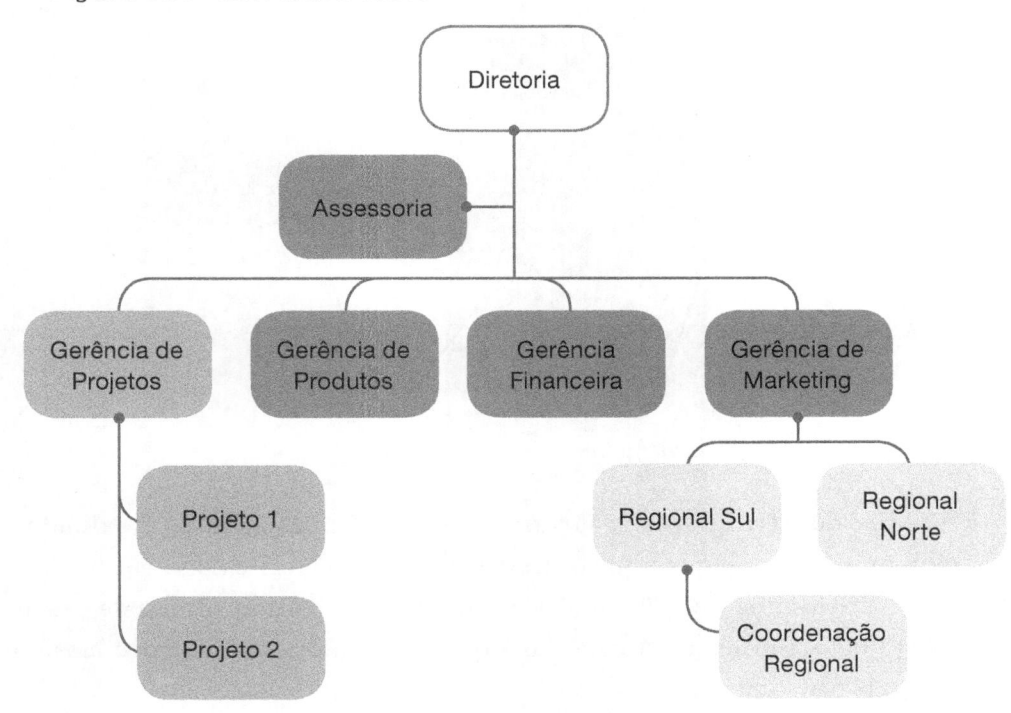

```
                          Diretoria
                              |
                    Assessoria─┤
                              |
        ┌──────────┬──────────┼──────────┐
   Gerência de  Gerência de Gerência   Gerência de
   Projetos    Produtos    Financeira  Marketing
        |                              |
    Projeto 1                    ┌─────┴─────┐
        |                    Regional Sul  Regional Norte
    Projeto 2                        |
                              Coordenação Regional
```

No modelo apresentado existe, num mesmo organograma, a estrutura divisional geográfica e a estrutura divisional por projeto. As grandes corporações, por exemplo, que atuam em diversos países precisam estabelecer divisões geográficas que facilitem o gerenciamento das equipes e, ao mesmo tempo, não esquecer dos aspectos de inovação na adaptação da sua estrutura organizacional na região.

3.3.6 Estrutura em redes

A estrutura em redes surgiu com advento da tecnologia da informação. A conexão com a internet, por exemplo, permitiu romper as fronteiras físicas, estabelecendo as virtuais. Atualmente a tecnologia nos permite trabalhar em rede da nossa própria casa (*home office*) ou em qualquer lugar, bastando, para isso, estar conectado. Nesse tipo de estrutura, não existe subordinação direta ou unidade de comando; o que deve haver é o cumprimento das metas estabelecidas no planejamento das ações.

Figura 3.15 – Estrutura em rede

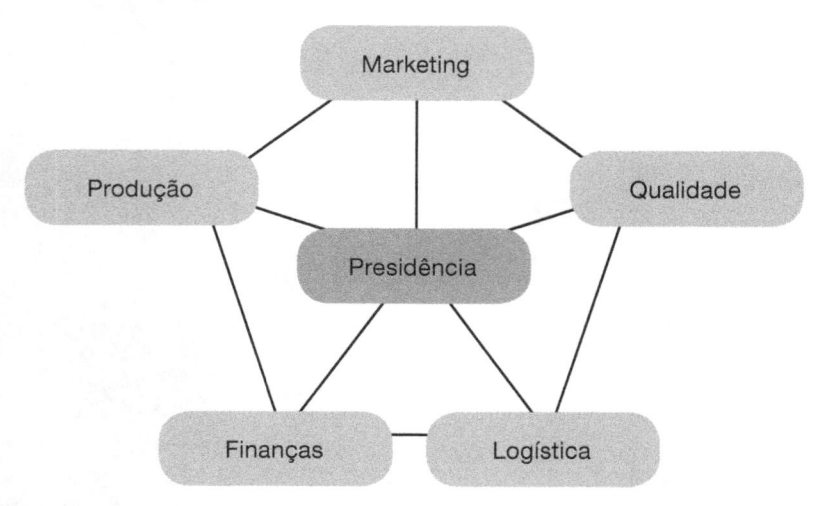

```
              Marketing
           /     |      \
    Produção ---Presidência--- Qualidade
           \     /    \       /
            Finanças — Logística
```

Nesse tipo de estrutura, os departamentos da organização estão espalhados pelo mundo. Por exemplo, em uma mesma empresa, podem existir equipes de marketing trabalhando nos Estados Unidos; de produção, na China; de desenvolvimento de produtos, na Alemanha – todos alinhados a cumprir o mesmo objetivo ou projeto de maneira virtual.

3.3.7 Estrutura transversal

Nesse tipo de estrutura, membros da corporação podem se relacionar entre os diversos níveis organizacionais, sem se limitar à atuação de cada um destes. Por exemplo, se um gerente do setor de operações precisa estabelecer um contato com o setor de Marketing da organização, não obrigatoriamente ele o fará com a gerência desse setor, podendo, em vez disso, tratar com a coordenação, um nível intermediário. Isso se faz necessário muitas vezes quando, dentro da organização, um setor tem como característica possuir muitos níveis de abrangência, mais do que outros setores da empresa – tal como uma diretoria envolvida com projetos da presidência. Veja um exemplo dessa estrutura na Figura 3.16.

3.16 – Estrutura transversal

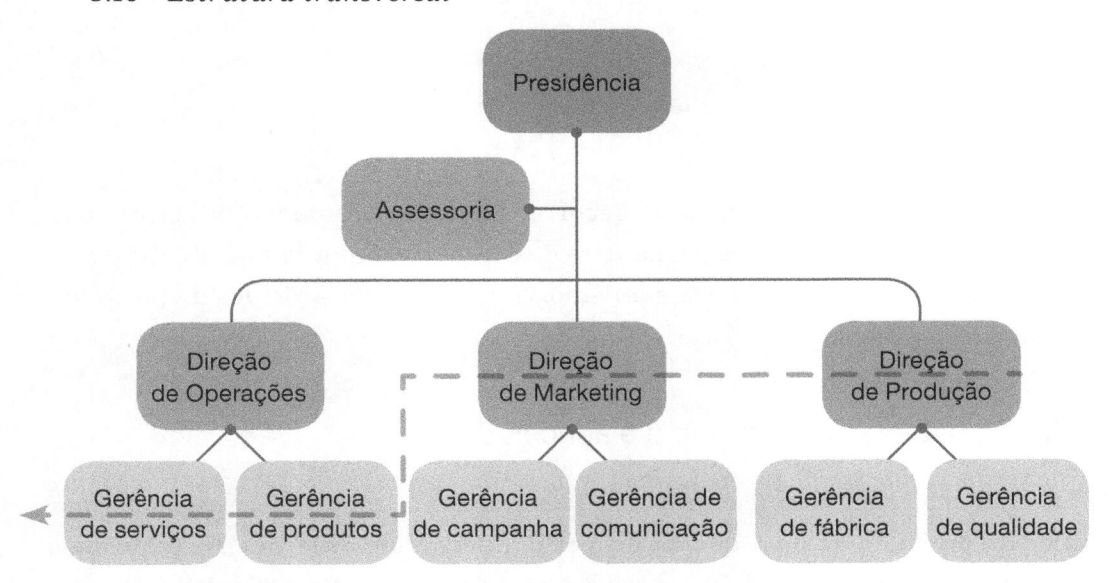

```
                    Presidência
                        |
              Assessoria—|
         _____|_____
        |               |               |
     Direção         Direção         Direção
   de Operações   de Marketing    de Produção
      /    \         /    \          /    \
 Gerência Gerência Gerência Gerência Gerência Gerência
    de       de       de       de       de       de
 serviços produtos campanha comunicação fábrica qualidade
```

Observe, na Figura 3.16, que a Direção de Marketing ou a de Produção podem estabelecer um canal de comunicação direta com as gerências de serviços ou de produtos. Embora em muitas organizações isso ocorra de maneira informal, é importante que a organização estabeleça um nível de flexibilidade entre os diferentes níveis de abrangência. Isso poderá ajudar no desempenho das atividades da empresa, já que muitas vezes a direção da organização pode, como dito, estar, por exemplo, envolvida diretamente com a presidência em outros projetos. Lembre-se: nem sempre esse tipo de estrutura é bem-vista em corporações excessivamente formais.

Estudo de caso 3 – parte III

As grandes corporações buscam incentivos governamentais na hora de decidir a sua estrutura em determinado estado ou país. Nesse contexto, é importante que os governos contribuam com o estabelecimento de incentivos para geração de empregos. No decorrer das décadas, acompanhamos o crescimento da indústria automobilística no país. Muitas delas acabaram estabelecendo somente o setor de montagem do automóvel; outras criaram uma corporação com todas as etapas de produção – inclusive *vendas* –, razão pela qual tiveram de adaptar o organograma conforme a expansão geográfica, ou virtualmente, no caso de empresas com departamentos espalhados em diversos locais do mundo.

3.4 Sistemas organizacionais

Os sistemas organizacionais no decorrer da história humana passaram por uma evolução significativa na maneira de desenvolver as atividades cotidianas, principalmente na virada deste milênio, com a popularização dos dispositivos móveis e da internet sem fio.

3.4.1 Sistemas familiar, tribal e agrícola

No início da convivência entre si, os seres humanos compartilhavam o mesmo local e dividiam-se em pequenos grupos familiares nas cavernas. Na sequência, as tribos, tendo desenvolvido as construções de pequenas casas de pedra, barro ou em tendas, migraram para regiões que suprissem as necessidades de alimento e abrigo. Não existia uma estrutura formal e a prioridade era a sobrevivência.

Nesse sistema, os líderes de uma família, por exemplo, são os pais, cujo principal papel é apoiar e os filhos e cuidar deles. Com o progresso do sistema tribal, iniciou-se o sistema agrícola. No decorrer do tempo, as tribos aumentaram e, por consequência, cresceram os conflitos por regiões produtivas de alimentos. As comunidades, então, surgiram em torno dos locais onde existia a produção agrícola.

3.4.2 Sistema hierárquico ou burocrático

Com o crescimento da população, passou a existir a necessidade de criação de uma estrutura formal legal estabelecida, razão pela qual começaram a surgir os primeiros sistemas hierárquicos e burocráticos, com cadeia de comando. Muitas vezes representados por uma figura central – na igreja, o papa; no âmbito militar, o marechal ou os generais; nos impérios e monarquias, os reis ou as rainhas; em governos ou empresas, os presidentes, diretores –, que administra vários grupos funcionais dentro do sistema hierárquico, como departamentos e ministérios, cada um dos quais com sua própria área de especialização técnica e um gerente que chefia cada um desses grupos – todos os quais se reportam diretamente à mencionada chefia.

3.4.3 Sistema virtual

O sistema virtual iniciou na década de 1990 com a popularização da internet. Trata-se de uma estrutura informal que atende a demandas imediatas e fornece flexibilidade a longo prazo. Nesse tipo de sistema, todas as pessoas estão conectadas entre si, em unidades de trabalho descentralizadas que são formadas em função das tarefas e dos projetos. Esse modelo só pode funcionar se forem utilizadas múltiplas tecnologias de informação, como as telecomunicações, e se os princípios de gestão forem compreendidos com objetivo de permitir que a constante mudança das equipes seja realizada da forma mais eficaz possível.

Estudo de caso 3 – parte IV

Os sistemas organizacionais virtuais representam o que de mais novo existe na evolução da convivência humana: pessoas do mundo todo participam sem mesmo se conhecerem diretamente. Por exemplo, para as equipes que desenvolvem tecnologias livres, não existe uma corporação dona do produto, e sim uma comunidade, cujos membros compartilham do mesmo objetivo, cada um dos quais contribui da forma que convier – com mão de obra especializada ou financeiramente. Nesse contexto, todos dividem os resultados e tudo funciona virtualmente.

3.5 Modelos de gestão

As principais estruturas organizacionais de referência são representadas por modelos de gestão, muitas vezes pesquisados no decorrer de sua existência, pois muitos deles acabam evoluindo conforme a necessidade de mercado.

A facilidade de obter informação neste início de milênio contribuiu para a disseminação de diferente tipos de modelos de gestão, os quais foram aplicados por corporações espalhadas pelo mundo, a maioria das quais obteve resultados satisfatórios. Muitas delas são organizações longevas que se transformaram no decorrer das décadas, implementando a própria cultura de como fazer negócios.

Observe que o termo *modelo de gestão* é a evolução de uma estrutura organizacional conhecida aplicada em razão de seu sucesso ou dos resultados obtidos com sua implementação. Um modelo é definido pelos objetivos alcançados e usado como referência de como se deve fazer negócio na empresa. Dizemos que a organização possui *know-how* naquilo que faz com excelência. Cada modelo será diferente, uma vez que não existe um ideal para todas as organizações. A construção do modelo de gestão varia conforme a relação entre a natureza das operações e os mercados em que a organização atua.

3.5.1 Modelo de aprendizagem organizacional

O modelo de aprendizagem organizacional pode ser entendido como o utilizado pelas corporações que enfrentam rotineiramente demandas de atividades e as transformam de maneira inovadora, gerando valor para a organização. Segundo Marques (2017):

> A aprendizagem organizacional pode ser entendida como o alcance de novos, múltiplos e contínuos conhecimentos sobre as dinâmicas e demandas corporativas, seja de maneira direta e/ou indireta, dentro e fora da empresa. Entretanto, embora busque uma formalização do conhecimento, 80% do que aprendemos em nosso ambiente de trabalho se dá de maneira informal, ou seja, através dos exemplos dos líderes, colegas, do aprendizado com os erros, e, em especial, pela troca e acúmulo de experiências.

Agora vamos conhecer o modelo pesquisado por Argyris e Schon (1996), autores que, de acordo com Esteves (2015, p. 17), o classificaram em três tipos de aprendizagem diferentes:

- *"Single loop learning"*, a estratégia é modificada em resposta a um resultado inesperado; como por exemplo, uma baixa nas vendas em que a [equipe] de marketing verifica a possível causa e ajusta a estratégia para aumentar as vendas;
- *"Double loop learning"*, em que os valores, as estratégias e as suposições que iniciam as ações são modificadas para aumentar a eficiência; [...] tomando novamente o exemplo da baixa de vendas, a [equipe] de marketing pode repensar todo o método de venda ou publicitário para evitar elevadas flutuações no futuro;
- *"Deuterilearning"*, em que se aprende como melhorar o sistema de aprendizagem. Este método é composto por elementos que determinam como a aprendizagem é administrada, ou seja, aprende-se a aprender.

Observe a seguir as importantes dimensões que se interligam para a criação de um eficaz modelo de aprendizagem, preconizadas pela The Bridgespan Group (2009):

1. **Liderança:**
   a. Clara definição das prioridades e visão.
   b. Equipe de liderança coesa.
2. **Estrutura e decisões:**
   a. Funções bem definidas e responsabilidade pelas ações.
   b. Estrutura organizacional com a finalidade de dar suporte aos objetivos.
3. **Pessoas:**
   a. Talento individual e talento em equipe necessários para o sucesso.
   b. Quantificação do desempenho e incentivos alinhados com os objetivos.
4. **Sistemas e processos de trabalho:**
   a. Execução superior das tarefas programadas.
   b. Sistemas e processos eficientes para o suporte da organização.
5. **Cultura:**
   a. Capacidade de mudar.

b. Valores e comportamentos de alto desempenho.

3.5.2 Modelo de cadeia de valor

Vamos entender aqui o modelo de cadeia de valor, isto é, as maneiras pelas quais a empresa organiza seus processos para entregar seus produtos e/ou serviços aos clientes.

Uma das maneiras possíveis de visualizar os processos da organização de maneira clara ocorre com o uso do modelo de cadeia de valor, criado por Michael Porter em 1985. Nesse modelo, de acordo com Santos (2009):

> [...] os principais processos da empresa estão relacionados dentro de uma visão de causa e efeito, com o intuito de entregar ao cliente seus produtos. Estes processos, também chamados processos-chave ou processos de negócio, cobrem desde a venda do produto, passam pela sua produção e terminam com a entrega do produto ao cliente. Os demais processos da empresa dão suporte para que a mesma seja gerenciada e controlada da melhor maneira possível.

Figura 3.17 – Visão de cadeia de valor

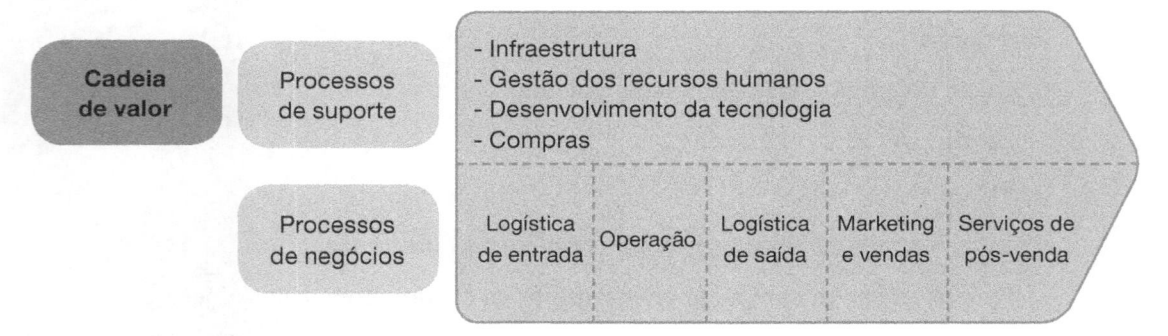

Cadeia de valor	Processos de suporte	- Infraestrutura - Gestão dos recursos humanos - Desenvolvimento da tecnologia - Compras				
	Processos de negócios	Logística de entrada	Operação	Logística de saída	Marketing e vendas	Serviços de pós-venda

Fonte: Elaborado com base em Porter, 2001.

Com base no exposto, podemos observar as principais atividades da organização. É um modelo muito utilizado na área industrial, na qual há relação sequencial entre as atividades "fim" ou primária de produção e venda e as áreas "meio" de apoio e suporte aos processos.

3.5.3 Modelo de inovação aberta

Na opinião da consultoria Mais Gestão (2019), o modelo de inovação aberta:

> assume que as empresas podem e devem utilizar as ideias geradas internas e externamente. Através de interação com pessoas e organizações de diferentes competências a inovação aberta proporciona um aumento significativo no retorno dos investimentos em inovação.

Ainda segundo a consultoria Mais Gestão (2019):

> A ideia central por trás da inovação aberta é que, num mundo repleto de informações, as empresas não apliquem inteiramente a confiança de seus recursos em suas pesquisas, mas ao invés disso comprem ou licenciem processos de inovação (como patentes) de outras empresas. Além disso, as invenções internas que não forem usadas pelos negócios da empresa podem ser licenciadas para fora, de forma que outras empresas tenham a oportunidades de utilizá-las. De maneira oposta, inovação fechada refere-se ao processo de limitar o conhecimento ao uso interno da empresa e não fazer uso ou somente um pequeno uso do conhecimento exterior.

Observe no Quadro 3.1 o comparativo entre inovação fechada e inovação aberta.

Quadro 3.1 – Inovação fechada e inovação aberta

Característica	Inovação Fechada	Inovação Aberta
Equipe	As melhores pessoas da área trabalham para nós.	Trabalhamos com pessoas talentosas de dentro e fora da organização.
Onde fazer P&D	Para lucrar com P&D, temos que descobrir, desenvolver e comercializar por conta própria.	P&D externo pode aumentar o valor significativamente. O P&D interno é necessário para tomar para si parte desse valor.
Origem da tecnologia	Se descobrirmos algo, temos de levá-lo ao mercado antes.	Não precisamos originar a pesquisa para lucrar com ela.

Pioneirismo	A empresa que levar a inovação ao mercado primeiro, vencerá.	Construir modelos de negócios melhores é mais importante do que chegar no [sic] mercado primeiro.
Quantidade e Qualidade	Se criarmos mais e melhores ideias no mercado, venceremos.	Se fizermos melhor uso das ideias internas e externas, venceremos.
Propriedade Intelectual	Devemos controlar nossa PI para que nossos competidores não lucrem com nossas ideias.	Devemos nos beneficiar por outros usarem nossa PI e devemos adquirir tecnologias de terceiros sempre que trouxerem benefícios ao nosso negócio.

Fonte: Ferreira, 2009.

Estudo de caso 3 – parte V

Os modelos de gestão estão em constante evolução e, muitas vezes, se confundem com as tipologias de estrutura organizacional. No entanto, é importante ressaltar que o destaque dado a eles ocorre em razão do sucesso conseguido na aplicação deles por organizações de referência no mercado, com resultados expressivos. Uma vez que essas corporações possuem *know-how* e são *benchmarks* no mercado em que atuam, o processo de aplicação dos modelos de gestão citados serve como base de apoio para outras empresas. Entretanto, vale dizer que a implementação que estas fazem daqueles nem sempre é garantia de sucesso. É preciso, portanto, ter cautela na aplicação de modelos de gestão que obtiveram sucesso em determinadas organizações, pois, se utilizados de maneira inadequada, podem não oferecer bons resultados em outras.

■ Síntese

Neste capítulo, apresentamos as duas principais estruturas organizacionais – formal e informal – e a classificação dos componentes, condicionantes e níveis de influência nas organizações. Além disso, tratamos das principais tipologias de estruturas formais nas empresas: a linear, a funcional, a divisional, a matricial, a mista e a em redes. Na sequência, vimos alguns sistemas organizacionais – o familiar, tribal e agrícola; o hierárquico ou burocrático; e o virtual. Ao final, analisamos os principais modelos de gestão – de aprendizagem organizacional, de cadeia de valor e de inovação aberta e fechada.

■ Questões para revisão

1. Correlacione as principais tipologias de estrutura organizacional formal com sua respectiva definição:

   A. Linear
   B. Funcional
   C. Divisional
   D. Matricial
   E. Mista
   F. Em redes

   I. Surgiu com advento da tecnologia da informação, quando a conexão com a internet permitiu romper as fronteiras físicas.
   II. Permite adaptar a organização conforme a necessidade ou a preferência.
   III. Envolve a aplicação da estrutura funcional e a de *staff* ou assessoria no mesmo organograma.
   IV. Pode produzir um único produto ou serviço do início ao fim da cadeia, tendo autonomia para operar e reportando-se a uma presidência.
   V. É a mais comum estrutura organizacional aplicada, cujos conceitos derivam da proposta da Teoria Clássica de Fayol.
   VI. É a tipologia organizacional mais simples e antiga, baseada na autoridade e decorrente do princípio da unidade de comando.

   Agora, selecione a alternativa que apresenta a correta correlação:

   a. A-I; B-II; C-III; D-IV; E-V; F-VI.
   b. A-II; B-I; C- IV; D-III; E-VI; F-V.
   c. A-II; B-I; C-III; D-V; E-IV; F-VI.
   d. A-VI; B-V; C-IV; D-III; E-II; F-I.
   e. A-VI; B-IV; C-V; D-III; E-II; F-I.

2. Analise a figura a seguir:

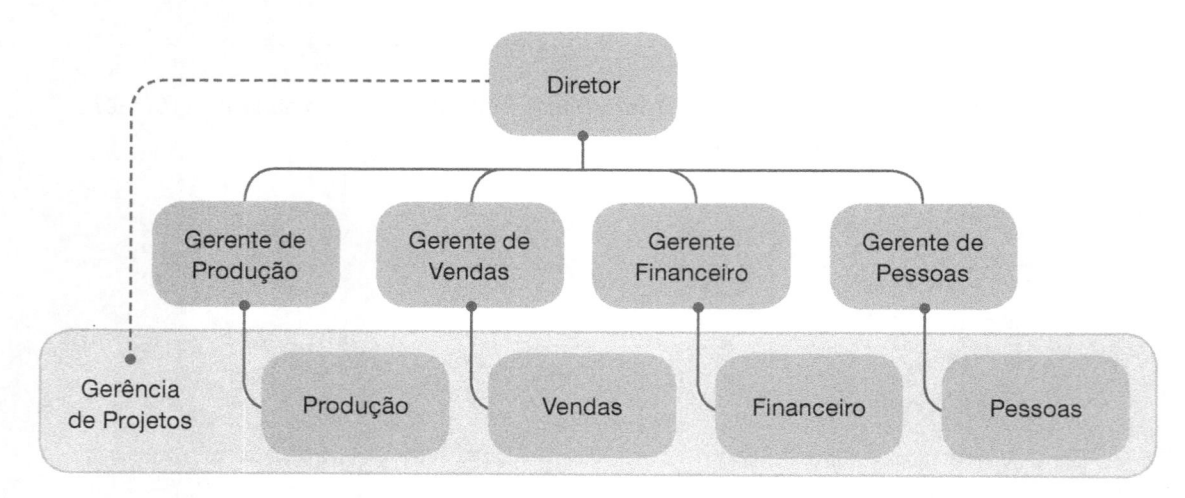

Com base no conhecimento que você adquiriu, selecione a alternativa que explica corretamente a estrutura organizacional representada na figura:

a. Nesse tipo de estrutura existe somente unidade de comando.
b. Essa estrutura representa somente o modelo funcional.
c. Envolve a aplicação da estrutura funcional e a de *staff* ou assessoria.
d. A unidade de comando não perde a importância, uma vez que é compartilhada.
e. A estrutura expõe os setores da organização sem relação alguma com as outras áreas.

3. Analise a figura a seguir:

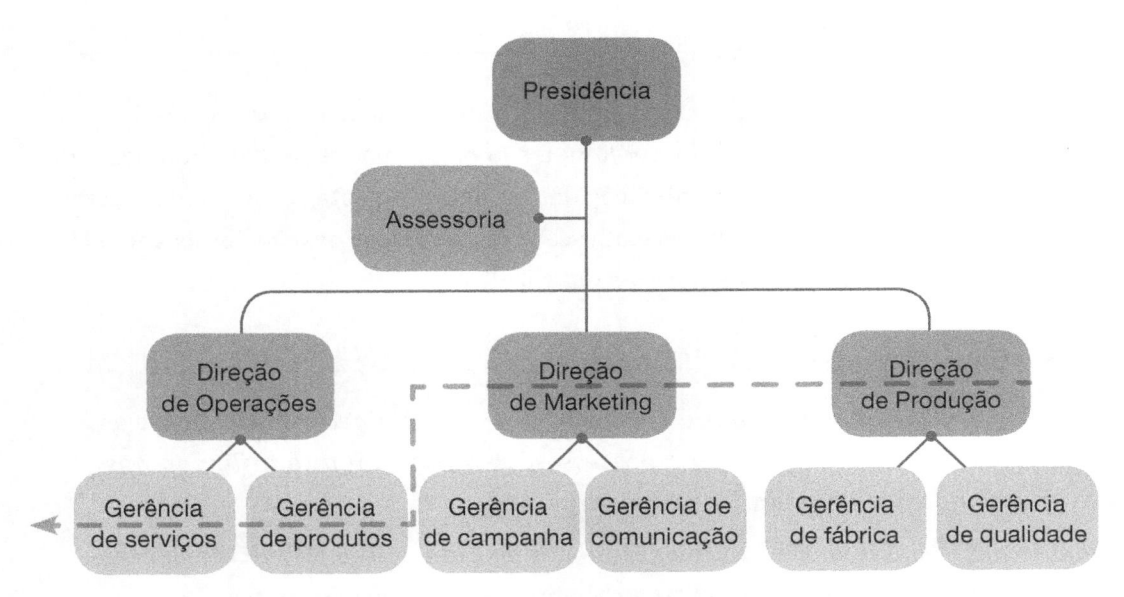

```
                    Presidência
                         |
        Assessoria ──────┤
                         |
    ┌────────────────────┼────────────────────┐
  Direção              Direção              Direção
de Operações        de Marketing          de Produção
    |                    |                    |
 ┌──┴──┐             ┌───┴───┐            ┌───┴───┐
Gerência Gerência  Gerência Gerência de  Gerência Gerência
de serviços de produtos de campanha comunicação de fábrica de qualidade
```

Com base no conhecimento que você adquiriu no capítulo, selecione a alternativa que explica corretamente o tipo de estrutura organizacional representado na imagem:

a. A estrutura mostra as relações isoladas entre as áreas.
b. A estrutura representa fielmente o modelo informal de atuação de uma organização.
c. A estrutura aplica o conceito de divisão por clientela.
d. A estrutura representa a relação transversal entre as áreas.
e. A estrutura expõe as áreas da organização formais do tipo regional.

4. Neste capítulo, você conheceu as principais estruturas formais. Com base nisso, sugira uma estrutura que se adequaria melhor à empresa onde você trabalha (se for o caso) ou mostre qual tipo de estrutura achou mais promissora para um tipo de negócio de seu interesse e explique por quê.

5. Tendo visto diversos modelos de gestão aplicados atualmente nas organizações, explique o que é aprendizagem organizacional e quais seriam os resultados da aplicação desse modelo de gestão em uma empresa.

■ Questões para reflexão

1. Os modelos de gestão estão em constante evolução e são propagados por corporações que têm *know-how* e são *benchmarks* no mercado em que atuam. O processo de aplicação dos modelos de gestão serve sempre como base de apoio para outras empresas? Replicar a aplicação desses modelos garante sucesso às empresas em geral?

■ Para saber mais

Com a leitura do material indicado a seguir, você conhecerá mais sobre os diversos modelos de gestão por processos, abordagem muita utilizada nos dias atuais nas empresas de diversos portes:

SANTOS, M. A dos. Modelos de gestão por processos. **The BPM Experience**, 4 set. 2006. Disponível em: <https://thebpmexperience.wordpress.com/2006/09/04/modelos-de-gestao-por-processos/>. Acesso em: 8 ago. 2018.

4 Design organizacional

Conteúdos do capítulo:
- *Design organizacional.*
- *Modelagem de negócios.*
- *Gestão de design.*
- Design thinking.
- *Cenários de Negócios.*

Após o estudo deste capítulo, você será capaz de:
1. *sintetizar o que é design organizacional;*
2. *modelar o negócio;*
3. *inovar com a gestão de design;*
4. *criar com* design thinking;
5. *planejar cenários de negócios.*

Como observamos no Capítulo 1, o **design organizacional** se responsabiliza por integrar a estrutura organizacional com a estratégia corporativa. Em conjunto com o planejamento estratégico, aplica o potencial inovador das organizações em função dos requisitos impostos pelos ambientes em que elas se inserem.

Yamaoka (2017), para contextualizar a relevância do tema, nos oferece o seguinte exemplo:

> Uma pesquisa da Deloitte divulgada [...] [em 2016] mostrou que o design organizacional é a principal preocupação dos executivos em relação à gestão de pessoas no mundo todo, sendo citada por 92% dos entrevistados como uma tendência "importante" ou "muito importante". No Brasil, 94% dos entrevistados citaram essa tendência como prioridade – ficando atrás apenas da China (97%), da Bélgica (96%) e do Japão (95%).

Lembre-se de que o conceito de *design* não trata somente da **elaboração visual** de um tipo inovador de bem (de marca ou produto). A dimensão de atuação da área abarca diferentes funções dentro de uma organização: por exemplo, pessoas que trabalham com a concepção de design em um setor e até mesmo com ambientes dentro da organização. Ou seja, trata-se de um fator de significado amplo, que expressa uma atitude organizacional ou está expresso na estratégia da organização.

De acordo com Cunha (2015, p. 32-33), Forty (1986) elenca quatro áreas centrais do design:

1) o design de espaços, que engloba o planejamento e a criação de todos os espaços que representam fisicamente uma organização; 2) o design de produto, que envolve a concepção e o desenvolvimento de produtos; 3) o design gráfico, que usa símbolos gráficos e habilidades tipográficas para a representação de marcas e ou produtos; e o 4) design de embalagens, que integra competências de design gráfico e design de produto para o desenvolvimento de embalagens.

De acordo com Cunha (2015), o quadro seguinte ilustra a classificação proposta por Borja de Mozota (2003) com base nos estudos de Forty (1986).

Quadro 4.1 – A matriz de integração do design em uma organização

Função/Design	Design de Espaços	Design de Produto	Design Gráfico	Design de Embalagens
GEO	Espaços de Trabalho, Fábricas	Inovação	Identidade Corporativa	–
Comunicação Corporativa	Eventos, Exposições, Recepção	–	Identidade Corporativa	–
Pesquisa e desenvolvimento	Fábrica	Inovação	Documentação Técnica	Logística de Embalagem
Marketing	Exposições, Lojas	Gama de Produtos	Branding, Website	Embalagem dos Produtos, Promoção

Fonte: Borja de Mozota, 2003, citado por Cunha, 2015, p. 33.

Segundo Cunha (2015, p. 33), conforme a matriz proposta por Borja de Mozota (2003), "o design se integra na organização principalmente através do GEO (Group Executive Office, o grupo responsável pela gestão de uma organização)", em projetos de implementação de um novo local ou de uma inovação (ou os relacionados com a estratégia organizacional). Além disso, pela comunicação corporativa, o design se integra à identidade visual, e pelo setor de Pesquisa e Desenvolvimento (P&D), participa de projetos inovadores. No Marketing, o papel do design direciona-se para o desenvolvimento de embalagens, a criação e a valorização de marcas e a preparação do ponto de venda.

No decorrer deste capítulo, vamos tratar o design organizacional em conjunto com o planejamento estratégico da organização, aplicar o diagnóstico organizacional, modelar estruturas de negócios, compreender o design como gestão, aprender a criar com *design thinking* e, por fim, planejar o cenário de negócio.

4.1 Diagnóstico organizacional

Neste tópico veremos os fatores que devem ser analisados nas organizações a fim de que sejam avaliadas sistematicamente as condições (problemas, preocupações) que podem influenciar a eficiência, a eficácia e a efetividade da atuação das empresas em suas áreas de negócio. Para um diagnóstico preciso, devemos avaliar três tipos de ambientes com os quais a organização mantém relações diretas. Veja a descrição deles na sequência.

4.1.1 Análise do ambiente externo

Vamos conhecer agora o diagnóstico organizacional estratégico específico à etapa da análise ambiental externa. A organização deve reconhecer os impactos das alterações do macroambiente e compreendê-los, de forma que possa definir estratégias importantes para a sobrevivência no mercado.

Figura 4.1 – Ambientes do diagnóstico estratégico

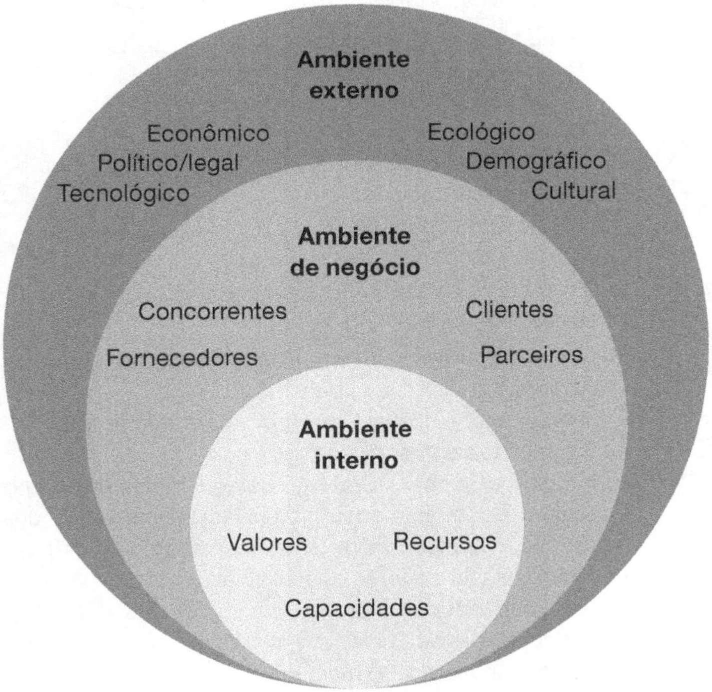

Ambiente externo
Econômico
Político/legal
Tecnológico
Ecológico
Demográfico
Cultural

Ambiente de negócio
Concorrentes
Fornecedores
Clientes
Parceiros

Ambiente interno
Valores
Recursos
Capacidades

Fonte: Elaborado com base em Chiavenato; Sapiro, 2003.

Como a organização não pode controlar as tendências do ambiente externo, por existir uma infinidade de variáveis, ela precisa criar sistemas de informações para pelo menos monitorar os fatores ambientais que não são controláveis.

O macroambiente é constituído de diversos microambientes: o ecológico, o econômico, o demográfico, o tecnológico, o político e o cultural. Cada um deles possui vários indicadores. A organização precisa compreender quais são os mais relevantes para o sucesso do negócio, uma vez que se trata de ponto-chave na atividade empresarial. De acordo com Chiavenato e Sapiro (2003, p. 84), essa "escolha é crítica para o sucesso do processo de análise do ambiente externo porque, às vezes, deixa-se de acompanhar um indicador importante, porque a organização e seus gerentes não avaliaram como tal, levando-os a serem surpreendidos por acontecimentos provocados por esse indicador".

Observe no Quadro 4.2 alguns indicadores do ambiente externo à organização.

Quadro 4.2 – Indicadores do ambiente externo de negócio

Demográfico	• Tamanho e densidade e distribuição geográfica populacional. • Mobilidade da população e processo migratório. • Taxa de crescimento e de envelhecimento da população. • Taxa de casamentos, de natalidade e mortalidade. • Estrutura etária, familiar e residencial. • Nível de escolaridade. • Composição étnica e religiosa da população.
Econômico	• Renda real da população. • Taxa de crescimento da renda. • Padrão de consumo e poupança. • Nível de emprego. • Taxas de juros, câmbio e inflação. • Mercado de capitais. • Distribuição de renda. • Balança de pagamentos. • Nível do Produto Interno Bruto. • Reservas cambiais.
Cultural	• Hábitos das pessoas em relação a atitudes e suposições. • Crenças e aspirações pessoais. • Relacionamentos interpessoais, estrutura social. • Mobilidade entre classes. • Origem urbana ou rural e os determinantes de *status*. • Atitudes com as preocupações individuais *versus* coletivas. • Situação socioeconômica de cada segmento da população. • Composição da força de trabalho. • Estrutura educacional. • Veículos de comunicação em massa. • Preocupação com o meio ambiente. • Preocupação com a saúde e preparo físico.

(continua)

(Quadro 4.2 – conclusão)

Político/Legal	• Política monetária, tributária, fiscal e previdenciária. • Legislação tributária, comercial e trabalhista. • Política de relações internacionais • Políticas de regulamentação, desregulamentação e privatização. • Legislação federal, estadual e municipal. • Estrutura de poder.
Tecnológico	• Passo tecnológico. • Processo de destruição criativa. • Aplicação em novos campos. • Identificação dos padrões aceitos. • Manifestações reacionárias em relação aos avanços tecnológicos. • Aquisição, desenvolvimento de tecnologia. • Velocidade das mudanças tecnológicas do país. • Proteção de marcas e patentes. • Nível de pesquisa e desenvolvimento do país. • Incentivos governamentais ao desenvolvimento tecnológico.
Ecológico	• Nível de desenvolvimento ecológico. • Índices de poluição e legislação existentes. • Matriz energética. • Nível de desmatamento. • Impactos de desastres ambientais.

Fonte: Chiavenato; Sapiro, 2003, p. 85.

É preciso entender que a escolha dos indicadores corretos é fundamental para a sobrevivência do negócio. Uma vez que o ambiente externo é amplo e disperso, seria exaustivo querer monitorar todas as variáveis.

4.1.2 Análise do ambiente de negócio: as cinco forças de Porter

Diferentemente da análise do ambiente externo, incontrolável, neste tópico vamos tratar da análise setorial, controlável, abordando especificamente os clientes, os concorrentes e os fornecedores, conjunto de elementos ao qual damos o nome de ***ambiente de negócio da empresa***[1].

Veja na Figura 4.2 as forças competitivas do ambiente de negócio ou setorial, num modelo proposto por Porter (1996) amplamente utilizado e composto de "cinco forças" (grau de rivalidade; ameaça de entrada; ameaça de substitutos; poder de negociação; poder de barganha).

---

1 Trata-se de um ambiente intermediário de atuação da empresa, isto é, que se localiza entre os ambientes interno e o externo (sendo composto por concorrentes, fornecedores, compradores).

Figura 4.2 – Modelo de cinco forças competitivas de Porter

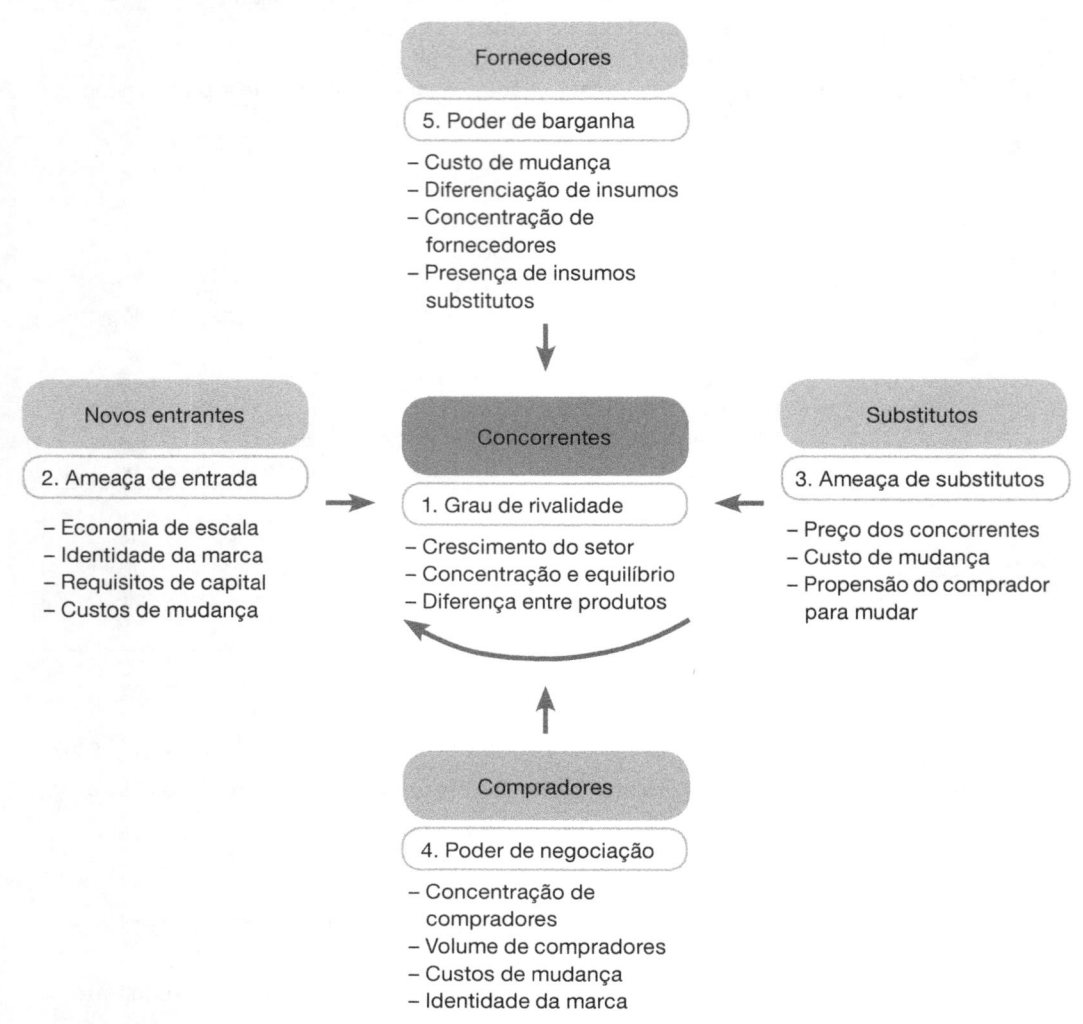

Fornecedores

5. Poder de barganha
- Custo de mudança
- Diferenciação de insumos
- Concentração de fornecedores
- Presença de insumos substitutos

Novos entrantes

2. Ameaça de entrada
- Economia de escala
- Identidade da marca
- Requisitos de capital
- Custos de mudança

Concorrentes

1. Grau de rivalidade
- Crescimento do setor
- Concentração e equilíbrio
- Diferença entre produtos

Substitutos

3. Ameaça de substitutos
- Preço dos concorrentes
- Custo de mudança
- Propensão do comprador para mudar

Compradores

4. Poder de negociação
- Concentração de compradores
- Volume de compradores
- Custos de mudança
- Identidade da marca

Fonte: Elaborado com base em Porter, 1996.

A organização, portanto, deve reconhecer os impactos das alterações do ambiente de negócio, compreendê-los e adaptá-los, podendo, com base nisso, definir estratégias competitivas importantes para a sobrevivência no mercado. Nesse ambiente de negócio (de atuação da empresa), a organização pode exercer influência, diferentemente do que ocorre com o ambiente externo, que, como vimos anteriormente, não poderá ser alterado por ela.

Vamos, na sequência, descrever as características de cada uma das cinco forças mencionadas neste tópico.

Grau de rivalidade

Trata-se da mais clara das cinco forças, na qual a maioria das organizações focaliza seus esforços. Os fatores estruturais da rivalidade de um mercado são diversos. Por exemplo, sobre a concentração dos concorrentes, Ghemawat (2000, p. 38) nos oferece a seguinte explanação:

> Quanto mais concentrada a indústria, maior a probabilidade dos concorrentes reconhecerem sua interdependência mútua e, com isso, restringirem sua rivalidade. Se, ao contrário, a indústria possui muitos pequenos participantes, cada um poderá pensar que seu efeito sobre os outros passará despercebido e, assim, estará tentando conquistar participação adicional, perturbando com isso o mercado...

Ainda na definição do autor sobre o porte dos concorrentes:

> A presença de um concorrente dominante ao invés de um conjunto de concorrentes igualmente equilibrados pode reduzir a rivalidade: o participante maior pode ser capaz de determinar os preços da indústria e disciplinar os oponentes, ao passo que participantes de portes semelhantes podem tentar superar uns aos outros para obter vantagens. (Ghemawat, 2000, p. 38).

Além dos concorrentes numerosos e de porte igual, outros determinantes podem aumentar o grau de rivalidade do setor: custos fixos elevados, crescimento lento do setor, excesso de capacidade e objetivos organizacionais arrojados.

Ameaça de entrada

O principal determinante dessa força são as barreiras de entrada, que evitam a inclusão de outras organização no setor em questão.

Um novo entrante no setor de negócios, por exemplo, poderá alocar uma capacidade de produção maior, fazendo com que as demais organizações inovem os seus processos e concorram sob outras perspectivas de produção em razão da redução da demanda. Outros determinantes dessa força são: economia de escala, identidade da marca, requisitos de capital, diferença entre produtos e serviços, custos de mudança.

Ameaça de substitutos

Essa ameaça depende da questão de relatividade de preço e desempenho, além dos custos de mudança. Um bom exemplo para ilustrar esse caso é a substituição das latas de aço pelas de alumínio no setor dos refrigerantes, que se iniciou na década de 1980. Apesar de que os custos para produzir a lata de alumínio fossem bem maiores se comparados com os da produção de latas de aço, os benefícios de peso e de facilidade gráfica do alumínio acabaram favorecendo a mencionada substituição no decorrer dos anos.

Poder de negociação
Aqui o comprador infuencia a agregação de valor de um setor. Ou seja, os clientes forçam a indústria a diminuir a margem de lucro do setor, obrigando os concorrentes a reduzir os preços ou a melhorar o nível do serviço – processo cujos determinantes mais importantes são tamanho e concentração. Alguns outros determinantes dessa força são: custo de mudança, identidade da marca, informação dos compradores, lucros dos compradores e impacto sob qualidade e desempenho.

Poder do fornecedor
A barganha do fornecedor representa uma das três dimensões verticais do modelo de Porter: compradores e concorrentes. Dois importantes determinantes são o tamanho e a concentração dos fornecedores; um terceiro, que não podemos deixar de fora, é a diferenciação dos insumos. Para ilustrar, podemos citar o exemplo do setor automobilístico americano, que forçou os fornecedores a começar uma disputa entre si, jogando um contra o outro, o que fez com que a qualidade das peças ficasse inferior à do modelo japonês, que buscou a cooperação entre fornecedores e ganhou em qualidade de produtos e tempo de criação.

Lembre-se de que o ambiente setorial é o ponto em que a organização atua diretamente, em cujas atividades mantém interatividade e influência. É, portanto, o local onde a organização obtém os recursos dos fornecedores, oferece seus serviços ou produtos aos clientes e compete com os concorrentes.

4.1.3 Análise do ambiente interno

No item anterior, acompanhamos a análise de dois dos ambientes com os quais a organização se envolve. Vamos agora compreender como se faz a análise interna (do ambiente interno, portanto), seus pontos fracos e fortes – isto é, vamos orientar nosso olhar para dentro da organização.

A análise interna diz respeito à avaliação de uma série de aspectos, entres os quais, conforme lista Wildauer (2012, p. 95), estão: "valores, cultura organizacional, fatores críticos de sucesso, sistemas, processos, fluxos de informação, pessoas, equipamentos, materiais, relacionamentos ou formas de comunicação, tratamento de riscos e acidentes".

Não menos importante é a avaliação da competitividade da organização: criar ou entregar algo diferenciado ao cliente – de difícil imitação pelos concorrentes – envolve a necessidade de utilização de recursos-chave, competências essenciais que agregam valor ao produto, ao serviço ou ao processo.

Chiavenato e Sapiro (2003, p. 108), para versar sobre competitividade no contexto de análise interna, expõem que "as abordagens diferenciadas de oferecer valor superior aos clientes requerem uma conjunção de pontos fortes da organização que sejam bastante distintos de outras organizações".

A seguir, você verá ferramentas úteis para uma efetiva análise interna organizacional.

4.1.3.1 Estrutura dos 7S (sete esses)

O modelo dos 7S (sete esses) desenvolvido por Pascale e Athos (1982), e posteriormente utilizado como ferramenta de gestão pela consultoria McKinsey, analisa o potencial da organização em reunir sete fatores para se tornar excelente. Veja sua representação na Figura 4.3.

Figura 4.3 – Estrutura dos 7S

Fonte: Elaborado com base em Pascale; Athos, 1982.

Veja, na sequência, um breve descritivo sobre cada "S":

- **Estrutura (*structure*)** – As tarefas, as políticas, os procedimentos e o organograma.
- **Sistemas (*systems*)** – Processos e fluxos de informação.
- **Estilo (*style*)** – Maneira comum de pensar e de se comportar dos funcionários; também inclui estilo de liderança e cultura organizacional.
- **Equipe (*staff*)** – Como se desenvolvem gerentes (se este empregou pessoas capazes, se as treinou bem e se atribuiu a elas os trabalhos certos).
- **Habilidades (*skills*)** – Atributos ou potencialidade dominantes; funcionários preparados para realizar a estratégia da organização.
- **Estratégia (*strategy*)** – A visão e o sentido integrado da organização.
- **Valores compartilhados (*shared values*)** – Agem como a consciência de uma organização, fornecendo orientação mesmo na época de crise.

4.1.3.2 Recursos e capacidades organizacionais

Observe que, além da competitividade da organização, a análise interna também deve avaliar os recursos e as capacidades organizacionais, para o que Hooley, Saunders e Piercy (2001) propõem a tipologia apresentada no quadro a seguir.

[145]

Quadro 4.3 – Recursos e capacidades organizacionais

Recursos		Tangíveis	Intangíveis	Capacidades		Individuais – Habilidade do indivíduo de analisar criticamente	De grupo – Habilidades individuais para formação de uma equipe	Corporativas – Habilidades de uma organização para empreender
Físicos		Terrenos, edifícios	—	**Estratégicas**	Orientação	Atendimento	Foco no cliente	Foco do cliente
Financeiros		Dinheiro em caixa	Classificação de crédito		Aprendizado	Habilidade técnica e domínio pessoal	Sistêmico	Estratégico
Operacionais		Fábrica, instalações e maquinário.	Sistemas e processos					
Humanos		Pessoal contratado	Qualidades, competências		Gestão	Carreira	*Team building*	Gestão de portfólio
De marketing	Cliente	Reais valorizados	Imaginários valorizados	**Funcionais**	Fora para dentro	Foco externo	Marketing	Societal
	Distribuição	—	Fornecimento assegurado		Dentro para fora	Foco interno	Operações	Utilização de recursos
	Ativos	Inteligência de mercado	—		Habilidades	Eficiência	Eficácia	Efetividade
	Alianças	—	Minimizar custo e tempo					
Legais		Patentes	Litigiosidade da organização	**Operacionais**	Estendida	Coordenação	Desenvolvimento	Inovação
Sistemas		Banco de dados	Sistemas de apoio à decisão					

Fonte: Elaborado com base em Hooley; Saunders; Piercy, 2001.

Além disso, na análise interna podemos utilizar as competências essenciais, a cadeia de valor, a gestão por processos, a gestão da qualidade e a matriz SWOT a fim de identificar os pontos fortes e fracos.

Estudo de caso 4 – parte I

Para facilitar o entendimento das cinco forças de Porter, podemos citar alguns exemplos do cotidiano em que elas são utilizadas.

No setor de alimentos, a força dos compradores, representada pelas cadeias de *self-services* e de grandes distribuidores como hipermercados (graças à proximidade destes com o mercado consumidor), vem diminuindo as margens de lucro dos fabricantes em razão do poder de barganha deles (*self-services* e hipermercados). Além disso, desenvolvem-se marcas próprias e facilita-se o surgimento de novos entrantes. No setor de siderurgia, por sua vez, na década passada, observamos como principal força competitiva a substituição de vidro por materiais como plástico e alumínio. No entanto, recentemente houve um crescimento no retorno do uso de vidro em substituição aos plásticos e ao alumínio, graças ao potencial de contaminação e de doenças que há na utilização desses materiais. No setor automobilístico, aparece um novo entrante: a criação do carro totalmente elétrico, feito pela empresa Tesla, o que forçou as montadoras de carros à combustão a criarem novos produtos e competirem com base em uma nova visão.

4.2 Modelagem de negócios: Modelo Canvas

Para compreender a composição da modelagem de negócio e a esquematização do cenário de negócios, vamos utilizar o modelo de negócio *Canvas*, que descreveremos à frente. Saber sintetizar o negócio é importante para conseguir criar um modelo de negócios ligado à realidade dos seus clientes.

Figura 4.4 – Representação do modelo de negócio Canvas

Parcerias	Atividades-Chave	Proposta de Valor	Relacionamento com Clientes	Segmentos de Clientes
	Recursos Principais		Canais	
Estrutura de Custos			Fontes de Receita	

Fonte: Osterwalder; Pigneur, 2011, p. 44.

O modelo, criado de forma simples e visual, possibilitando estruturar o modelo de negócio, é utilizado por empresas de diferentes portes e atuação.

A ferramenta *Business Model Canvas*, idealizada e criada por Osterwalder e, posteriormente, remodelada na obra *Business Model Generation*, de Osterwalder e Pigneur (2011), com projeto gráfico de Smith e coautoria de Clark, e cocriada com a participação de 470 profissionais em 45 países, é usada principalmente por empresas recém-criadas, na fase inicial do seu planejamento. Constitui-se de nove blocos, a saber (Osterwalder; Pigneur, 2011):

1. **Segmento de clientes (SC)** – Quais são os grupos de clientes que uma organização atende.

2. **Proposta de valor (PV)** – Leva soluções aos clientes, superando suas expectativas.

3. **Canais (CN)** – Qual o meio que a organização utiliza para chegar ou entregar seu serviço ao cliente.
4. **Relacionamento com clientes (RC)** – Como a relação de consumo é estabelecida e fidelizada com cada segmento de cliente.
5. **Fontes de receita (R$)** – Resultam da proposta de valor oferecidas aos clientes.
6. **Recursos principais (RP)** – Necessários para andamento das atividades da empresa.
7. **Atividades-chave (AC)** – Determinantes importantes para entrega da proposta de valor.
8. **Parcerias principais (PP)** – Quem irá ajudar diretamente na execução das atividades ou recursos que empresa necessita.
9. **Estrutura de custos (C$)** – Todos os custos dos elementos necessários para que a empresa funcione.

A DTI Sistemas (Azzi, 2016), sobre o assunto, afirma: "A estruturação do Modelo Canvas foi elaborado [sic] de forma a respeitar uma divisão natural do cérebro humano. O lado direito do cérebro é voltado para as emoções, enquanto o lado esquerdo é voltado para a razão [...]".

Vamos, a seguir, com base na divisão proposta por Nortegubisian (2018), descrever as características dos nove blocos do modelo *Canvas* mencionados.

4.2.1 Blocos do Modelo Canvas: lado direito do cérebro (emoções)

O Modelo Canvas estabelece uma relação parecida com o funcionamento de nosso cérebro – no qual o lado direito estabelece o controle de nossas emoções –, representado pelos blocos de proposta de valor, relacionamento com clientes, segmento de clientes e canais, como veremos a seguir.

4.2.1.1 Proposta de valor (PV)

Compreende um conjunto de atributos que agregam valor para um segmento específico de clientes. Dentro da proposta de valor, é preciso definir os produtos e serviços com base nas necessidades, expectativas e dores de cada segmento de clientes. Tendo isso em vista, você buscará a criação de valor.

Figura 4.5 – Modelo de proposta de valor e segmento de clientes

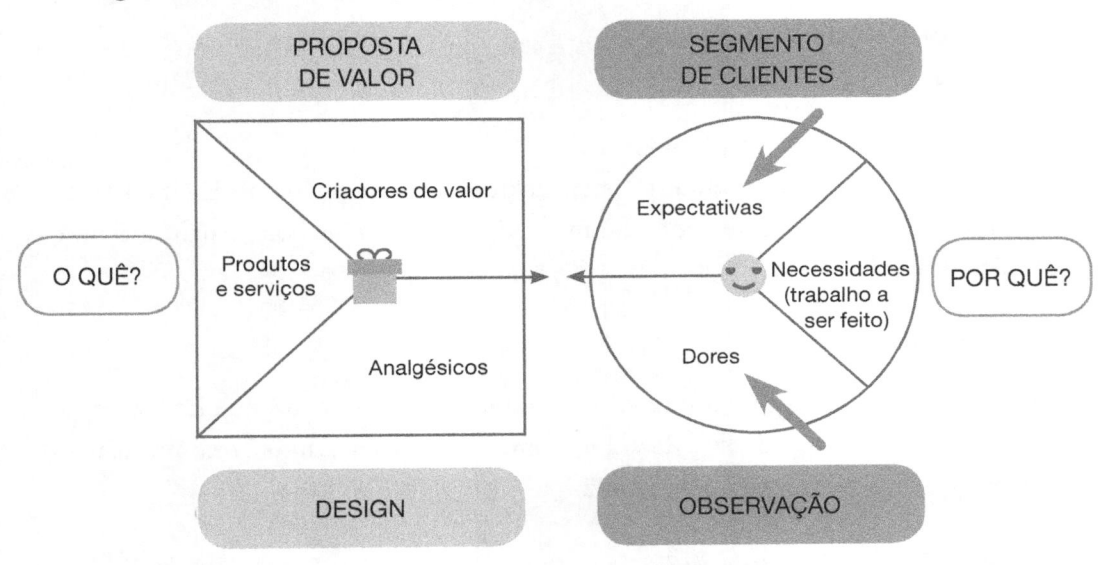

[Diagrama: PROPOSTA DE VALOR (O QUÊ?) — Criadores de valor, Produtos e serviços, Analgésicos — DESIGN. SEGMENTO DE CLIENTES (POR QUÊ?) — Expectativas, Necessidades (trabalho a ser feito), Dores — OBSERVAÇÃO]

Observe que a proposta de valor é definida com base no segmento de cliente, outro bloco do modelo aqui estudado. A convergência ou alinhamento de duas partes, nesse caso, é chamado de *fit de valor*.

Uma proposta de valor, segundo Osterwalder e Pigneur (2011, p. 23):

> [...] cria valor para um Segmento de Clientes com uma combinação de elementos direcionados especificamente para as necessidades daquele segmento. Os valores podem ser quantitativos (ex.: preço, velocidade do serviço) ou qualitativos (ex.: design, experiência do cliente).

Ainda segundo Osterwalder e Pigneur (2011), alguns determinantes podem influenciar a criação de valor aos clientes, como: novidade, desempenho, personalização, design, marca, preço, redução de custo ou risco, acessibilidade e conveniência.

4.2.1.2 Relacionamento com Clientes (RC)

Envolve a conquista e a retenção de clientes. Ou seja, corresponde ao tipo de relação que a empresa vai estabelecer com o cliente para que este sempre se lembre do produto ou serviço em questão na hora da compra.

Existem várias categorias desse tipo de relacionamento:

- representante particular;
- representante dedicado;

- autonomia do cliente;
- automatizado/autosserviço;
- comunidades de clientes;
- coparticipação do cliente.

O relacionamento com clientes permite que a organização crie diversos tipos de canais de comunicação que visam à fidelização deles com o produto ou o serviço oferecido.

4.2.1.3 Canais (CN)

Representam o meio que a empresa utiliza para chegar até os clientes ou a forma de entrega da proposta de valor. Compreendem os canais de comunicação, comercialização, entrega e pós-venda.

Quadro 4.4 – Tipos de canais

Tipos de canais			Fases do canal				
Particulares	**Direto**	Equipe de vendas	**1. Conhecimento** Como aumentamos o conhecimento sobre nossos produtos e serviços?	**2. Avaliação** Como ajudamos os clientes a avaliarem a Proposta de Valor de nossa organização?	**3. Compra** Como permitimos aos clientes comprar produtos e serviços específicos?	**4. Entrega** Como entregamos uma Proposta de Valor aos clientes?	**5. Pós-venda** Como fornecemos apoio pós-venda aos clientes?
		Vendas na Web					
	Indireto	Lojas Próprias					
Parceiros		Lojas Parceiras					
		Atacado					

Fonte: Osterwalder; Pigneur, 2011, p. 27.

4.2.1.4 Segmento de Clientes (SC)

Trata de dividir os clientes em grupos conforme alguns determinantes, que podem compreender renda, profissão, aspectos geográficos, demográficos, padrões de consumo, estilo de vida, cultura, entre outros. A classificação também pode ser por atuação no mercado, de massa (em grande escala), de segmento, de nicho, diversificada, de plataforma multilateral e individual. Conforme Osterwalder e Pigneur (2011, p. 20):

Grupos de clientes representam segmentos distintos se:

- Suas necessidades exigem e justificam uma oferta diferente;
- São alcançados por canais de distribuição diferentes;
- Exigem diferentes tipos de relacionamento;
- Têm lucratividades substancialmente diferentes;
- Estão dispostos a pagar por aspectos diferentes da oferta.

Observe, no Quadro 4.5, exemplo da segmentação de clientes do banco Bradesco e, no Quadro 4.6, exemplo de segmentação de clientes do banco Santander.

Quadro 4.5 – Segmentação de clientes – Bradesco

Pessoa física			Pessoa jurídica		
Private Bank		Disponibilidade de Investimentos a partir de R$ 3 milhões	Corporate		Faturamento anual acima de R$ 250 milhões-
Prime		Renda mensal a partir de R$ 10 mil ou disponibilidade de investimentos a partir de R$ 100 mil	Empresas		Faturamento anual de R$ 30 milhões a R$ 250 milhões
Varejo	Exclusive	Renda mensal de R$ 4 mil a R$ 9.999,99 ou disponibilidade de Investimentos a partir de R$ 40 mil	Varejo	Pessoa Jurídica	Faturamento anual até R$ 30 milhões
	Pessoa Física	Renda mensal até R$ 3.999,99			
Bradesco Expresso e PA					

Fonte: Banco Bradesco, 2018.

O banco Bradesco optou por dividir os clientes em duas grandes categorias: pessoa física e pessoa jurídica. A primeira foi distribuída conforme o potencial de renda e investimento; a segunda, conforme o faturamento anual da organização.

Quadro 4.6 – Segmentação de clientes – Santander

Segmentação		
Unidades de Negócio		
Banco Comercial	Banco Global de Atacado	Gestão de Recursos de Terceiros e Seguros
Foco de Atuação		
Clientes Pessoa Física e Empresas (exceto clientes Corporativos Globais)	Clientes Corporativos Globais e Atividades de Tesouraria	Gestão de Recursos de Terceiros e Seguros
PF		**PJ**
<ul><li>Private: Clientes com patrimônio acima de R$ 3 milhão</li><li>Van Gogh: Clientes com renda mensal a partir de R$ 4.000</li><li>Especial: Clientes com renda mensal entre R$ 1.200 e 4.000</li><li>Clássico: Clientes com renda mensal inferior a R$ 1.200</li></ul>		<ul><li>Clientes Corporativos Globais</li><li>Corporate: Receita Bruta anual acima de R$ 250 milhões</li><li>Empresas: Receita Bruta anual entre R$ 30 e 250 milhões</li><li>Pequenas e médias empresas: Receita Bruta anual de até R$ 30 milhões</li></ul>

Fonte: Santander, 2010, 2018.

Para a segmentação de clientes, o banco Santander optou por, além de utilizar as divisões tradicionais conforme pessoas física e jurídica, também mostrar as unidades de negócio e o foco de atuação.

4.2.2 Blocos do Modelo Canvas: lado esquerdo do cérebro (eficiência/razão)

Acabamos de analisar os blocos que compõem o lado direito do cérebro (as emoções). Agora, vamos verificar aqueles que compõem o lado esquerdo – definido pela razão –, representados pelos blocos de atividades-chave, parcerias principais e recursos principais.

4.2.2.1 Atividades-Chave (AC)

São aquelas atividades indispensáveis que têm influência direta na entrega da proposta de valor aos clientes. São responsáveis pela sobrevivência e pela manutenção da competitividade da organização, elementos que, lembre-se, são determinantes de sucesso do negócio.

Segundo Bookstrat (2018), podemos classificar as atividades-chave em: atividades de alto impacto no cliente; atividades de alto impacto na estratégia; atividades de alto impacto nos custos; atividades de alto impacto no meio ambiente; atividades de alto impacto na sociedade; e atividades de riscos elevados.

Por exemplo, a Microsoft tem como atividade-chave o desenvolvimento de *software*, ao passo que, para a Dell, a atividade-chave é a gestão da cadeia de suprimentos. Para a consultoria McKinsey (citada por CanvasBrasil, 2016), trata-se da resolução de problemas dos seus clientes.

As atividades-chave podem ainda ser classificadas, segundo CanvasBrasil (2016, grifo do original), da seguinte forma:

Produção

Essas atividades se relacionam com a concepção, fabricação, e entrega de um produto em quantidades substanciais e/ou de qualidade superior. As atividades de produção dominam os modelos de negócios das empresas industriais.

Resolução de problemas

As atividades chave [sic] deste tipo estão relacionadas com novas soluções de problemas dos clientes. As empresas de consultorias, hospitais e outras organizações de serviços são tipicamente focadas em atividades de resolução de problemas. Seus modelos de negócios são focados [em] atividades como gestão do conhecimento e formação contínua.

Plataforma / Rede

Os modelos de negócios projetados com uma plataforma em base de Recursos-Chaves são dominados por uma plataforma ou rede de atividades chaves [sic]. Por exemplo, o modelo de Negócios como eBay exige que a empresa continuamente desenvolva e mantenha sua plataforma. O Modelo de negócios da Visa requer atividades relacionadas ao seu cartão de crédito Visa® e da sua plataforma de transações para os comerciantes, clientes e bancos. O Modelo de negócios da Microsoft requer a gestão da interface entre o software de outros fornecedores e seus Windows® plataforma de seu sistema operacional.

4.2.2.2 Parcerias Principais (PP)

Os parceiros principais ajudam diretamente na execução das atividades ou dos recursos-chave. Segundo a Inova Consulting (2018, p. 13): "As empresas formam parcerias por diversas razões, e as parcerias vêm se tornando uma peça fundamental em muitos Modelos de Negócios. Empresas criam alianças para otimizar seus modelos, reduzir riscos ou adquirir recursos".

Existem diferentes tipos de parcerias: alianças estratégicas, coopetição, *joint ventures*, relação comprador–fornecedor. Os diferentes motivos para uma parceria são: otimização e economia em escala, redução de riscos e incertezas, aquisição de recursos e atividades particulares.

4.2.2.3 Recursos Principais (RP)

São os insumos necessários para manter as atividades-chave, conforme expõe a CanvasBrasil (2016), citando Osterwalder e Pigneur (2011) na sua obra de *Business Model Generation*:

> Todo modelo de negócio exige recursos-chave. Estes recursos permitem que uma empresa crie e ofereça uma proposta de valor, que alcance mercados e mantenha relações com segmentos de clientes. Diferentes Recursos-chave são necessários, dependendo do tipo de modelo de negócio. Por exemplo, um fabricante de microchips requer instalações de capital intensivo de produção, enquanto que um designer de microchips se concentra mais em recursos humanos.

Podemos classificar os recursos-chave em tangíveis, monetários e intangíveis. Veja a seguir a descrição de cada um deles.

- **Recursos tangíveis** – Correspondem aos ativos físicos, como instalações, equipamentos, edifícios e máquinas. Por exemplo, o grupo Pão de Açúcar, maior rede varejista do Brasil, depende fortemente das lojas e da logística; a Dafiti, que é proprietária do maior *site* de compras *on-line* da América Latina, tem um enorme armazém, uma plataforma *web* e uma infraestrutura logística forte.

- **Recursos intangíveis (ou intelectuais e humanos)** – Envolvem gerenciamento da marca, propriedade intelectual, patentes e direitos autorais e banco de dados atualizados. Observe que os recursos intangíveis são de complexo desenvolvimento, porém, quando identificados e mantidos por meio das atividades-chave, oferecem um diferencial competitivo para a organização. Por exemplo, a Nike depende fortemente do gerenciamento da sua marca; a SAP, de sua propriedade intelectual. A Qualcomm, por sua vez, desenvolveu seu modelo de negócio em torno das patentes; e a farmacêutica Novartis depende fortemente de recursos humanos, de cientistas experientes e de uma qualificada equipe de vendas.

- **Recursos monetários (financeiros ou de crédito)** – São utilizados por organizações que necessitam de forte alavancagem financeira no seu modelo de negócio. A maioria dessas empresas capta recursos em bancos ou mercados de capitais e utiliza os recursos no desenvolvimento de produtos ou projetos, criando novos mercados e influenciando os passos dos seus concorrentes. Por exemplo: empresas de construção civil e telecomunicações.

4.2.3 Blocos do Modelo Canvas: financeiros (eficiência)

Os dois últimos blocos na base do Modelo Canvas são representados pela estrutura de custos do negócio e pelas fontes de receitas, conforme veremos a seguir.

4.2.3.1 Fontes de Receita (R$)

Resultam da proposta de valor oferecidas aos clientes, representando o valor monetário obtido de cada segmento de clientes. Conforme afirma a empresa de consultoria Inova Consulting (2018, p. 9):

> Uma empresa deve se perguntar: que valor cada Segmento de Clientes está realmente disposto a pagar? Responder com sucesso essa pergunta permite que a firma gere uma ou mais Fontes de Receitas para cada segmento. Cada um pode ter mecanismos de precificação diferentes, como uma lista fixa, promoções, leilões, dependência de mercado, dependência de volume ou gerenciamento de produção.

Observe as diferentes fontes de receitas:
- venda de recursos;
- taxa de uso;
- taxa de assinatura;
- empréstimos;
- licenciamento;
- taxa de corretagem;
- anúncios.

Quadro 4.7 – Mecanismos de precificação

Precificação Fixa		Precificação Dinâmica	
Preços predefinidos baseados em variáveis estáticas		Os preços mudam com base nas condições do mercado	
Preço de lista	Preços fixos para produtos, serviços ou outras Propostas de Valores individuais.	**Negociação (barganha)**	Preço negociado entre dois ou mais parceiros, depende do poder e/ou das habilidades de negociação.

(continua)

(Quadro 4.7 – conclusão)

Precificação Fixa		Precificação Dinâmica	
Dependente da característica do produto	O preço depende do número ou da qualidade das características da Proposta de Valor.	**Gerenciamento de produção**	O preço depende do inventário e do momento da compra (normalmente utilizado para recursos esgotáveis, como quartos de hotel ou assentos de linhas aéreas).
Dependente dos Segmentos de Clientes	O preço depende do tipo e todas as características dos Segmentos de Clientes.	**Mercado em tempo real**	O preço é estabelecido dinamicamente, com base na oferta e na demanda.
Dependente de volume	O preço fica em função da quantidade comprada.	**Leilões**	Preço determinado pelo resultado de um leilão competitivo.

Fonte: Osterwalder; Pigneur, 2011, p. 33.

4.2.3.2 Estrutura de Custos (C$)

Corresponde a todos os custos dos elementos necessários para fazer a empresa funcionar. O planejamento da estrutura de custos deve ser calculado logo após a definição de recursos, atividades e parceiros. Existem duas estruturas básicas de custo: as direcionadas pelo custo e as direcionadas pelo valor. Não se esqueça, também, das características dos custos fixos e dos custos variáveis, além dos conceitos de economia de escala e escopo.

Estudo de caso 4 – parte II

Algum tempo atrás era comum as pessoas locarem as mídias de filmes (VHS ou DVD) para vê-los em casa, tendo de devolvê-los no dia seguinte. Quando se esqueciam de devolvê-los, eram obrigadas a pagar multa, uma vez que a locadora de filmes dependia da mídia para alugá-la novamente (se não a tivesse na loja, esta, por consequência, levaria prejuízo). No entanto, esse cenário mudou após o advento do modelo de aluguel por assinatura, que foi criado com base na adoção de mensalidade como forma de gerar fluxo de receitas em empresas que trabalham essencialmente com locação. A empresa Netflix, por sua vez, resolveu ignorar o antigo paradigma de locação de filmes por diárias e passou a cobrar uma assinatura mensal aos seus clientes. Nos últimos anos, o modelo da Netflix inovou porque permite ao cliente ter acesso a diversos filmes em casa pela internet, com um valor mensal reduzido. A qualidade da experiência do usuário aumentou significativamente ao mesmo tempo em que o fluxo de caixa da empresa tornou-se mais estável.

4.3 Gestão do design

Para introduzir o design como modelo de gestão empresarial, Cunha (2015, p. 36-37) sugere a seguinte abordagem:

> gestão do design é o arranjo efetivo dos recursos de design disponíveis pelos gestores em uma organização. Isto é, [corresponde à] gestão de todos os recursos direcionados ao design, sejam recursos humanos [sejam recursos] financeiros. [...] Ou seja, a gestão do design é uma gestão de recursos que constroem valor para organização e de atitudes que ajustam a visão dos colaboradores sobre o design.

Para complementar, Dalberto (2006, p. 1) enfatiza que "o design precisa ser aplicado como estratégia de negócio, assumir funções e atributos que pertençam à alta gerência, mas não se restringir somente a ela, deve englobar todos os níveis da organização".

Sendo assim, a gestão voltada para o design coloca a estrutura organizacional a serviço dos objetivos corporativos e contribui para os resultados organizacionais.

No momento de materializar a gestão do design, muitas organizações acabam encontrando dificuldades. Segundo a opinião da empresa de comunicação By3 (Infobranding, 2018), isso ocorre graças ao "conservadorismo e a resistência a mudanças nas organizações".

Observe no Quadro 4.8 um comparativo sobre os conceitos de **gestão** e de **design**.

Quadro 4.8 – Confronto entre o conceito de gestão e o conceito de design

Conceitos de GESTÃO	Conceitos de DESIGN
Processos e solução de problemas	O design é uma atividade de solução de problemas
Gerenciamento ideias e Inovação	O design é uma atividade criativa
Sistemas empresariais e informação	O design é uma atividade sistêmica
Comunicação e Estrutura	O design é uma atividade de coordenação
Preferências do consumidor, Cultura organizacional e Identidade	O design é uma atividade cultural e artística

Fonte: Mozota; Klöpsch; Costa, 2011, citados por Infobranding, 2018.

Para Mozota, Klöpsch e Costa (2011, p. 98), "a gestão do design impacta e confronta diretamente com modelo gerencial de Taylor, mecânico e hierárquico, [ruma] para um modelo organizacional plano e flexível, mais informal e empodera as pessoas".

Por sua vez, segundo a empresa de comunicação By3 (Infobranding, 2018, grifo do original):

> [...] a gestão por meio dos princípios do design possibilita aos profissionais a oportunidade de participar, cocriar e explorar novas possibilidades. O modelo de pensamento orientado pelo design, com o qual são abordados os problemas e conduzidos os projetos, propõe soluções de forma **iterativa** (processos contínuos), estimula a **criatividade** e a **inovação**.

4.3.1 Gestão de design como estratégia corporativa

Vamos, agora, entender a gestão de design como ferramenta organizacional inserida desde a concepção estratégica de uma organização, a fim de esclarecer como ela pode auxiliar no processo de formulação de estratégias e como efetivamente exerce seu papel estratégico nas organizações.

Borja de Mozota (2003), em seus estudos, classificou dois modelos de gestão com base no design em nível estratégico. O primeiro, caracterizado como "inato", trata o design como competência essencial desde o princípio da organização. O segundo, caracterizado como "adquirido", entende a importância do design e assume seus ideais aos poucos, à medida que os resultados da organização vão surgindo.

Agora observe no Quadro 4.9 uma análise sobre o design como estratégia de negócio e ferramenta de gestão.

Quadro 4.9 – Estratégias corporativas, estratégias de design e gestão do design

Objetivo da Estratégia Corporativa	Objetivo da Estratégia de Design	Ferramentas da Gestão do Design
Definir um direcionamento-"visão"	Visualizar e comunicar os objetivos corporativos	Programa de Identidade Corporativa Design para Qualidade
Concentrar esforços	Produzir bens e serviços apropriados às vantagens competitivas da empresa	Política de Design focada em objetivos claros Integração do Design

(continua)

(Quadro 4.9 – conclusão)

Objetivo da Estratégia Corporativa	Objetivo da Estratégia de Design	Ferramentas da Gestão do Design
Prover consistência	Garantir o desenvolvimento e uma aplicação consistente da política de design	Padrões de Design Monitoramento do Design Liderança efetiva em Design
Garantir a flexibilidade	Adaptar o foco dos recursos de design para os novos ambientes externos	Cultura de Inovação Design direcionado ao ambiente externo

Fonte: Cooper; Press, 1995, citado por Cunha, 2015, p. 44.

Com base no quadro, conforme expõe Cunha (2015, p. 44), concluímos que o objetivo da estratégia corporativa é definir um direcionamento organizacional, ou seja, uma visão, contexto no qual a execução dos procedimentos se torna possível mediante estratégias de design que visualizem e comuniquem os objetivos corporativos e os expressem por meio de uma identidade corporativa pelo design de qualidade. "Isto é, nos casos em que os produtos e/ou serviços de uma organização são relativamente semelhantes aos de seus concorrentes, uma identidade corporativa embasada por pesquisas de atitudes dos consumidores e colaboradores dessa organização exerce um grande diferencial" (Cunha, 2015, p. 44).

Na opinião de West e Coutinho (2012), a gestão e o modo de pensar do design – ou *design thinking*, tema que veremos no próximo item – não substituem a gestão empresarial, mas "propõem um novo enfoque para a resolução de problemas e a busca de novas ideias para processos, produtos, serviços e marcas".

Sendo assim, conforme discorrem Pellizzoni, Fialho e Merino (2015, p. 87),

> o design aproxima-se da gestão estratégica de negócios, já que esta tem por necessidade e função observar, identificar, avaliar e atuar sobre todos os aspectos de uma empresa. É preciso considerar não somente aspectos internos – o capital material, o capital humano, o capital social, os processos e seus custos, os de produção, [sic] como também o cenário externo, o mercado, a atuação de outras empresas concorrentes, o contexto sócio-político-econômico, as tendências de comportamento de consumo, e diversos outros aspectos

4.3.2 Posicionamento da gestão de design

Como você já deve ter presumido até aqui, o posicionamento do design nas organizações não se limita somente ao produto, uma vez que, muitas vezes, ele pode expressar o modelo de gestão de uma organização. Também não se restringe à composição de um processo benfeito, uma vez que considera o sistema de gestão como um todo. Nesse contexto, na opinião de Pellizzoni, Fialho e Merino (2015, p. 86), o design é "um modelo de pensamentos e ações estruturadas que percorrem um determinado caminho até o resultado desejado".

Pellizzoni, Fialho e Merino (2015, p. 86), considerando o design agora sob a ótica da inovação, afirmam:

> Inovar significa criar novas alternativas para a solução de problemas já existentes – ou ainda por surgir – e, neste sentido, esta capacidade eminentemente humana de geração de novas ideias é ilimitada. O processo de design, como "[...] toda ação criativa que cumpre sua finalidade" (SCOTT, 1978, p. 1) ratifica a ideia corrente de que se for 'original', 'novo' e 'criativo' é, por princípio, um produto de design. Mas, "[...] não existe criação no vazio" (SCOTT, 1978, p. 1), ela, necessariamente, deve fazer parte de um esquema humano, pessoal, social.

Sabemos que as nossas ideias não caracterizam obrigatoriamente algo inovador. Para que a inovação ocorra, são necessários um valor significativo e um valor perceptivo *das* e *nas* organizações, em termos tanto de resultados financeiros quanto de qualidade percebida em relação à satisfação do cliente.

Nesse sentido, conforme expõe Pellizzoni, Fialho e Merino (2015, p. 86), "fazer design não se trata apenas de criar. Antes, é preciso perceber, identificar e compreender desejos, necessidades, circunstâncias e desenvolver conhecimentos e habilidades para, somente a partir daí, aplicar a capacidade imaginativa na superação dos limites impostos".

O design como ferramenta de gestão nas organizações se torna primordial em mercados competitivos, uma vez que as organizações de diferentes portes o utilizam com o propósito de posicionamento estratégico da marca. É isso que tem ocorrido em empresas altamente inovadoras, como a Apple e a Tesla (esta última precursora dos carros elétricos), que vêm forçando os *players*[2] de mercado a implementar novos modelos de gestão para que compitam globalmente e

---

[2] Corporações líderes do mercado onde atuam e exemplos de atuação excelente. Os *players* influenciam o setor de atuação de uma empresa, pois representam uma parcela significativa na participação de mercado.

sobrevivam, mantendo-se no mercado. Lembre-se: a gestão de design deve estar incorporada na estratégia principal da organização, isto é, deve figurar como estratégia de design global.

Estudo de caso 4 – parte III

O texto a seguir foi construído, como relato de casos do cotidiano, com base em um trecho da dissertação de Cunha (2015, p. 43), intitulada *A inserção do design na Administração Pública carioca*:

Empresas como Marimekko, Habitat e Ikea, fundadas por designers-empresários dos setores de moda, têxtil distribuição e mobiliário, têm o que em comum? Todas elas possuem uma estratégia global de design

> [...] com um princípio que penetra todos os processos organizacionais. Isto é, toda a cadeia de valor, desde produtos até comunicações, é tocada pelos princípios de design.
>
> O modelo de design adquirido, por sua vez, acontece em organizações que progressivamente aprenderam a valorizar o design. Na Sony, por exemplo, essa valorização foi expressa através da personalidade de um de seus fundadores, Akio Morita. Em 1980, Morita apoiou internamente uma equipe de projetos com mais de 130 designers (Centro PP – Produto, Apresentação, Proposta e Promoção), o que resultou no lançamento do Walkman. A partir de 1984, esse centro sofreu grande reestruturação e passou a ser organizado de acordo com a lógica do consumidor, e não mais por categorias de produtos [...].

4.4 Design thinking

No momento de criação de uma ideia, sempre ficamos em dúvida sobre em que medida ela será inovadora, se surpreenderá as pessoas, se será um serviço necessário ou um produto desejado. Bem, existe uma ferramenta que vem sendo muito utilizada na criação de empresas inovadoras, *startups*, produtos e serviços.

Sempre que precisamos saber quão inovadora é uma ideia ou quão importante ela é na percepção do cliente, aplicamos o conjunto de métodos a que damos o nome de *design thinking*.

Segundo a Endeavor Brasil (2018), é "uma abordagem que [permite] olhar para a ponta antes de inovar. [...] Todo trabalho de design exige reflexão e a livre expressão do pensamento".

Trata-se de uma perspectiva que mudará por completo sua maneira de encontrar os caminhos corretos na trajetória de resultados organizacionais. Ainda na opinião de Endeavor Brasil (2018), entre os maiores desafios que os profissionais têm enfrentado na carreira está o de "suportar pressão por resultados cada vez mais imediatos (e dotados de nível máximo de eficiência) [...]. O conceito [design thinking] veio para revolucionar a maneira de encontrar soluções inovadoras para os problemas, soluções criativas focadas nas necessidades reais do mercado [...]".

4.4.1 Importância do *design thinking*

O gestores veem o *design thinking* como uma poderosa e impactante maneira criativa de elaborar seus produtos e serviços, pois, em vez de tratar de resolver problemas, com ele buscam uma maneira de enxergar "além" e de antecipar e inovar, atrás de soluções inventivas. É feito de maneira colaborativa e cocriado com as partes interessadas do negócio. Lembre-se: o foco da aplicação dessa ferramenta é inserir as pessoas no centro do processo de criação de uma ideia inovadora, pois serão elas os consumidores do produto e quem poderá dizer o quanto a novidade agrega em suas vidas.

Conforme expõe Pereira (2017, p. 55):

> o processo do Design Thinking consiste em tentar mapear e mesclar a experiência cultural, a visão de mundo e os processos inseridos na

vida dos indivíduos, no intuito de obter uma visão mais completa na solução de problemas e, dessa forma, melhor identificar as barreiras e gerar alternativas viáveis para transpô-las. Não parte de premissas matemáticas, parte do levantamento das reais necessidades de seu consumidor, pois é considerada uma abordagem preponderantemente "humana" e que pode ser usada em qualquer área de negócio.

Conforme a Endeavor Brasil (2018): "A razão de sua existência é a satisfação do cliente (interno ou externo), dádiva que só pode ser alcançada quando conhecemos em profundidade suas necessidades, desejos e percepções de mundo".

4.4.2 As etapas do *design thinking*

Na literatura da área você poderá encontrar as etapas do *design thinking* definidas por diferentes concepções. Vamos apresentar aqui, no entanto, a mais comum e utilizada nas organizações.

Observe na Figura 4.6 a representação/concepção da abordagem de *design thinking* como processo (mais comumente utilizada na área).

Figura 4.6– Design thinking como processo

IMERSÃO — IDEAÇÃO — PROTOTIPAÇÃO — DESENVOLVIMENTO

ENTENDIMENTO — CRIAÇÃO — TESTE — APLICAÇÃO

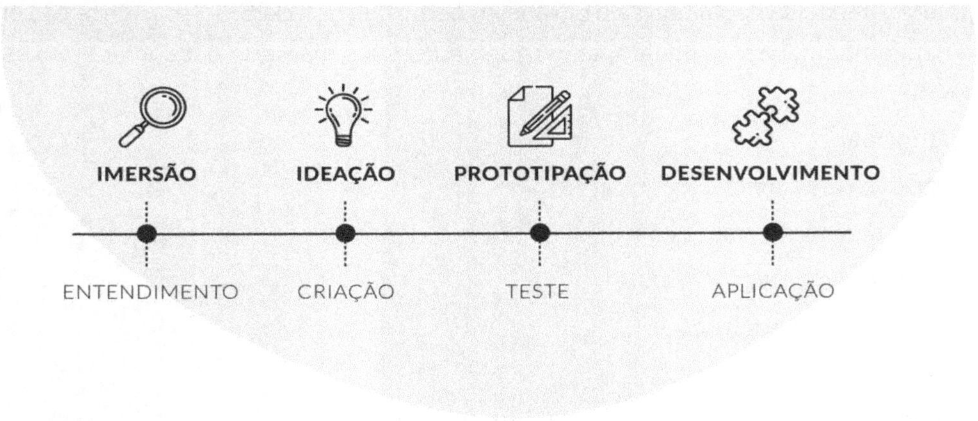

Fonte: Sebrae, 2018.

Agora acompanhe uma breve explicação de cada uma das etapas ilustradas, na Figura 4.9 com base no texto extraído da Endeavor Brasil (2015) e nas técnicas do livro *Design Thinking*, de autoria de Vianna et al. (2012).

Etapa de imersão – entendimento

Existem duas perspectivas principais sobre a etapa de imersão: a imersão **preliminar** e a imersão **em profundidade**. Essas duas práticas dessa etapa servem para entender o cliente e a organização. Na primeira, realizam-se entrevistas e se conhecem as partes interessadas no processo a inovar, com foco na experimentação do cliente. Na segunda, compreende-se a política da organização, aprende-se observando os colaboradores, identifica-se onde encontrar oportunidades de inovação, conhece-se o ambiente externo, em reunião com equipes multidisciplinares.

Técnicas:

- **Imersão preliminar** – Reenquadramento, pesquisa exploratória e pesquisa *desk*.
- **Imersão em profundidade** – Cadernos de sensibilização, sessão generativa, um dia na vida, sombra.

Etapa de análise e síntese – descoberta ou oportunidade

Trata-se da fase (intermediária entre a primeira e a segunda) em que são analisadas grandes quantidades de informações e o histórico de dados (ou *Big Data Analytics*), bem como é feita a síntese dessas informações, com descobertas feita por meio de garimpagem de dados ou *Data Mining*. Uma vez que não se restringe apenas ao passado, pesquisas qualitativas e o trabalho com soluções de *Big Social Data* podem indicar, também, qual é, de fato, a oportunidade que o mercado desenha para o seu negócio.

Técnicas:

- cartões de *insight*;
- diagrama de afinidades;
- mapa conceitual;
- critérios norteadores;
- personas;
- mapa de empatia;
- jornada do usuário;
- *blueprint*.

Etapa da ideação – criação

Segundo a Endeavor (Brasil, 2015), nessa etapa desenvolvemos a oportunidade de inovação; é quando as ideias começam a existir. Lembre-se: nessa etapa o processo de criação ocorre na percepção de valor do cliente, e não com base em dados históricos ou previsões estatísticas.

Técnicas:
- Brainstorming;
- workshop de cocriação;
- cardápio de ideias;
- matriz de posicionamento.

Etapa de prototipação – teste das ideias

Uma versão reduzida ou simples do produto (do inglês *minimum viable product*) pode ser lançada em período de testes para verificar, sem grandes gastos, se a ideia proposta realmente atinge as necessidades do seu consumidor final.

Técnicas:
- protótipo em papel;
- modelo de volume;
- encenação;
- *storyboard*;
- protótipo de serviços.

Etapa de desenvolvimento – aplicação

Nessa etapa, entramos no curso de desenvolvimento do produto, quando implementamos as sugestões ou soluções verificadas no processo de *design thinking* de maneira incremental e contínua, com coparticipação permanente de todas as partes interessadas (*stakeholders*) do negócio.

Fonte: Elaborado com base em Endeavor Brasil (2015); Vianna et al. (2012).

4.4.3 As práticas de *design thinking*

Inicialmente, o design em si, quando aplicado, era tratado muito mais como arte, deixando-se de lado a abordagem pragmática de busca dos resultados organizacionais ou percepção de melhoria do produto ou serviço pelo cliente. Durante a evolução do conceito de *design thinking*, a abordagem desse elemento sofreu adaptações para o ambiente de negócios. Conforme descreve Endeavor Brasil (2015), observe alguns exemplos práticos de uso do *design thinking*:

- Equipe de vendas: os times comerciais podem utilizar técnicas dessa abordagem para desenvolver uma capacidade superior de enxergarem "com os olhos dos clientes" e, por meio disso, criarem estratégias mais poderosas de persuasão;

- Núcleo estratégico: a análise preditiva consiste em encontrar padrões no passado que possam ser repetidos no futuro. Ao invés de buscar o retrovisor para definir o caminho a ser seguido, o design thinking pode auxiliar os gestores a encontrarem soluções totalmente inovadoras, sem voltar os olhos para o passado, mas para as expectativas e desejos atuais do consumidor final; [...].

Com base nisso, ainda no texto de Endeavor Brasil (2015, grifo do original), pergunta-se e logo se responde o seguinte:

Design Thinking é só para os gigantes do mercado, com núcleos publicitários de grande estrutura?

Não! Tem sido cada vez mais comum observar pequenas e médias empresas utilizando essa perspectiva colaborativa, prática e multidisciplinar na transposição dos desafios de seu negócio.

Agora, observe a Figura 4.10, um fragmento do infográfico elaborado pela empresa MJV Tecnologia & Inovação e extraído do texto de Sebrae (2018, s.p.).

Figura 4.10 – Design thinking aplicado ao mundo real

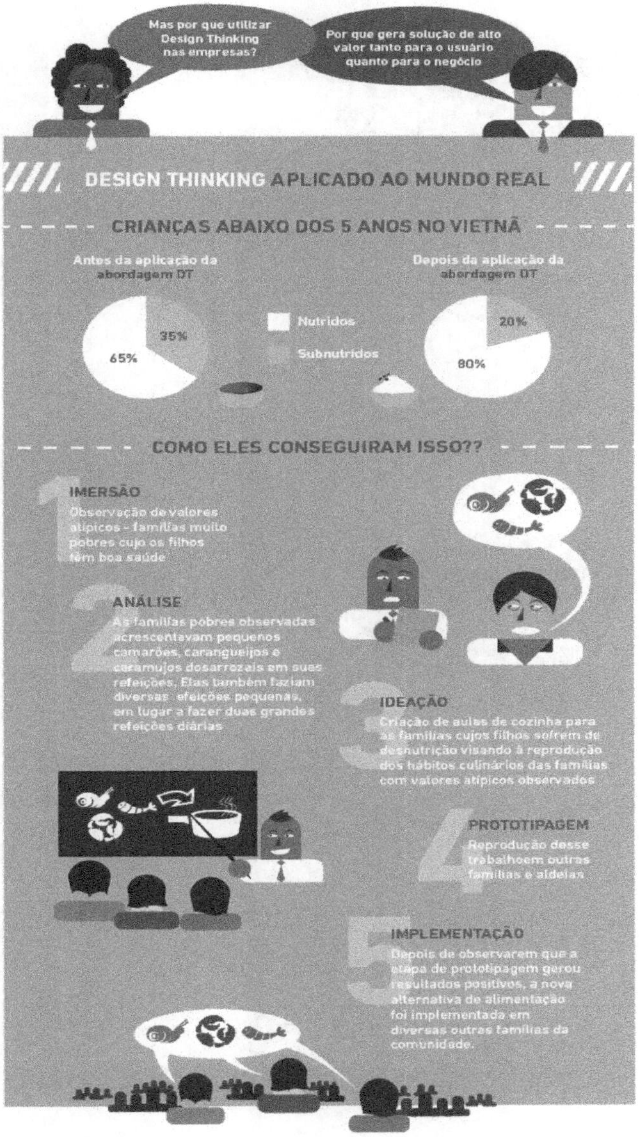

Fonte: Infográfico..., 2019.

Estudo de caso 4 – parte IV

Veja um exemplo prático de design thinking no ambiente corporativo, conforme infográfico a seguir:

Figura 4.7 – Design thinking aplicado ao mundo empresarial

DESAFIO
Humanizar o relacionamento entre a seguradora e os clientes.

IMERSÃO
- Entrevista com clientes
- Pesquisa sobre a política da empresa
- Aprendizado por observação de funcionários
- Ênfase na experiência do cliente

ANÁLISE & SÍNTESE
Os clientes não compreendem o jargão, são muito emocionais ou não acreditam profundamente na empresa.

IDEAÇÃO
A comunicação deve abordar o contexto emocional e ser menos impessoal ao lidar com o cliente.

PROTOTIPAÇÃO
- Criação de URL personalizada para cada cliente, contendo suas informações pessoais.
- Criação de um "guia de emergências" de fácil compreensão, para diferentes situações.

—— **RESULTADOS** ——

Corte na emissão de
60t de CO^2

Economia de
U$ 1 milhão
com a redução significativa do tráfego no call center.

Fonte: Sebrae, 2018.

4.5 Cenário de negócio

No tópico anterior, conhecemos as maneiras de criar e inovar com design na qualidade de abordagem e ferramenta de gestão. Agora, vamos consolidar as ideias e esquematizar o cenário no ambiente externo e no ambiente de negócio da empresa.

Observe na Figura 4.8 um diagrama sobre o ambiente de negócio Canvas, com os principais aspectos externos e de negócio da organização.

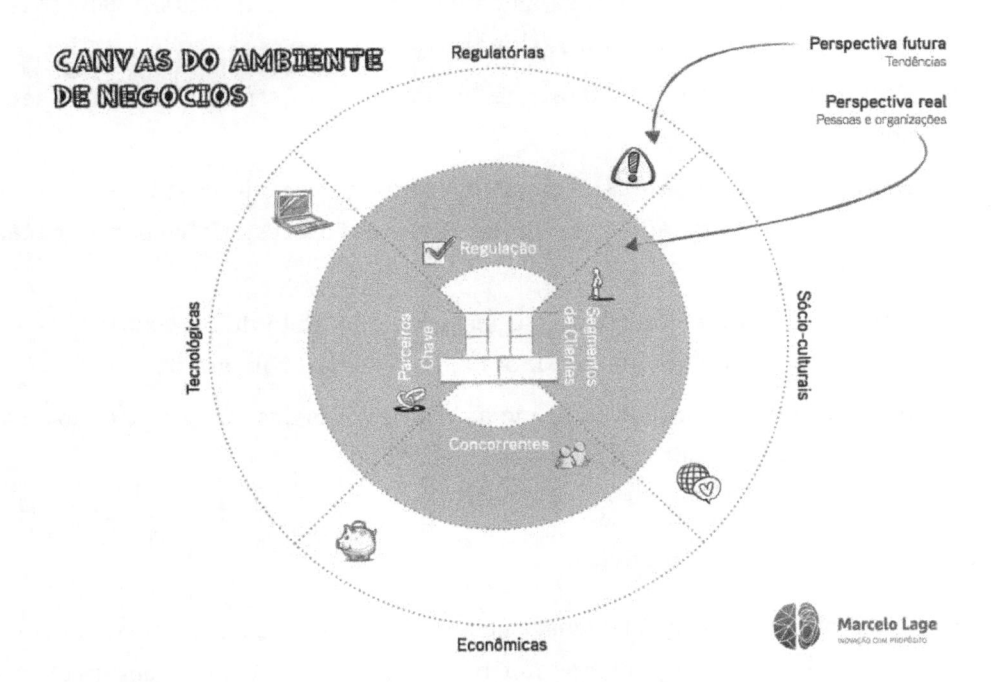

Figura 4.8 – Canvas do ambiente de negócios

Fonte: Lage, 2015.

Trabalha-se com ambientes externos, ou seja, com variáveis tecnológicas, econômicas, regulatórias e socioculturais, contexto em que o entorno ou o setor de negócio da organização é rodeado por concorrentes, regulação e parceiros-chave.

4.5.1 Variáveis do ambiente

Vamos entender um pouco mais sobre cada uma das variáveis dos ambientes externo e de negócio de uma organização com base no texto de Lage (2015):

- **Variáveis econômicas** – Quais são as perspectivas dos indicadores econômicos em relação ao crescimento ou recessão.
- **Variáveis socioculturais** – Quais valores e atitudes estão influenciando a próxima geração de clientes (e quais estão emergindo) e quais as necessidades destes.
- **Variáveis tecnológicas** – Quais são as tecnologias emergentes no mercado de atuação e quais delas têm potencial para aplicação em novos segmentos.
- **Regulatórias** – Qual é o nível de influência da sociedade na regulação do mercado, quais pressões as comunidades organizadas fazem sobre governos e entidades internacionais.
- **Concorrentes** – Quais são os referenciais da indústria de atuação e seus concorrentes diretos.
- **Segmentos de clientes** – O mesmo desenvolvido no item anterior, qual é o tamanho do mercado ou do segmento e qual é a respectiva participação de mercado.
- **Parceiros-chave** – Também é o mesmo do modelo de negócios; lista de parceiros principais que ajudam na entrega da proposta de valor.
- **Regulações** – Os órgãos ou agências reguladoras aos quais o negócio deve obedecer para fazer funcionar suas atividades.

4.5.2 Matriz das perspectivas

Depois de estabelecidas as variáveis, é necessário relacioná-las por meio de uma matriz, por meio da qual podemos definir suas relações com as perspectivas de curto e de longo prazos. Veja no Quadro 4.8 as perspectivas de curto e longo prazos no contexto de utilização de cenário de negócio.

Quadro 4.10 – Perspectivas de forças e tendência

Perspectiva	Forças (perspectiva de curto prazo)	Tendência (perspectiva de longo prazo)
Econômica	Concorrentes, competidores...	Potencial de produtos substitutos, direção dos indicadores econômicos...
Social	Segmentos de clientes, comportamento...	Movimentos culturais, arte, diferença entre gerações...
Tecnológica	Fornecedores, parceiros, P&D...	Desenvolvimento tecnológico, pesquisa científica...
Regulatória	Legislação vigente: leis, normas, regulamentações, decretos...	Demandas sociais, projetos de lei, regulamentações em outros estados ou países...

Fonte: Lage, 2015.

Observe na Figura 4.9 o exemplo do modelo de negócio da Nespresso, cujos elementos foram distribuídos com base nos nove blocos do Modelo Canvas de Negócio:

Figura 4.9 – Business Model Canvas – Nespresso

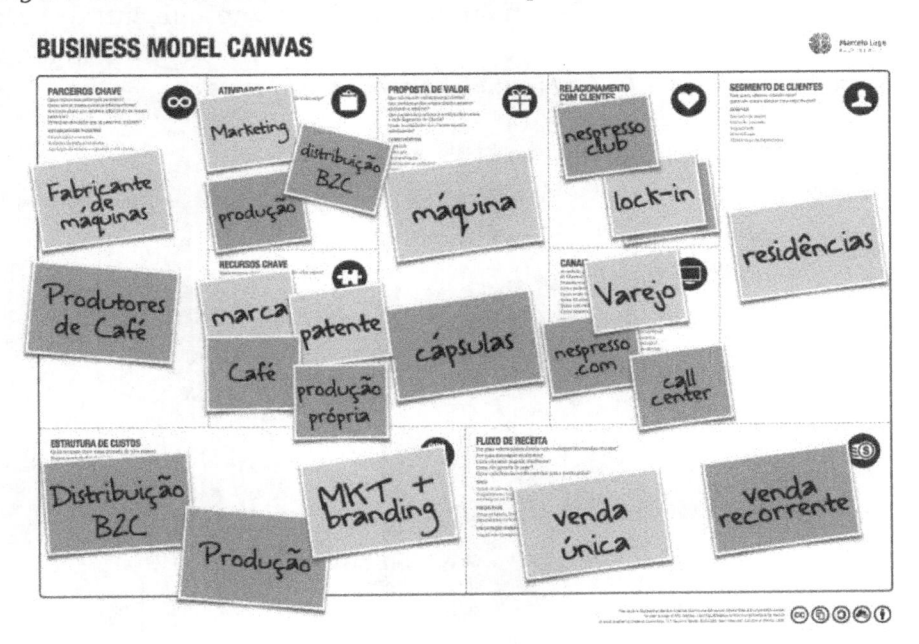

Fonte: Lage, 2015.

Com base no texto de Lage (2015), a convergência de tendências como a nova tecnologia desenvolvida pela Nespresso, o crescimento do consumo de café gourmet, o crescimento econômico mundial da época, observado no ambiente externo de negócios, alavancou o modelo de negócio da mencionada empresa. Também foi tendência o crescimento das comunidades que apoiam o comércio justo (*fair trade*), fator que tem direta influência na decisão de compra dos clientes.

É possível também observar os aspectos do tempo de estocagem para valorização do preço. Na perspectiva de segmentos de clientes, aparecem hábitos de ajuda ou doações feitas a entidades que apoiam populações menos favorecidas na busca da justiça social. Com intuito de otimizar o tempo e alcançar mais praticidade, aparece também o costume de consumir o produto em cafeterias. Os blocos trabalhados no segmento de cliente são as residências; e nos parceiros principais, os fabricantes de máquinas e produtores de café. Entre as cores, foram utilizados o amarelo, que se relaciona ao produto *máquinas de café*, e o alaranjado, que se liga ao produto *cápsulas de café*. Por último, preenche-se o mercado de baixa regulação e dos concorrentes, empresas que vendem as cafeteiras tradicionais nas residências e têm preferência regional na preparação do café.

Observe, agora, como ficaria o diagrama preenchido no ambiente de negócio.

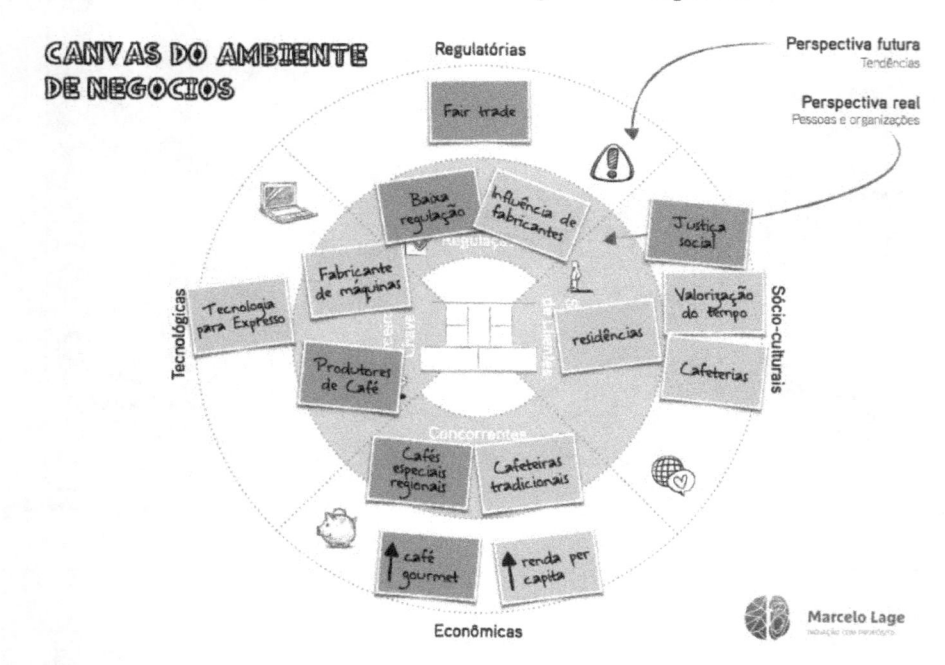

Figura 4.10 – Canvas do Ambiente de Negócio - Nespresso

Fonte: Lage, 2015.

A próxima etapa é fazer conexões entre as tendências e as forças observadas. Os cenários podem ser construídos nas perspectivas otimista ou pessimista. Liste as possibilidades – as mais prováveis de ocorrer e as que oferecem maior risco ou potencial.

No cenário de negócio da Nespresso, a tecnologia facilitou a vida das pessoas (praticidade) e a organização conseguiu obter qualidade no produto, superior à dos concorrentes.

Veja o que afirma – no que diz respeito à influência que tem esse cenário para a concorrência – o texto publicado em Lage (2015):

> Tendo em vista as tendências de comportamento, a Nestlé fez dessa relação o que eles chamaram de *ecolaboration*, pagando até 40% acima dos valores de mercado e garantindo a compra por um período, desde que mantido os padrões de qualidade do produto e do manejo da produção. Essa parceria também protege a empresa contra a influência de torrefadoras locais que vêem o seu poder junto aos produtores ser reduzido.

Estudo de caso 4 – parte V

Observe na ilustração a seguir como ficou a análise do ambiente de negócio da Nespresso depois dos cruzamentos das variáveis e qual impacto teve no negócio:

Figura 4.11 – Análise do Canvas do Ambiente de Negócio – Nespresso

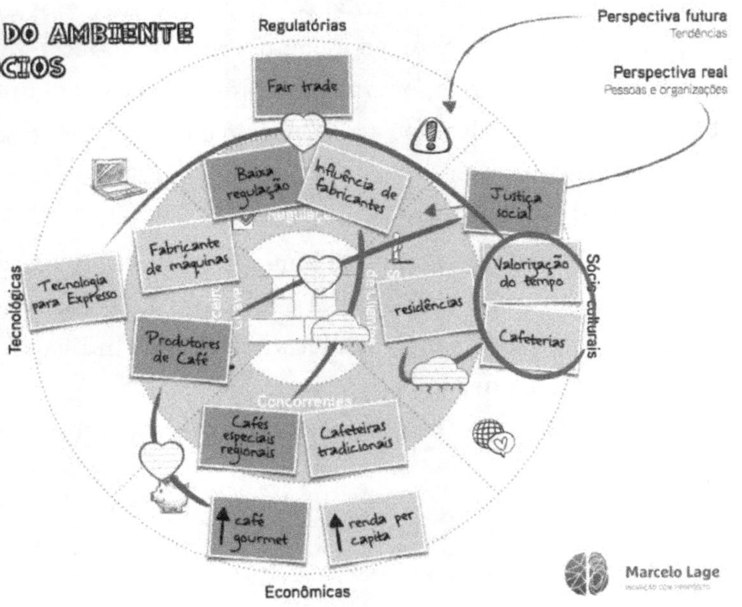

Fonte: Lage, 2015.

■ Síntese

No decorrer deste capítulo, vimos como diagnosticar os diversos ambientes organizacionais, o que é e para que serve a modelagem de negócio com a ferramenta Canvas – constituída por blocos de proposta de valor, canais e relacionamento com os clientes, articulado com os blocos de atividades-chave, principais parceiros e recurso principais, compreendendo como planejar a estrutura de custos e as fontes de receitas) – e, por fim, como esquematizar o cenário de negócios.

■ Questões para revisão

1. Com base na análise do ambiente de negócio de que você tomou conhecimento, podemos dizer que organização deve reconhecer os impactos das alterações desse ambiente e compreendê-los para que, assim, possa definir estratégias competitivas importantes para a sobrevivência no mercado. Com base nisso, assinale a seguir a alternativa correta sobre ambiente de negócio:
   a. Não atinge diretamente o negócio.
   b. Em nenhuma situação a organização exerce influência.
   c. São analisados os aspectos das cinco forças competitivas.
   d. São analisados os aspectos externos, econômico, tecnológico e financeiro.
   e. São analisados os aspectos internos, recursos, competências, estratégias e valores.

2. Compreendemos que a organização deve reconhecer os impactos das alterações do ambiente externo e compreendê-los. Dessa forma, ela poderá definir estratégias importantes para a sobrevivência no mercado. Com base no exposto, selecione a alternativa correta sobre o ambiente externo da organização.
   a. É reduzido e homogêneo.
   b. Não influencia diretamente o negócio.
   c. O empreendedor poderá alterá-lo conforme o seu negócio.
   d. O gestor precisa compreender quais são os indicadores mais relevantes ao negócio.
   e. É fácil de monitorar, pois são poucos os indicadores envolvidos no processo.

3. Você aprendeu a composição do modelo de negócio por meio da ferramenta *Canvas*. Com base no que você conheceu, assinale a seguir a alternativa correta sobre o assunto:
    a. Trata-se de um quadro de atividade complexo, de difícil entendimento.
    b. Possibilita inovar e desestruturar os modelos de negócios.
    c. É utilizado somente por empresas de grande porte, de atuação diferente.
    d. É utilizado principalmente por empresas recém-criadas, na fase inicial do seu planejamento.
    e. Constitui-se de nove blocos, com o uso dos quais são analisados aspectos internos, recursos, competências, estratégias, processos, sistemas, pessoas, políticas e valores.

4. Durante a leitura, você pôde conhecer alguns blocos do modelo *Canvas*. Sobre a descrição de alguns deles, leia com atenção as afirmativas a seguir.
    I. O bloco *segmento de clientes* serve para dividir os clientes em grupos.
    II. O bloco *canais* representa os meios que a empresa utiliza para chegar até os fornecedores.
    III. O bloco *proposta de valor* compreende um conjunto de atributos que agregam valor a um segmento de clientes específico.
    IV. O bloco *relacionamento com clientes* tem relação com a conquista e a retenção do cliente, além do tipo de relação que a empresa vai estabelecer com o cliente.

    Agora, assinale a alternativa correta:
    a. Somente as afirmativas I e II são verdadeiras.
    b. Somente as afirmativas I e III são verdadeiras.
    c. Todas as afirmativas são verdadeiras, exceto a II.
    d. Todas as afirmativas são verdadeiras, exceto a III.
    e. Todas as afirmativas são verdadeiras, exceto a IV.

5. Leia as asserções a seguir:
    I. As atividades-chave são determinantes de sucesso do negócio, sendo responsáveis pela sobrevivência e pela competitividade da organização.

    Porque

    II. São indispensáveis, uma vez que têm influência direta na entrega da proposta de valor aos clientes.

Com base na leitura das duas assertivas anteriores e na relação entre elas, podemos afirmar:

a. As assertivas I e II são proposições excludentes.
b. A assertiva I é uma proposição falsa e a II é verdadeira.
c. As duas assertivas são verdadeiras e a segunda afirmativa complementa a primeira.
d. As assertivas I e II são falsas.
e. A assertiva II contraria a ideia expressa na assertiva I.

6. O macroambiente é constituído de diversos microambientes: o ecológico, o econômico, o demográfico, o tecnológico, o político e o cultural. Cada um deles, por sua vez, possui vários indicadores.

    Considere, aqui, que um empreendedor vai abrir um negócio dentro de um *shopping center* recém-inaugurado na região. Com base no contexto e no conhecimento adquirido neste capítulo, cite pelo menos um indicador do ambiente econômico e demográfico que o empreendedor deverá levar em conta na abertura do negócio.

7. No decorrer do capítulo, você viu aspectos internos da organização, importantes para a avaliação de problemas e a criação de modelos e cenários de negócio. Com base no que foi visto, cite alguns dos itens que devem ser abordados na análise interna das empresas.

■ Questões para reflexão

1. A ferramenta *Business Model Canvas* (Quadro do Modelo de Negócio, em português) é usada principalmente por empresas recém-criadas na fase inicial de planejamento. Citemos aqui quatro dos noves blocos que compõem o modelo: segmento de clientes (SC), proposta de valor (PV), canais (CN) e relacionamento com clientes (RC).

    Com base nos conhecimentos adquiridos neste capítulo, reflita sobre cada um dos itens citados anteriormente e aplique, em algum negócio, o modelo mencionado.

2. Agora citamos outros cinco blocos que compõem o modelo: fontes de receita (R$), recursos principais (RP), atividades-chave (AC), parcerias principais (PP) e estrutura de custos (C$).

    Com base nos conhecimentos adquiridos neste capítulo, reflita sobre cada um dos itens citados anteriormente e aplique, em algum negócio, o modelo mencionado.

■ **Para saber mais**

Para observar diversos exemplos de Modelos de Negócios, sugerimos o seguinte link:

BORGES, L. **O que é um modelo de negócio**. 25 out. 2013. Disponível em: <https://blog.luz.vc/o-que-e/modelo-de-negocio/>. Acesso em: 20 mar. 2019.

No link a seguir, também é possível observar alguns Modelos de Negócios Canvas:

REZENDE, E. A. **Tela de modelo de negócio**. Rio de Janeiro, 11 jan. 2014. Disponível em: <https://pt.slideshare.net/druckersocietyrio/tela-de-modelo-de-negcio-definies-e-exemplos>. Acesso em: 20 mar. 2019.

Com a leitura do artigo seguinte, você tem a oportunidade de aprofundar o conhecimento sobre ferramentas estratégicas, visando à competitividade da organização:

CENÁRIOS prospectivos: ferramentas de administração estratégica para competitividade. Disponível em: <http://www.aedb.br/seget/arquivos/artigos04/39_Cenarios_artigo.doc>. Acesso em: 1º set. 2018.

O seguinte artigo aborda a utilização da análise Swot como ferramenta útil ao cenário organizacional:

NAKAGAWA, M. **Ferramenta**: Análise SWOT (Clássico). Disponível em: <http://cms-empreenda.s3.amazonaws.com/empreenda/files_static/arquivos/2012/06/18/ME_Analise-Swot.PDF>. Acesso em: 1º set. 2018.

Leia no seguinte livro a maneira pela qual as forças competitivas moldam a estratégia:

PORTER, M. E. **Competição**: estratégias competitivas essenciais. Rio de Janeiro: Elsevier/Campus, 1999. Cap. 1.

No vídeo a seguir, há um exemplo de publicação que utiliza como foco a proposta de valor:

HSM. **Value Proposition Design**. Disponível em: <https://www.youtube.com/watch?v=7-7udpYD6so>. Acesso em: 1º set. 2018.

Neste vídeo é ilustrado o modelo de negócio Canvas:

CANVAS do Modelo de Negócio – Business Model Canvas – Legendado. Disponível em: <https://www.youtube.com/watch?v=UNHCAYx7_YY>. Acesso em: 1º set. 2018.

5 Tecnologias e tendências

Conteúdos do capítulo:
- *Evolução e tendências.*
- *Tecnologia e inovação.*
- *Evolução das tecnologias.*
- *Tecnologias: um comparativo do Brasil e o mundo.*
- *Tecnologia emergentes.*
- *Tecnologias de gestão.*

Após o estudo deste capítulo, você será capaz de:
1. *explicar a evolução tecnológica e suas tendências;*
2. *compreender tecnologia e inovação;*
3. *esclarecer a evolução das tecnologias e suas concepções;*
4. *analisar as tecnologias do Brasil e compará-las com as do mundo;*
5. *realizar uma síntese sobre tecnologias emergentes;*
6. *avaliar as tecnologias de gestão.*

Nos capítulos anteriores, conhecemos diversas estruturas de design organizacional. Neste momento, vamos conhecer a evolução das tecnologias e as tendências desse cenário nas organizações.

Saber extrapolar ou interpretar tendências é uma competência importante do empreendedor. Procurar identificar oportunidades de negócio é também essencial a qualquer negócio.

Vale dizer aqui, portanto, que, para iniciarmos um empreendimento, é preciso desenvolver um plano de negócio com base em uma ideia que poderá se transformar em oportunidade. Fique atento: nem sempre uma ótima ideia se transforma em oportunidade de negócio. Lembre-se: toda oportunidade deve atender a uma necessidade de potenciais clientes.

5.1 Evolução e tendências

Como podemos interpretar tendências e identificar oportunidades? Com certeza você já ouviu falar de Steve Jobs, Madonna e Richard Branson. E de Jerome Lemelson (1923-1997)? É provável que muitos não o conheçam. Trata-se de um detentor de 558 patentes registradas em seu nome. Só a título de comparação, Thomas Edison, conhecido pelo grande número de invenções, obteve 562 patentes.

Segundo Hill (2003), são mais de 750 empresas que fabricam, sob licença, produtos inventados e patenteados por Lemelson. Entre elas, podemos citar: Alcoa, IBM, Ford, Cisco, Boeing e Dow Chemical. Muitos o consideram um moderno Thomas Edison, um Da Vinci, um Júlio Verne.

Observe o seguinte processo que ele utilizava para analisar tendências tecnológicas, ainda de acordo com Hill (2003, p. 6):

1. Leitura de publicações obscuras de circulação restrita e pesquisa em revistas e periódicos tecnológicos.
2. Leitura de um vasto espectro da mídia, subscrevendo mais de quarenta publicações tecnológicas. Pesquisava por sinergias potenciais e por possibilidades interconectadas.
3. Documentava de forma sistemática e com todos os detalhes, [era] excelente desenhista, esboçava suas invenções, mergulhava e se deixava absorver pelo assunto durante um bom tempo.

Os empreendedores de tendências são sempre curiosos, procuram coisas e lugares que as outras pessoas não acham e sempre buscam situações excêntricas entre as coisas. São ligados e antenados, prestam mais atenção nas coisas e não precisam ser gênios.

Existem diversos tipos de tendências, as quais podemos classificar em:
- tendências econômicas;
- tendências geopolíticas;
- tendências tecnológicas;
- tendências sociológicas;
- tendências dos consumidores;
- tendências de negócios;
- tendências religiosas;

- tendências esportivas;
- tendências culturais;
- tendências educacionais.

Veja, a seguir, com atenção, as perguntas-chave da análise de tendência sugeridas por Hill (2003):

1. O que realmente está mudando?

    Observe muito cuidadosa e sistematicamente.

2. Por que essa mudança está acontecendo (moda ou duradoura)?

    Estude a tendência em profundidade e sob diversas perspectivas.

3. Como e quando pode terminar?

    Extrapole, projete a tendência e seu impacto entre três e cinco anos.

4. Que tipos de oportunidades podem aparecer se essa tendência se concretizar?

    Crie, invente, combinando várias tendências, e observe se há mudanças semelhantes em outros ambientes.

Quando uma tendência que merece atenção surgir (for notada), Hill (2003) sugere o seguinte recurso mnemônico para manter o processo ordenado:

Crie a imagem mental de uma caixa de ferramentas. Nesta caixa existem quatro *cópios*: um periscópio para observar o que está mudando; um microscópio para estudar o porquê; um telescópio para extrapolar o como e o quando; e um caleidoscópio para criar oportunidades (Hill, 2003, p. 306).

Observe o Quadro 5.1, que poderá ajudar esclarecer a analogia e firmar o processo de memorização.

Quadro 5.1 – Analogia sobre o processo de memorização

Questão	Metodologia	Resultados	Caixa de ferramentas
O que está mudando?	Observe	Tendência	Periscópio
Por quê?	Estude	Fatores e factoides	Microscópio
Como e quando?	Extrapole	Implicações	Telescópio
Qual é a oportunidade?	Crie	Oportunidades	Caleidoscópio

Fonte: Hill, 2003, p. 306.

5.2 Tecnologia e inovação

A evolução da palavra *técnica*, em termos de aplicação do conhecimento científico, tem relação direta com a do termo **tecnologia**. Veja o que dizem Veraszto et al. (2008, p. 62) sobre a constituição desse vocábulo:

> A palavra tecnologia provém de uma junção do termo *tecno*, do grego *techné*, que é saber fazer, e *logia*, do grego *logus*, razão. Portanto, tecnologia significa a razão do saber fazer [...]. Em outras palavras, o estudo da técnica. O estudo da própria atividade do modificar, do transformar, do agir [...].

Inovação, por sua vez, é um conceito trabalho e abordado de diversas formas e por diversos autores na literatura da área. A seguir, citamos duas definições mais comumente utilizadas nos dias de hoje.

O *Manual de Oslo* define *inovação* da seguinte forma:

> [...] é a implementação de um produto (bem ou serviço) novo ou significativamente melhorado, ou um processo, ou um novo método de marketing, ou um novo método organizacional nas práticas de negócios, na organização do local de trabalho ou nas relações externas. (OCDE, 1997, p. 55)

De acordo com a Lei 10.973, de 2 de dezembro de 2004 (Lei de Inovação), *inovação* é a "Introdução de novidade ou aperfeiçoamento no ambiente produtivo ou social que resulte em novos produtos, serviços ou processos" (Brasil, 2004).

Nos próximos tópicos vamos aprofundar mais sobre os rumos tecnológicos e inovadores dentro das organizações.

5.2.1 Evolução da tecnologia nas organizações

No desenvolvimento das atividades de gestão de uma empresa, a tecnologia influenciou diretamente o modo como eram executadas as tarefas cotidianas. No início (entre as décadas de 1950 e 1960), utilizavam-se computadores de grande porte nos antigos centros de processamento de dados (CPD). Nessa época, ainda não havia os computadores pessoais ou as estações de trabalho e todos os processamentos eram realizados e centralizados por meio dos *mainframes* (grandes computadores). Posteriormente, na década de 1980, ocorreu a evolução dos PC (*personal computer*), quando os processamentos das atividades começaram a ocorrer na estação de trabalho ou no servidor, dependendo do tipo de transação realizada na empresa. E, por fim, o crescimento da internet e, mais recentemente, do *cloud computing* (computação em nuvem), entramos em uma nova era da tecnologia da informação, conectando computadores das organizações do mundo todo.

5.2.2 Os diferentes e mais amplos conceitos de tecnologia

Não é incomum alguém atribuir algum produto novo à *tecnologia*, uma vez que, muitas vezes, o termo é relacionado a alguma novidade ou a algo que as pessoas enxergam como diferente e inovador. Para tal, ainda são utilizados comentários como "tecnologia de ponta" ou "tecnologia de última geração", o que se reflete diretamente na venda do produto. Na opinião de Silva (2002, p. 2): "Na maioria das vezes uma 'nova' tecnologia é a combinação de tecnologias já conhecidas (do mesmo ramo ou áreas diferentes), podendo estar incorporada em um produto ou em um processo de produção. Ressalta-se que um novo produto ou novo processo poderá incorporar ou não novas tecnologias".

Por essa razão, é importante lembrar alguns significados atribuídos ao termo *tecnologia*. Vamos conhecer mais alguns deles? Veja-os a seguir:

"[Tecnologia] é o conjunto de conhecimentos científicos ou empíricos empregados na produção e comercialização de bens e serviços" (Longo, 1984, citado por Silva, 2002, p. 2-3).

"[Tecnologia] se refere ao conjunto de objetos físicos e operações técnicas (mecanizadas ou manuais) empregadas na transformação de produtos em uma indústria" (Blauner, 1964, citado por Silva, 2002, p. 3).

"[Tecnologia é] um corpo de conhecimentos, ferramentas e técnicas, derivados da ciência e da experiência prática, que é usado no desenvolvimento, projeto, produção, e aplicação de produtos, processos, sistemas e serviços" (Abetti, 1989, citado por Silva, 2002, p. 3).

"[Tecnologia é] o conjunto de conhecimentos necessários para se conceber, produzir e distribuir bens e serviços de forma competitiva" (Kruglianskas, 1996, citado por Silva, 2002, p. 3).

"[Tecnologia] é um sistema através do qual a sociedade satisfaz as necessidades e desejos de seus membros" (Silva, 2002, p. 3).

"Uma definição exata e precisa da palavra tecnologia fica difícil de ser estabelecida tendo em vista que ao longo da história o conceito é interpretado de diferentes maneiras, por diferentes pessoas, embasadas em teorias muitas vezes divergentes e dentro dos mais distintos contextos sociais" (Veraszto et al., 2008, p. 62).

Com base na última definição de tecnologia dada anteriormente por Veraszto et al. (2008), Silva (2002, p. 3) conclui:

> [...] um produto é o artefato da tecnologia, que pode ser um equipamento, programa, processo, ou sistema, o qual por sua vez pode ser parte do meio ou sistema contendo outra tecnologia. Assim, usando os conceitos de "processo" e "operação" estabelecidos na Honda por Shigeo Shingo (1988), podemos dizer que as tecnologias estão embutidas no processo ou nas operações, dentro de um sistema produtivo, e no final dele incorporada ao produto final, dentro da função manufatura.

Nesse sentido, entender a tecnologia como sistema é compreender a inserção de diversos insumos, como equipamentos, programas, processos e, também, pessoas e organização, com o fim de alcançar os objetivos propostos.

5.2.3 Conceito sistêmico de tecnologia

Vamos nos voltar agora para o conceito sistêmico de tecnologia, ou seja, vamos pensar a tecnologia como "macrotecnologia". Observe como se esquematiza o conceito na Figura 5.1.

Figura 5.1 – Tecnologia como macrotecnologia

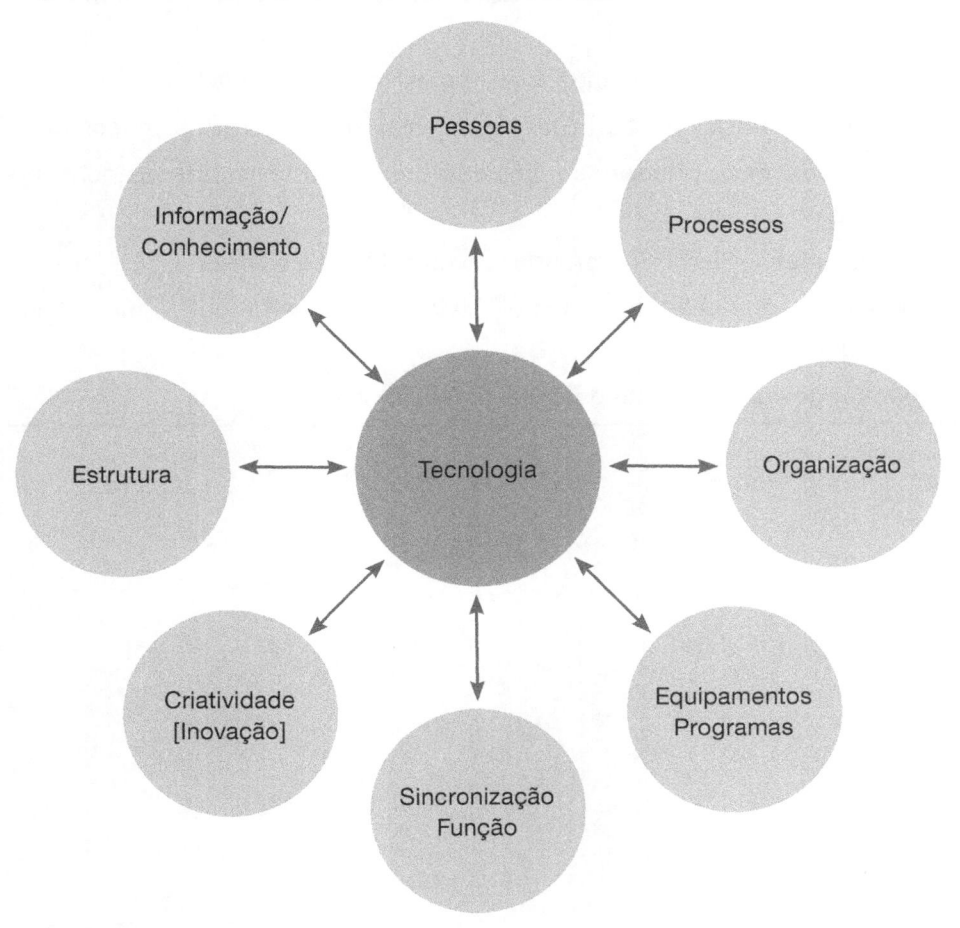

[Diagrama: círculo central "Tecnologia" conectado por setas bidirecionais a oito círculos: Pessoas, Processos, Organização, Equipamentos/Programas, Sincronização/Função, Criatividade [Inovação], Estrutura, Informação/Conhecimento]

Fonte: Silva, 2002, p. 4.

Com base na ilustração, é possível entender que os itens listados, que compõem uma noção ampla de *tecnologia*, são alguns determinantes para atingir sucesso no negócio. Salientamos que é preciso um alto grau de "criatividade" para alcance desse objetivo. Além disso, o mercado deve direcionar para a inovação. Conforme Silva (2002, p. 4), no contexto atual da economia globalizada, "uma empresa que não desenvolve suas próprias tecnologias de produto e de processo não é competitiva".

Estudo de caso 5 – parte I

Observe alguns exemplos de tendências nos países globalizados:

Mundo sem fronteira – Em qualquer lugar do mundo virtualmente conectado.

Diversidade de nacionalidades – Lugares do mundo com pessoas de diversas nacionalidades.

Empresas-países – Empresas grandes como estados e países.

Obsolescência dos produtos – Ciclo de vida curto dos produtos; muitos outros sendo criados.

Pessoas longevas – Aumento da expectativa de vida.

5.3 Evolução das tecnologias

Você deve reconhecer a importância que a tecnologia desempenha nos dias de hoje, não é mesmo? Basta observarmos ao redor para nos certificarmos: as tecnologias são utilizadas em diversos locais na sociedade.

Nesse sentido, Veraszto et al. (2008, p. 67) concluem: "A diversidade das formas como a tecnologia fora, e é, desenvolvida e estudada ao longo dos anos só nos faz perceber que a tecnologia estrutura-se em um campo próprio do conhecimento englobando outros aspectos como o cultural da sociedade onde se desenvolve e o organizacional".

Observe que a tecnologia desenvolve o conhecimento do "porquê" e do "como" os objetivos são alcançados, integrando-se às diversas tarefas cotidianas da atividade humana por meio de instruções, equipamentos, objetos e máquinas, construindo, assim, os diferentes tipos de produtos e entregando diversos serviços ao redor do mundo.

5.3.1 As diferentes e mais específicas concepções sobre tecnologia

Para entender com profundidade a evolução do cenário tecnológico, faz-se necessário compreender as diferentes concepções sobre tecnologia observadas sobre diversos olhares de diferentes autores: Veraszto et al. (2008), Acevedo Díaz (2002), Lion (1997); Pacey (1983); Acevedo Díaz (2003); Osorio (2002); García et al. (2000); Durán Carrera (2001); Cáceres Gómez (2001); Mumford (1952); González et al. (1996); Dagnino (2008) e Martín Gordillo e González Galbarte (2002).

Vejamos cada uma delas a seguir, a maioria das quais extraída do artigo publicado por Veraszto et al. (2008):

- **Intelectualista** – "Compreende a tecnologia como um conhecimento prático derivado direta e exclusivamente do desenvolvimento do conhecimento teórico científico através de processos progressivos e acumulativos, onde teorias cada vez mais amplas substituem as anteriores" (Veraszto et al., 2008, p. 67).
- **Utilitarista** – "Considera a tecnologia como sendo sinônimo de técnica. Ou seja, o processo envolvido em sua elaboração em nada se relaciona com a tecnologia, apenas a sua finalidade e utilização são pontos levados em consideração" (Acevedo Díaz, 2002, citado por Veraszto et al., 2008, p. 68).

- **Sinônimo de Ciência** – Entende a tecnologia como uma Ciência Natural com as mesmas concepções de outras ciências (Veraszto et al., 2008).
- **Instrumentalista (artefatual)** – "É o ponto de vista mais arraigado em nosso cotidiano e predominante no senso comum. É o mito da máquina que reina como forma de opinião soberana em nossa sociedade (LION, 1997; PACEY, 1983; ACEVEDO DÍAZ, 2003; OSORIO, 2002). Entende a tecnologia como sendo simples ferramentas ou artefatos construídos para uma diversidade de tarefas. **Sustentar essa imagem significa afirmar que não existe uma diferença essencial entre os utensílios de pedra da antiguidade e os modernos artefatos tecnológicos** (GARCÍA et al., 2000, p. 130, grifo do original)" (Veraszto et al., 2008, p. 69).
- **De neutralidade** – "Afirma que a tecnologia não é boa nem má. Seu uso é que pode ser inadequado. Seria o mesmo que dizer que a tecnologia está isenta de qualquer tipo de interesse particular tanto em sua concepção e desenvolvimento como nos resultados finais (CARRERA, 2001; GÓMEZ, 2001; OSORIO, 2002)" (Veraszto et al., 2008, p. 69).
- **Do determinismo tecnológico** – "Considera a tecnologia como sendo autônoma, autoevolutiva, seguindo, de forma natural, sua própria inércia e lógica de evolução, desprovida do controle dos seres humanos. Um dos âmbitos onde essa ideia mais teve influência é a ficção científica. A imagem da tecnologia autônoma e fora do controle humano, desenvolvendo-se segundo lógica própria, aparece associada a uma concepção determinista das relações entre tecnologia e sociedade, o progresso tecnológico segue um caminho fixo e, mesmo que fatores políticos, econômicos ou sociais possam exercer alguma influência, não se pode alterar o poderoso domínio que a tecnologia impõe às transformações sociais (MUMFORD, 1952; GONZÁLEZ et al., 1996 apud OSORIO, 2002; SMITH; MARX, 1994 apud GARCÍA et al., 2000; CARRERA, 2001; GÓMEZ, 2001; DAGNINO, 2007)" (Veraszto et al., 2008, p. 70-71).
- **De universalidade da tecnologia** – "Entende a tecnologia como sendo algo universal; um mesmo produto, serviço ou artefato poderia surgir em qualquer local e, consequentemente, ser útil em qualquer contexto (GORDILLO; GALBARTE, 2002)" (Veraszto et al., 2008, p. 72).
- **Otimismo e pessimismo tecnológico** – "Ciência e tecnologia para o progresso e bem-estar da humanidade. O homem será capaz de garantir a sobrevivência da espécie e do planeta não deixando de usufruir dos recursos naturais desde que o faça de forma sustentável. Aí estão presentes duas pequenas frases que têm gerado inúmeras controvérsias em nossa sociedade" (Veraszto et al., 2008, p. 72).

- **Sociossistema** – "Compreende a tecnologia de uma forma alternativa. Um novo conceito que permite relacionar a demanda social, a produção tecnológica com a política e economia. O desenvolvimento de uma tecnologia constitui um processo aberto cujo curso é determinado pela interação dos diferentes grupos sociais relevantes (dadas as limitações interpretativas impostas pelas características do artefato em questão e seu meio cultural e econômico de seleção). Em cada momento de desenvolvimento de um artefato tecnológico, especialmente quando este se consolida como produto, existe uma carga política concreta (ACEVEDO DÍAZ, 2002; OSORIO, 2002; VERASZTO, 2004)" (Veraszto et al., 2008, p. 73).

5.3.2 Diferenças entre ciência e tecnologia

Embora seja comum haver confusão a respeito dos significados de ambas, existem algumas diferenças entre *ciência* e *tecnologia* que precisamos compreender, conforme expõe o Quadro 5.2.

Quadro 5.2 – Diferenças entre ciência e tecnologia

Ciência	Tecnologia
Entende o fenômeno natural	Determina a necessidade
Descreve o problema	Descreve a necessidade
Sugere hipóteses	Formula ideias
Seleciona hipóteses	Seleciona ideias
Experimenta	Faz o produto
Encaixa hipóteses/dados	Prova o produto
Explica o natural	Fabrica o artificial
Analítica	Sintética
Simplifica o fenômeno	Aceita a complexidade da necessidade
Conhecimento generalizável	Objeto particular

Fonte: Veraszto et al., 2008, p. 76.

Ainda de acordo com Veraszto at al. (2008, p. 76):

> Nesse sentido a tecnologia se distingue de ciência também nos [...] modos de avaliação. O valor da pesquisa e da atividade tecnológica é o da utilidade e eficácia dos inventos e da eficiência no processo de produção [...]. Portanto, não é também uma simples invenção. Enquanto um inventor trabalha no mundo de suas ideias como um artista, o profissional de tecnologia trabalha geralmente em equipe com objetivos determinados.

A comparação entre *ciência* e *tecnologia* é muita discutida entre os acadêmicos e pesquisadores. As distinções principais foram aqui expostas para que você, leitor, tenha um olhar crítico e saiba identificar a diferença de cada uma delas no uso cotidiano empresarial e pessoal, uma vez que os dois termos são muito citados tanto no ambiente corporativo quanto em conversas informais.

5.3.3 O avanço da tecnologia

Agora que você já conheceu as diferentes concepções de tecnologia, vamos compreender, com a ajuda do gráfico de Gordon Moore, a velocidade com que a tecnologia avança, com base em uma famosa previsão de 1965 do então presidente da Intel.

Conforme citado na revista *Galileu* (Freitas, 2014), a "Lei de Moore diz que o número de transistores em um chip dobra a cada 18 meses, e esse padrão se mantém desde então".

Gráfico 5.1 – Lei de Moore

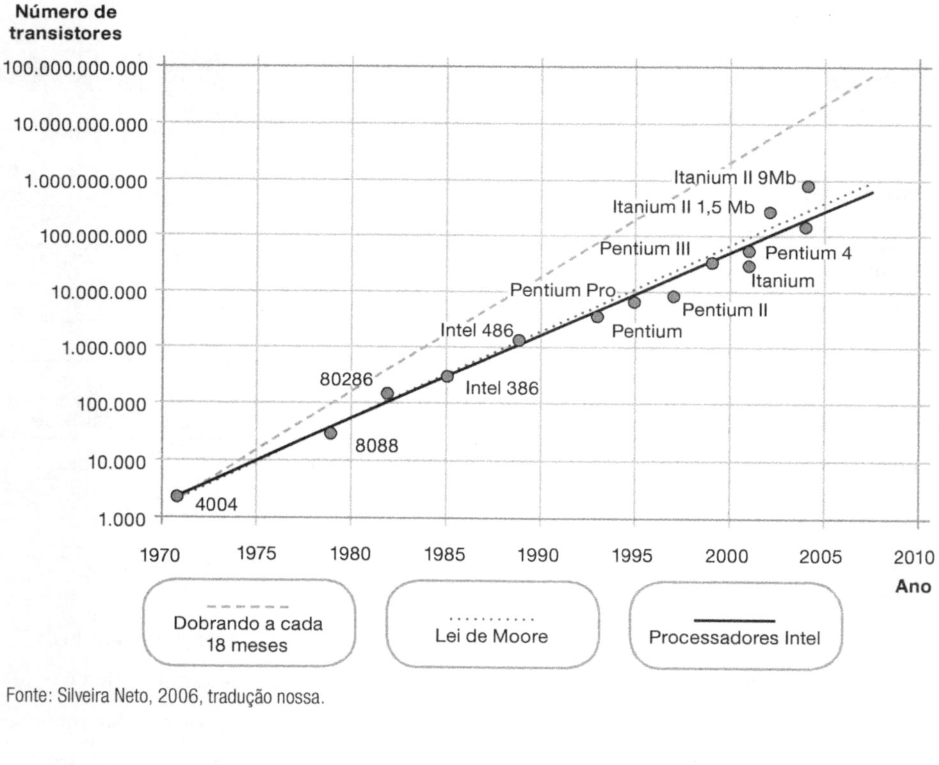

Fonte: Silveira Neto, 2006, tradução nossa.

Para ampliar a ideia da Lei de Moore, o futurista Ray Kurzweil, em 2001, disse que "sempre que uma tecnologia encontra um tipo de barreira que interrompe ou desacelera seu desenvolvimento, surge uma outra tecnologia que rompe com essa barreira" (Freitas, 2014). Nas previsões de Kurzweil, "a humanidade deverá atingir a singularidade tecnológica[1] em 2045" (Freitas, 2014).

Nesse sentido, a evolução tecnológica se dará na velocidade de uma progressão geométrica, razão pela qual não podemos comparar as últimas décadas com as próximas, com base em uma mesma escala, se levarmos em conta a projeção de Moore e as análises de Kurzweil. Isso ocorre porque a tecnologia vai evoluir absurdamente nos próximos 50 anos. Observe as projeções dos gráficos 5.2 e 5.3 para entender que a tecnologia será centenas de milhares de vezes mais avançada do que é hoje, sendo difícil prever os paradigmas que serão rompidos durante as próximas cinco décadas.

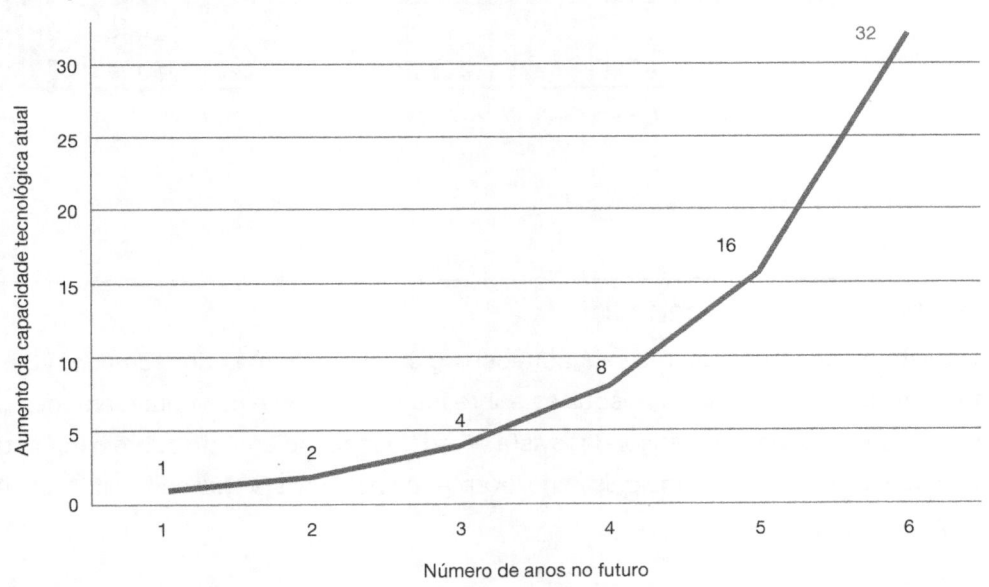

Gráfico 5.2 – Incremento da tecnologia em 5 anos no futuro

Fonte: TEF, 2012a, tradução nossa.

---

1   "[...] é nome que se dá ao momento em que a civilização atingirá níveis tecnológicos tão rápidos, avançados e que mudarão tão profundamente os paradigmas da sociedade como um todo, que a inteligência artificial vai superar a inteligência humana, e nossa mente limitada de hoje é incapaz de prever exatamente o que isso significará" (Freitas, 2014).

Gráfico 5.3 – Incremento da tecnologia em 50 anos no futuro

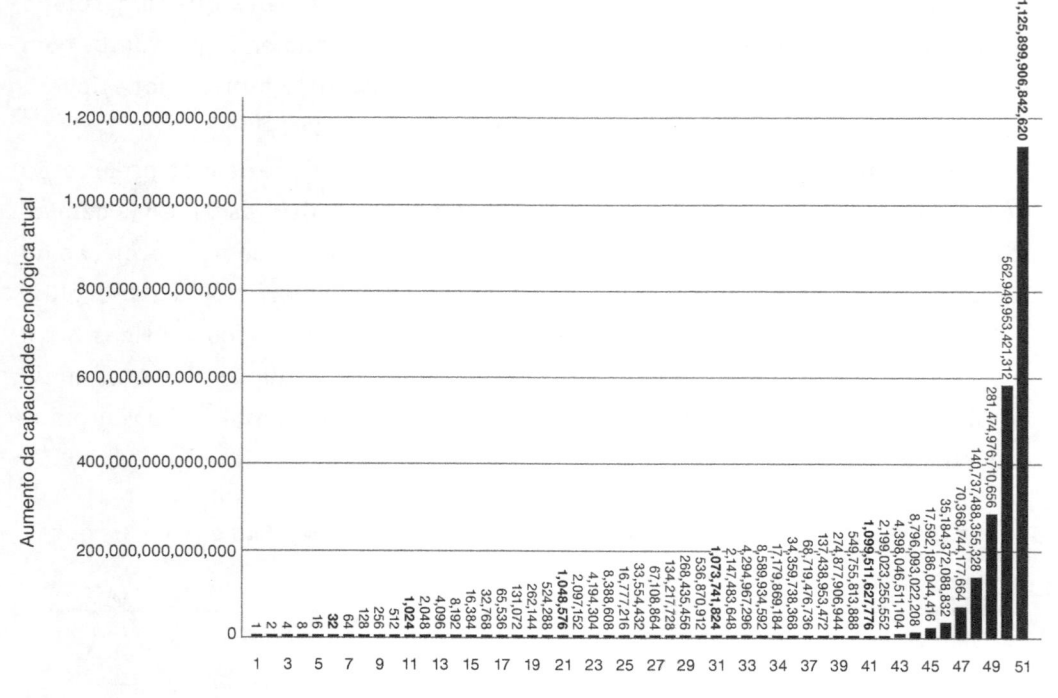

Fonte: TEF, 2012b, tradução nossa, grifo do original.

Estudo de caso 5 – parte II

A revista *Galileu* publicou a evolução tecnológica das próximas décadas com base nos estudos do Instituto de Pesquisas sobre Internet (PEW) e nas considerações de autores como Kevin Kelly, editor da revista Wired, respeitado analista sobre o futuro da tecnologia. Observe os principais itens levantados pela revista *Galileu* (Freitas, 2014):

- A escassez de atenção.
- Internet das coisas.
- Esqueça a privacidade.
- A tecnologia resolve problemas, mas cria outros.

5.4 Tecnologias: um comparativo entre o Brasil e o mundo

A intensidade da utilização de tecnologia em determinado país vai depender do nível de investimento em Pesquisa e Desenvolvimento (P&D). A maioria das pesquisas traz um comparativo em relação ao Produto Interno Bruto (PIB), como podemos observar no mapa a seguir.

Figura 5.2 – Investimento em P&D no mundo

**Empresas arcam com até 75% dos investimentos em P&D no mundo.
No Brasil, Estado paga a metade**

América do Norte, Ásia e Europa concentram cerca de 90% dos gastos em pesquisa e desenvolvimento. Nesses continentes, o setor privado responde pela maior parte dos projetos inovadores, ainda que subsidiados ou subvencionados pelos governos

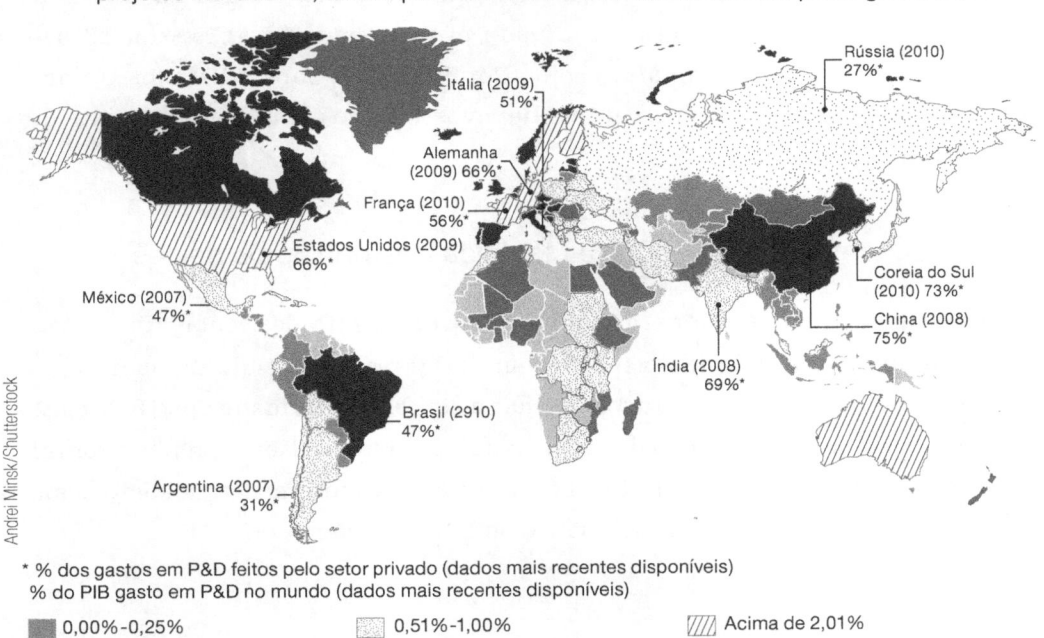

- Rússia (2010) 27%*
- Itália (2009) 51%*
- Alemanha (2009) 66%*
- França (2010) 56%*
- Estados Unidos (2009) 66%*
- México (2007) 47%*
- Coreia do Sul (2010) 73%*
- China (2008) 75%*
- Índia (2008) 69%*
- Brasil (2910) 47%*
- Argentina (2007) 31%*

* % dos gastos em P&D feitos pelo setor privado (dados mais recentes disponíveis)
% do PIB gasto em P&D no mundo (dados mais recentes disponíveis)

- 0,00%-0,25%
- 0,26%-0,50%
- 0,51%-1,00%
- 1,01%-2,00%
- Acima de 2,01%
- Dados não disponíveis

Fonte: Brasil, 2018.

Perceba que o investimento feito no Brasil em P&D supera o de países como México, Argentina, Chile e África do Sul, cujo intervalo é de 1,01% a 2,00%, igual a China, Rússia e Canadá, e é inferior ao dos Estados Unidos, Japão, Alemanha e França.

Nos países com crescentes poderes econômicos representados pelos Brics[2], exceto o Brasil, destaca-se o volume de investimento em P&D feito pela iniciativa privada. Segundo a notícia do Senado brasileiro:

> O 0,55% do PIB aplicado pelas empresas brasileiras está longe dos 2,68% investidos pelo setor privado da Coreia do Sul ou dos 1,22% da China, por exemplo. Quando se comparam os investimentos públicos, no entanto, os gastos do Brasil estão na média das nações mais desenvolvidas: o 0,61% do PIB brasileiro está próximo do percentual investido pelo conjunto dos países da OCDE (0,69%). (Brasil, 2018)

Ao contrário do que se escuta sobre falta de investimento em P&D do setor público no Brasil, os dados mostram outra realidade. O país possui um percentual de investimento do setor público que se equipara às médias das nações mais desenvolvidas. Por sua vez, no setor privado, os investimentos (0,55% do PIB) são baixos se comparados com países como Coreia do Sul, Japão, Estados Unidos, Alemanha e França, onde o percentual de investimento em P&D proveniente do PIB é acima da ordem de 2,01.

5.4.1 Investimento em pesquisa científica nos principais países

Para ajudar na análise comparativa do desenvolvimento de tecnologia no País e no mundo, a organização Scienceogram (2013) fez um estudo dos países do G20. No Gráfico 5.4, você pode acompanhar a representatividade do PIB de cada país por meio da visualização da largura da barra na vertical e, na horizontal, da porcentagem do total do PIB. Também os diferentes tons na barra identificam os investimentos privados, do governo e outras fontes em P&D.

---

2 "Grupo formado por Brasil, Rússia, Índia, China e África do Sul com o objetivo de usar o crescente poder econômico para obter maior influência geopolítica" (Brasil, 2018).

Gráfico 5.4 – Investimento do G20 em P&D

% do PIB investido em ciência e tecnologia

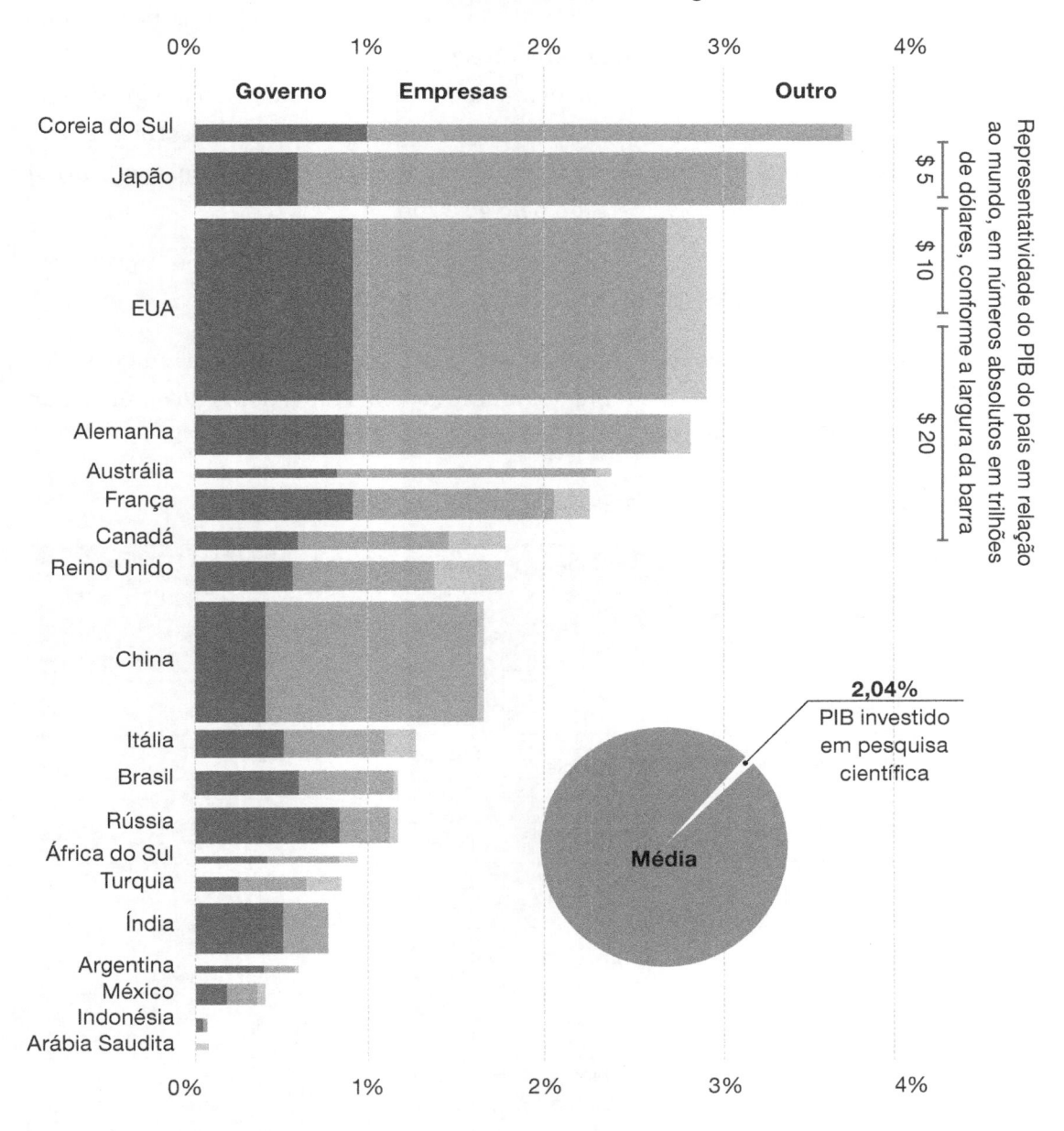

Fonte: Scienceogram, 2013, tradução nossa.

A média do G20 em investimento de P&D é 2,04% do PIB, dos quais 0,65% é gasto pelos governos; 1,26%, pelo setor privado; e 0,13% por outras fontes.

Com o mesmo gráfico podemos concluir que existem diferentes percentuais de investimento em pesquisa e desenvolvimento nos países analisados: a Coreia do Sul desponta em primeiro com 3,7% do PIB, ao passo que o Canadá e o Reino Unido localizam-se abaixo da média do G20.

Na comparação do mapa apresentado pelo Senado brasileiro e o gráfico da empresa Scienceogram, observamos um percentual maior de investimentos do setor privado em P&D, com exceção de Brasil, Rússia e Índia, onde o percentual maior de investimento é custeado pelo governo.

5.4.2 As empresas mais inovadoras do mundo

Com base na compreensão sobre o investimento da iniciativa privada em P&D, observe no Quadro 5.3 o *ranking* das empresas mais inovadoras do mundo, num estudo realizado pela PricewaterhouseCoopers (PWC, 2016).

Quadro 5.3 – As 10 Maiores corporações inovadoras

Ranking 2015		Ranking 2014	Corporação	País	Setor/Indústria	P&D – gastos em bilhões de dólares*
1	▷	1	Apple	Estados Unidos	Computação e eletrônicos	6,0
2	▷	2	Google	Estados Unidos	Software e internet	9,8
3	▲	3	Tesla Motors	Estados Unidos	Automotivo	0,5
4	▷	4	Samsung	Coreia do Sul	Computação e eletrônicos	14,1
5	▼	3	Amazon	Estados Unidos	Software e internet	9,3
6	▷	6	3M	Estados Unidos	Industrial	1,8
7	▷	7	General Eletric	Estados Unidos	Industrial	4,2
8	▷	8	Microsoft	Estados Unidos	Software e internet	11,4
9	▷	9	IBM	Estados Unidos	Computação e eletrônicos	5,4
10	▲	N/A	Toyota	Japão	Automotivo	9,2

* Os dados de gastos com P&D são baseados nos dados mais recentes do ano anterior relatados antes de 1º de julho.

Fonte: PWC, 2016, tradução nossa.

No topo do quadro, observamos a Apple, que continua liderando o *ranking* de inovação; e em segundo vem a Google, que se manteve na mesma posição em relação ao ano anterior (mesmas posições nos anos de 2014 e 2015). Não podemos deixar de destacar o aumento das posições da empresa Tesla do setor automotivo, responsável pela criação de motores elétricos em automóveis: da 5ª posição no *ranking* em 2014, ela pulou para a 3ª em 2015. Observe na sequência o *ranking* das empresas que mais investem em P&D.

Quadro 5.4 – 20 maiores corporações que investiram em P&D em bilhões de dólares

20 maiores corporações com gastos em P&D					
Ranking 2015	▲▼	Ranking 2014	Corporação	País	Setor/Indústria	P&D – gastos em bilhões de dólares*
1	▶	1	Volkswagen	Alemanha	Automotivo	15,3
2	▶	2	Samsung	Coreia do Sul	Computação e eletrônicos	14,1
3	▶	3	Intel	Estados Unidos	Computação e eletrônicos	11,5
4	▶	4	Microsoft	Estados Unidos	Software e internet	11,4
5	▶	5	Roche	Suíça	Healthcare	10,8
6	▲	9	Google	Estados Unidos	Software e internet	9,8
7	▲	14	Amazon	Estados Unidos	Software e internet	9,3
8	▼	7	Toyota	Estados Unidos	Automotivo	9,2
9	▼	6	Novartis	Suíça	Healthcare	9,1
10	▼	8	Johnson & Johnson	Estados Unidos	Healthcare	8,5
11	▲	13	Pfizer	Estados Unidos	Healthcare	8,4
12	▶	12	Daimler	Alemanha	Automotivo	7,6
13	▼	11	GM	Estados Unidos	Automotivo	7,4
14	▼	10	Merck	Estados Unidos	Healthcare	7,2
15	▶	15	Ford	Estados Unidos	Automotivo	6,9

(continua)

(Quadro 5.4 – conclusão)

20 maiores corporações com gastos em P&D					
Ranking 2015		Ranking 2014	Corporação	País	Setor/Indústria	P&D – gastos em bilhões de dólares*
16	▶	16	Sanofi-Aventis	França	Healthcare	6,4
17	▲	20	Cisco	Estados Unidos	Computação e eletrônicos	6,3
18	▲	32	Apple	Estados Unidos	Computação e eletrônicos	6,0
19	▶	19	GlaxoSmithKline	Reino Unido	Healthcare	5,7
20	▲	28	AstraZeneca	Reino Unido	Healthcare	5,6

* Os dados de gastos com P&D são baseados nos dados mais recentes do ano anterior relatados antes de 1º de julho.

Fonte: PWC, 2016, tradução nossa.

Não houve alteração nas cinco primeiras posições do *ranking* das empresas que mais investem em P&D na comparação do ano de 2014 com o de 2015. No entanto, as empresas Google, Amazon, Pfizer, Cisco, Apple e AstraZeneca subiram de posições na lista.

5.4.3 Investimento em pesquisa e desenvolvimento (P&D)

Como os negócios se tornam cada vez mais globais, como as estratégias de inovação, as empresas multinacionais têm gastado uma significativa e crescente parte do seu dinheiro em P&D fora dos países em que estão sediadas (Jaruzelski; Dehoff, 2008). Observe com atenção o infográfico a seguir.

Tabela 5.1 – O mundo de pesquisa e desenvolvimento, em bilhões de dólares

Principais geradores de P&D (por países de origem de HQ)		Principais usuários de P&D (incluindo gastos domésticos)		Principais "importadores" de P&D (para países que geram menos de US$1 bilhão em P&D)	
U.S.	146,1	U.S.	108,5	China	24,7
Japão	71,6	Japão	40,4	Índia	13,0
Alemanha	30,7	Alemanha	27,8	Israel	6,5
França	19,7	China	24,8	Austrália	4,3
Reino Unido	18,1	Reino Unido	23,3	Espanha	4,0
Suíça	16,8	França	19,8	Irlanda	4,0
Coreia do Sul	11,1	Índia	13,1	Rússia	3,7
Países Baixos	9,2	Canadá	9,0	Cingapura	3,2
Finlândia	7,7	Itália	7,8	Taiwan	2,4
Suécia	6,8	Suécia	7,2	Brasil	2,3

Fonte: Jaruzelski; Dehoff, 2008, tradução nossa.

As 80 maiores corporações dos EUA destinaram um valor estimado de US$ 80,1 bilhões dos seus investimentos em P&D para o exterior, do total de US$ 146 bilhões. As 50 maiores empresas europeias gastaram fora do continente US$ 51,4 bilhões de seu total de US$ 117 bilhões. No Japão, as 43 maiores empresas exportaram US$ 40,4 bilhões do total de US$ 71,6 bilhões.

Ainda conforme os autores do infográfico (Figura 5.3), as empresas que investem sabiamente em um espaço de inovação multinacional vêm ganhando retornos sobre o investimento em P&D muito melhores do que as empresas que mantêm exclusivamente seus laboratórios em casa – ou que se fragmentam por uma ampla variedade de locais.

Estudo de caso 5 – parte III

Segundo a consultoria Booz & Company (Jaruzelski; Dehoff, 2008), à primeira vista, gastos em inovação podem representar perda de postos de trabalho, de poder intelectual e de influência nos países de origem das empresas. No entanto, esses gastos fluem em ambas as direções ao mesmo tempo. Por exemplo, ainda que as empresas com sede nos EUA tenham realizado investimentos de $ 80,1 bilhões em P&D em outros países, empresas sediadas em outros lugares despejaram US$ 42,6 bilhões em P&D nos EUA. Na verdade, 40% do dinheiro investido em P&D nos EUA é gasto por empresas sediadas em outros lugares. A quantidade total de gastos com P&D nos EUA é de ordem 2,7 vezes maior do que no Japão, ao passo que a despesa gerada por empresas sediadas nos EUA é de apenas duas vezes maior.

5.5 Tecnologias emergentes

Na busca por tecnologias emergentes, as empresas apostam em um desempenho superior ao das atuais. Sabemos que muitas vezes os gestores acabam criando imposição ao uso de uma nova tecnologia, graças a questões de modismo ou de imediatismo dos benefícios. Lembre-se: quando uma tecnologia emergente aflora, mudanças acontecem nas organizações, já que criam oportunidades de inovação

5.5.1 Tendências de tecnologias emergentes

Podemos, segundo ITChannel (2014), listar 15 tendências de tecnologias emergentes nos negócios:

1. As soluções de análise de clientes transformam a Obsessão-Cliente em ação;
2. A oferta de soluções de experiência digital permite ligar a relação ao Ciclo de Vida;
3. A Tecnologia Emergente facilita o Design orientado para o cliente;
4. As soluções Internet-of-Things [internet das coisas] dão ao mundo físico controles e Interfaces digitais;
5. A conectividade Next-Gen criará um mundo da internet das coisas conectadas e digitais;
6. A tecnologia Wearable permitirá ajudar os funcionários e identificar os clientes para um atendimento personalizado;
7. A Interface Natural de utilizador expandirá as Interações entre clientes e funcionários através de Dispositivos;
8. A análise e entrega de Dados em tempo real acentua a necessidade de velocidade;
9. A Análise avançada cria a percepção de que as empresas precisam se ligar;
10. A Gestão de Identidades Digitais irá garantir as interações de clientes e funcionários;
11. As Plataformas de aceleração de Software e Ferramentas permitem às empresas manter-se a par com os clientes;

12. Os dispositivos avançados de silício permitem uma oferta mais rápida e melhora as capacidades de negócio;
13. [Infraestrutura Definida por Software (SDI)] permitirá ao Negócio Digital mover-se de forma mais rápida e ágil;
14. Ferramentas de integração na Nuvem suportam infraestrutura de nuvem híbrida para o negócio digital;
15. A gestão do Big Data permite contextualizar a introspecção.

5.5.2 O ciclo das tecnologias emergentes

Não podemos deixar de listar o relatório emitido anualmente pela Gartner (Stamford, 2015), o qual cita quais são as tecnologias emergentes que vão mudar o cenário dos negócios. No mesmo documento, identificamos as tecnologias com significativo potencial para o que definem como *humanismo digital*, que coloca as pessoas como o centro dos negócios e dos espaços de trabalho digitais.

Na opinião de Betsy Burton, vice-presidente e analista da Gartner (Stamford, 2015, tradução nossa): "nós encorajamos os CIOs e líderes de TI a dedicar tempo e energia para inovar, buscando inspiração além dos limites do seu setor. Como as empresas continuam sua jornada rumo aos negócios digitais, identificar e utilizar as tecnologias certas, no momento certo, será fundamental".

A aplicação da tecnologia emergente vai depender do estágio em que a organização se encontra na curva de tecnologia. Para Stamford (2015), são as tecnologias emergentes que vão impulsionar os negócios em cada fase.

O mencionado relatório, intitulado *Hype Cycle for Emerging Technologies*, da Gartner (Stamford, 2015), identifica as inovações de computação que as organizações devem monitorar, bem como proporciona uma perspectiva sobre as tecnologias e tendências que os líderes estrategistas de negócios, os agentes de inovação, os empresários, os desenvolvedores do mercado global e as equipes de tecnologia devem considerar no desenvolvimento de portfólios de tecnologia emergente.

Entre as grandes mudanças divulgadas no *Hype Cycle 2015* para tecnologias emergentes está a inclusão de veículos autônomos, os quais, na evolução do gráfico, passaram da posição do *pré-pico* a *pico*. O movimento representa um avanço significativo, uma vez que todas as principais empresas do setor de automóvel começaram a investir nessa modalidade de veículo em curto prazo. Da mesma forma, a dinâmica de crescimento, por exemplo, de soluções para "casas conectadas" introduziu por completo meios e plataformas inovadores proporcionados por novos fornecedores de tecnologia e fabricantes já existentes. Outro fator explorado é o da transformação dada pelos negócios digitais – *digital business*. Esse termo tem relação com o fato de os negócios aproveitarem as tecnologias que despontaram nos últimos anos, como *smartphones*, *apps*, *cloud computing*, *analytics*, *big data* e *social business*, elementos aos quais Stamford (2015) dá o nome de *Nexus of Forces*. Outras tecnologias emergentes que merecem atenção são: marketing digital, casa conectada, impressoras 3D, realidade aumentada e realidade virtual.

5.5.3 Emergência e convergência das novas tecnologias

Ainda sobre as tecnologias emergentes, vejamos o que mostra o Gráfico 5.5 da consultoria Macroplan (Neves, 2013).

Gráfico 5.5 – Emergência e convergência das novas tecnologias – 2012-2030

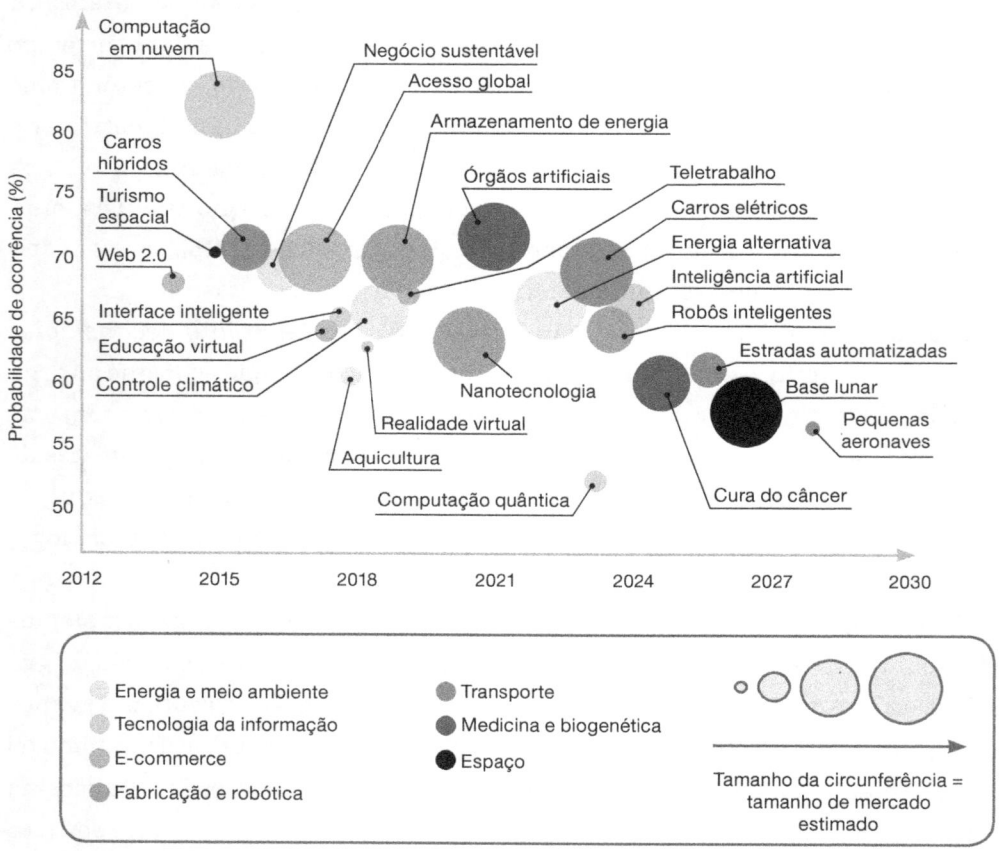

Fonte: Elaborado com base em Neves, 2013.

Observe que o gráfico mostra o ápice das tecnologias emergentes no decorrer dos anos, a porcentagem de ocorrência delas na linha vertical, a estimativa do mercado potencial pelo tamanho do raio da circunferência e, por fim, o segmento da indústria representado pelas cores. Atente para algumas tecnologias emergentes que já estão sendo utilizadas em grande escala. Damos destaque para a computação em nuvem e os carros híbridos. Outras que estão por se disseminar num futuro próximo – embora já ocorram em pequena escala – são: carros elétricos, órgãos artificiais, nanotecnologia e controle climático.

Estudo de caso 5 – parte IV

As etapas que compõem o gráfico do *Hype Cycle for Emerging Technologies* de Gartner (Stamford, 2015) são:

1. Gatilho da inovação – Quando muitas pessoas falam sobre a tecnologia, as expectativas aumentam e o deslumbramento cresce.
2. Pico das expectativas infladas – Ponto máximo que a tecnologia atinge o momento ótimo.
3. Vale da desilusão – Curva de queda no mercado, quando a realidade sobre a tecnologia vem à tona, há custos altos ou a criação de muitas expectativas errôneas sobre ela.
4. Ladeira do esclarecimento – Após o período de desilusão, a tecnologia ganha nova força e volta a crescer. Diferentemente da curva inicial, é longa e pequena, quando ocorre o amadurecimento da tecnologia e esta se torna popular, com baixo preço.

Lembre-se: algumas etapas representam tecnologias que estão por surgir, outras ainda não atingiram um estado ideal de amadurecimento e outras ainda estão sendo utilizadas em larga escala, como citado anteriormente.

É importante refletir sobre as etapas do ciclo para entender como surgem as tecnologias, uma vez que isso poderá ajudar no desenvolvimento dos negócios, colocando o gestor à frente de seu tempo após conhecê-las.

5.6 Tecnologias de gestão

No Capítulo 2, descrevemos resumidamente diferentes ferramentas de gestão organizacional. Agora, vamos, com detalhes, explorá-las em seu processo de execução gerencial, transformando-as em tecnologias de gestão (isto é, demonstrando como seriam utilizadas na prática). Veja as ações e as práticas preconizadas no Quadro 5.5.

Quadro 5.5 – Tecnologias de gestão

Tecnologia de gestão	Execução	Práticas comuns
Planejamento Estratégico	<ul><li>Descrever a missão, a visão e os valores fundamentais da organização;</li><li>Destinar áreas de negócios potenciais e explorar cada mercado para ameaças e oportunidades emergentes;</li><li>Compreender as prioridades atuais e futuras dos segmentos de clientes direcionados;</li><li>Analisar os pontos fortes e fracos da empresa em relação aos concorrentes e determinar quais elementos da cadeia de valor a empresa deve fazer e/ou comprar;</li><li>Identificar e avaliar estratégias alternativas;</li><li>Desenvolver um modelo de negócios vantajoso que vai diferenciar a empresa de seus concorrentes de forma lucrativa;</li><li>Definir as expectativas das partes interessadas e estabelecer objetivos claros e convincentes para o negócio;</li><li>Preparar programas e políticas que planejem implementar a estratégia;</li><li>Estabelecer estruturas organizacionais de apoio, processos de decisão, sistemas de informação e controle e sistemas de contratação e treinamento;</li></ul>	<ul><li>Mudar a direção e o desempenho de uma empresa;</li><li>Encorajar discussões baseadas em fatos de questões politicamente sensíveis;</li><li>Criar um quadro comum para a tomada de decisões na organização;</li><li>Definir um contexto adequado para decisões de orçamento e avaliações de desempenho;</li><li>Treinar os gerentes para desenvolver melhores informações para tomar melhores decisões;</li><li>Aumentar a confiança na direção do negócio.</li></ul>

(continua)

(Quadro 5.5 – continuação)

Tecnologia de gestão	Execução	Práticas comuns
Planejamento Estratégico	• Alocar recursos para desenvolver capacidades críticas; • Planejar e responder a contingências ou mudanças ambientais; Monitorar o desempenho.	
Benchmarking	• Selecionar um produto, serviço ou processo para *benchmark*; • Identificar as principais métricas de desempenho; • Escolher empresas ou áreas internas para *benchmarks*; • Coletar dados sobre desempenho e práticas; • Analisar os dados e identificar oportunidades de melhoria; • Adaptar e implementar as melhores práticas, estabelecendo razoáveis objetivos e garantir a aceitação da empresa.	• Melhorar o desempenho; • Identificar métodos para melhorar a eficiência operacional e o design do produto; • Compreender a posição de custo relativo; • Revelar a posição de custo relativo de uma empresa e identificar oportunidades de melhoria; • Obter vantagem estratégica; • Ajudar as empresas a se concentrar em recursos que são fundamentais para a construção de vantagens estratégicas; • Aumentar a taxa de aprendizagem organizacional; • Trazer novas ideias à empresa e facilitar o compartilhamento de experiências.
Balanced Scorecard	• Articular a visão e a estratégia do negócio; • Identificar as categorias de desempenho que melhor vinculam a visão e a estratégia do negócio com seus resultados (como desempenho financeiro, operações, inovação, desempenho dos funcionários); • Estabelecer objetivos que apoiem a visão e estratégia do negócio; • Desenvolver medidas efetivas e padrões significativos, estabelecendo marcos a curto prazo e metas a longo prazo; • Assegurar a aceitação das medidas em toda a empresa; • Criar sistemas apropriados de orçamentação, rastreamento, comunicação e recompensa; • Recolher e analisar dados de desempenho e comparar resultados reais com o desempenho desejado; • Agir e fechar lacunas desfavoráveis.	• Esclarecer ou atualizar a estratégia de uma empresa; • Ligar os objetivos estratégicos às metas de longo prazo e aos orçamentos anuais; • Acompanhar os elementos-chave da estratégia de negócios; • Incorporar objetivos estratégicos em processos de alocação de recursos; • Facilitar a mudança organizacional; • Comparar o desempenho de unidades de negócios geograficamente diversas; • Aumentar a compreensão em toda a empresa da visão e a estratégia corporativa.

(Quadro 5.5 – continuação)

Tecnologia de gestão	Execução	Práticas comuns
Customer Relationship Management	• Começar por definir os "pontos de dor" no ciclo de relacionamento com o cliente, os quais têm impacto na satisfação e lealdade do cliente, contexto no qual as soluções levariam a recompensas financeiras e vantagens competitivas superiores; • Avaliar se e que tipo de dados de CRM podem corrigir esses pontos; • Calcular o valor que essa informação traria à empresa; • Selecionar a plataforma de tecnologia apropriada, calcular o custo de implementá-la e capacitar os funcionários para usá-la; • Avaliar se os benefícios das informações de CRM superam a despesa envolvida; • Projetar programas de incentivo para assegurar que o pessoal seja encorajado a participar do programa de CRM – muitas empresas descobriram que o realinhamento da organização longe dos grupos de produtos e para uma estrutura centrada no cliente melhora o sucesso do CRM; • Medir o progresso e o impacto do CRM; • Monitorar agressivamente a participação do pessoal-chave no programa de CRM; • Aplicar sistemas de medição para rastrear a melhoria da rentabilidade do cliente com o uso do CRM – uma vez que os dados são coletados, deve-se compartilhar amplamente a informação com os funcionários para incentivar a participação no programa.	• Reunir pesquisas de mercado em clientes em tempo real, se necessário; • Gerar previsões de vendas mais confiáveis; • Coordenar informações rapidamente entre funcionários de vendas e representantes de atendimento ao cliente, aumentando sua eficácia; • Permitir que os representantes de vendas vejam o impacto financeiro de diferentes configurações de produtos antes de fixar preços; • Avaliar com precisão o retorno sobre os programas de promoção individuais e o efeito de atividades de marketing integradas e redirecionar os gastos de acordo; • Alimentar dados sobre as preferências e os problemas dos clientes para os designers de produtos; • Aumentar as vendas, identificando e gerenciando *leads* de vendas; • Melhorar a retenção de clientes.

(Quadro 5.5 – conclusão)

Tecnologia de gestão	Execução	Práticas comuns
Declaração de missão e visão	• Identificar claramente a cultura corporativa, os valores, a estratégia e a visão do futuro, entrevistando funcionários, fornecedores e clientes; • Abordar o compromisso que a empresa tem com seus principais interessados, incluindo clientes, funcionários, acionistas e comunidades; • Assegurar que os objetivos sejam mensuráveis – o enfoque é acionável e a visão é viável; • Comunicar o texto em linguagem clara, simples e precisa; • Desenvolver *buy-in* e suporte em toda a organização.	**Internamente** • Planejar o pensamento da administração em questões estratégicas, especialmente durante períodos de mudança significativa; • Ajudar a definir os padrões de desempenho; • Inspirar os funcionários a trabalhar de forma mais produtiva, fornecendo foco e objetivos comuns – guia de tomada de decisão dos funcionários; • Ajudar a estabelecer uma estrutura para o comportamento ético **Externamente** • Obter suporte externo; • Criar vínculos mais próximos e melhor comunicação com clientes, fornecedores e parceiros de alianças; • Servir como uma ferramenta de relações públicas.
Reengenharia de Processos de Negócios	• Reencaminhar os valores da empresa às necessidades do cliente; • Redesenhar os processos principais, muitas vezes usando tecnologia da informação para permitir melhorias; • Reorganizar um negócio em equipes multifuncionais com responsabilidade final para um processo; • Repensar questões básicas de organização e pessoas; • Melhorar os processos de negócios em toda a organização.	• Reduzir custos e tempos de ciclo – A Reengenharia de Processos de Negócios reduz custos e tempos de ciclo, eliminando atividades improdutivas e os funcionários que os realizam (a reorganização por equipes diminui a necessidade de camadas de gerenciamento, acelera os fluxos de informação e elimina os erros e o retrabalho causados por múltiplas transferências); • Melhorar a qualidade – A Reengenharia de Processos de Negócios melhora a qualidade reduzindo a fragmentação do trabalho e estabelecendo uma clara propriedade dos processos (os trabalhadores ganham responsabilidade por sua produção e podem medir seu desempenho com base em *feedback* imediato).

Fonte: Elaborado com base em Rigby, 2015, tradução nossa.

Estudo de caso 5 – parte V
Tendências do consumo no Brasil entre 2010 e 2020

Vejamos a seguir o relatório da Macroplan (2012) sobre as tendências entre os anos de 2010 e 2020. Observe e tire suas conclusões comparando as previsões com os dias atuais.

Segundo a Macroplan (2012, p. 1):

> entre 2003 e 2010, 32 milhões de pessoas foram incorporadas ao mercado consumidor brasileiro e até 2016 o poder de compra da nova classe média brasileira poderá ultrapassar a barreira de 1,4 trilhões de reais. Entender as características deste novo consumidor, suas especificidades e seus traços culturais é cada vez mais relevante para as organizações de todas as naturezas. Conhecer profundamente o seu atual e potencial cliente é essencial para a construção de estratégias de mercado mais efetivas e para a formulação de políticas públicas que gerem mais resultados e que façam a diferença no cotidiano das pessoas.

Gráfico 5.6 – Distribuição da população brasileira segundo classes econômicas

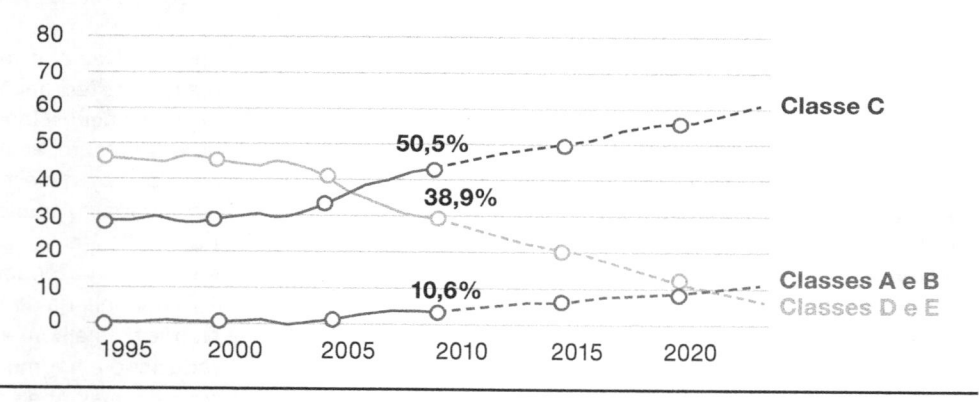

Fonte: Macroplan, 2012, p. 2.

■ Síntese

Neste capítulo, aprofundamos os conceitos, as terminologias e a evolução do campo de tecnologia. Nesse contexto, para entender o assunto na perspectiva mundial, fizemos uma comparação dos efeitos das tecnologias emergentes no Brasil com os de outras nações. Por fim, analisamos minuciosamente a prática das principais tecnologias de gestão que anteriormente haviam sido introduzidas no Capítulo 2.

■ Questões para revisão

1. Leia as asserções a seguir:

    I. Os países desenvolvidos ou os países em crescimento econômico fazem uso das tecnologias de forma mais intensiva do que os outros menos desenvolvidos.

    Porque

    II. O nível de intensidade da utilização das tecnologias de cada país vai depender do investimento em pesquisa e desenvolvimento (P&D).

    Com base nas duas assertivas anteriores e na relação entre elas, assinale a alternativa correta:

    a. As assertivas I e II são proposições excludentes entre si.
    b. A assertiva I é uma proposição falsa e a II é verdadeira.
    c. As duas assertivas são verdadeiras e a segunda afirmativa justifica a primeira.
    d. As assertivas I e II são falsas.
    e. A assertiva II contraria a ideia expressa na assertiva I.

2. Leia o fragmento a seguir:

A palavra *tecnologia* pressupõe o entendimento da *técnica* (ambos os termos possuem origem na palavra grega *techné*, que compreende modificar as coisas do mundo de forma prática, sem se preocupar em compreendê-lo). "Inicialmente era um processo [...] [no qual] a contemplação científica praticamente não exercia influências" (Veraszto et al., 2008, p. 62). Para resumir, a técnica trata do "como realizar" uma atividade de forma prática ou empírica.

Agora, com base nos conhecimentos adquiridos sobre tecnologia no capítulo, assinale a alternativa correta:

a. A evolução da palavra *tecnologia*, em termos de aplicação do conhecimento científico, tem relação única com a técnica.
b. A origem do significado do termo *tecnologia* está na junção dos termos *tecno*, do grego *techné*, que é "saber ser", e *logia*, do grego *logus*, que significa "emoção".
c. *Tecnologia* significa a razão do "saber fazer" ou o estudo da técnica.
d. *Tecnologia* é o estudo da própria teoria do modificar, do criar, do imaginar.
e. *Tecnologia* se limita ao conhecimento científico empregado no desenvolvimento de conceitos de utilidade prática.

3. No decorrer do capítulo, você observou perguntas-chave da análise de tendência sugerida por Hill (2003). Observe os seguintes comandos enumerados sobre o assunto.

    I. Observe muito cuidadosa e sistematicamente.
    II. Estude a tendência em profundidade e perspectivas.
    III. Extrapole, projete a tendência e seu impacto entre três e cinco anos.
    IV. Crie, invente e combine várias tendências e observe mudanças semelhantes em outros ambientes.

    Correlacione os itens anteriores com a respectiva pergunta a seguir:

    ( ) Como e quando pode terminar?
    ( ) O que realmente está mudando?
    ( ) Por que essa mudança está acontecendo (moda ou duradoura)?
    ( ) Que tipos de oportunidades podem aparecer se essa tendência se concretizar?

    Agora, assinale a alternativa que apresenta a sequência correta:

    a. I, II, III, IV.
    b. II, I, III, IV.
    c. III, I, II, IV.
    d. III, II, I, IV.
    e. III, I, IV, II.

4. Leia as asserções a seguir:

    I. Na busca por tecnologias emergentes, as empresas atribuem a elas um desempenho superior ao da atual.

    Porque

    II. Rompem com o paradigma imposto ou oferecem um nível de rentabilidade melhor ao negócio e aos seus clientes.

    Com base nas duas assertivas anteriores e na relação entre elas, assinale a alternativa correta:

    a. As assertivas I e II são proposições excludentes.
    b. A assertiva I é uma proposição falsa e a II é verdadeira.
    c. As duas assertivas são verdadeiras e a segunda afirmativa justifica a primeira.
    d. As assertivas I e II são falsas.
    e. A assertiva II contraria a ideia expressa na assertiva I.

5. Analise o seguinte gráfico e faça o que se pede em seguida:

Gráfico – Evolução dos processadores Intel

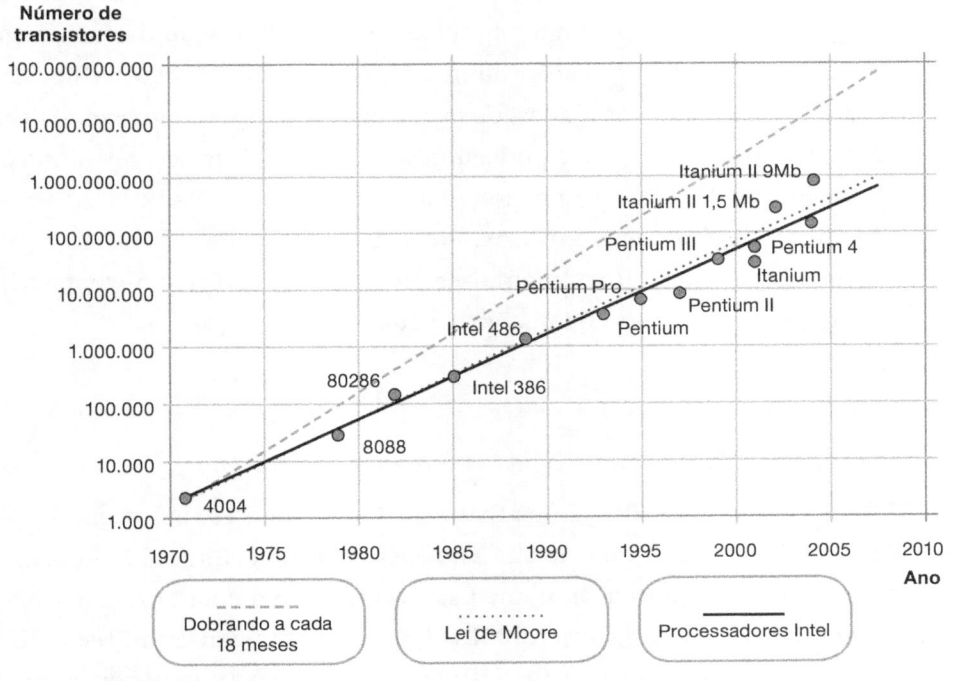

Fonte: Silveira Neto, 2006, tradução nossa.

Com base na evoluçao dos processadores Intel, faça uma relação desse fato com as tecnologias atuais e disserte sobre a obsolescência delas nos dias atuais.

6. Leia o fragmento a seguir:

Saber extrapolar ou interpretar tendências é uma competência importante do empreendedor. Procurar identificar oportunidades de negócio é também essencial a qualquer negócio. Imagine um empreendedor que observou uma oportunidade no desenvolvimento de aplicativos para TV *Smart*, conectadas na internet.

Com base no conhecimento adquirido com a leitura do capítulo, e considerando o contexto apresentado, quais tipos de tendências tecnológicas devem ser observadas no tipo de negócio mencionado?

■ Questões para reflexão

1. No decorrer do capítulo, você verificou tópicos sobre tecnologia. Neste momento, para aplicação dos conhecimentos adquiridos, proponha um diagnóstico ou realize uma pesquisa sobre a utilização de tecnologias emergentes ou identificação delas no seu ambiente de trabalho ou no cotidiano das suas atividades. Caso não as identifique, sugira quais tipos de tecnologias emergentes poderiam ser utilizados em seu cotidiano que poderiam melhorar o seu desempenho, a qualidade de vida, a rentabilidade do negócio, entre outros. Por fim, caso tenha levantado alguns dados sobre o assunto, exponha-os em forma de gráfico e compartilhe sua experiência, suas conclusões ou suas considerações.

■ Para saber mais

Acesse o gráfico ciclo das tecnologias emergentes da Gartner:

STAMFORD, C. Gartner's 2015 Hype Cycle for Emerging Technologies Identifies the Computing Innovations That Organizations Should Monitor. **Gartner**, aug. 2015. Disponível em: <https://www.gartner.com/en/newsroom/press-releases/2015-08-18-gartners-2015-hype-cycle-for-emerging-technologies-identifies-the-computing-innovations-that-organizations-should-monitor>. Acesso em: 20 mar. 2019.

Na seguinte obra, você poderá conhecer um pouco mais sobre as tendências mercadológicas:

FERREIRA JUNIOR, A. B.; RIEPING, M. **Itrends**: uma análise de tendências e mercados. Curitiba: InterSaberes, 2014. p. 34-44.

Tome conhecimento de variados conceitos sobre tecnologia com a leitura do seguinte documento:

VERASZTO, E. V. et al. Tecnologia: buscando uma definição para o conceito. **Prisma**, n. 7, p. 60-85, 2008. Disponível em: <http://revistas.ua.pt/index.php/prismacom/article/view/681/pdf>. Acesso em: 8 ago. 2018.

Entenda visualmente o que é tecnologia com o vídeo a seguir:

O QUE É Tecnologia. Disponível em: <https://www.youtube.com/watch?v=E-qinXW_YUI>. Acesso em: 1º set. 2018.

6 Análise e aplicação de ferramentas em OSM

Conteúdos do capítulo:
- *Análise de mercado.*
- *Aplicação de organogramas.*
- *Avaliação de* layout *organizacional.*
- *Utilização de fluxogramas.*
- *Análise e construção de cenário.*

Após o estudo deste capítulo, você será capaz de:
1. *desenvolver a análise de mercado;*
2. *aplicar organogramas;*
3. *avaliar* layouts *organizacionais;*
4. *utilizar fluxogramas, mapas e modelos;*
5. *analisar e construir cenários.*

Neste último capítulo, vamos falar sobre o universo de aplicação das ferramentas em OSM nas empresas. Uma vez que existe uma variedade de usos, vamos, daqui em diante, mostrar de maneira resumida as principais e mais comuns ferramentas empregadas na área, a razão pela qual são utilizadas e em quais contextos.

6.1 Análise de mercado

Nessa análise, o empreendedor deve avaliar com propriedade o mercado de atuação. Ele precisa compreender que, antes da criação da empresa, é necessário conhecer o mercado em que atua. Entre as maiores falhas dos empreendedores estão o não reconhecimento do verdadeiro potencial do ambiente de negócio da organização e também a dificuldade de adaptar-se às alterações do ambiente de mercado, em decorrência das quais o empreendimento pode fracassar.

6.1.1 Aplicação da análise de mercado

Observe, na sequência, a Tabela 6.1, em que consta um exemplo da análise de mercado ampla, em que se utilizaram variáveis de estudo – como população, densidade, grau de escolaridade, total de domicílios e renda –, feita por uma empresa de consultoria específica de implantação de *shoppings*.

Tabela 6.1 – Análise ampla de mercado

Atributo (2010)	Área de Influência				RM Vila Velha	% AI/RM Vila Velha
	Primária (até 5 min)	Secundária (5 a 10 min)	Terciária (10 a 15 min)	Total		
População Total	155.976	141.709	126.941	424.626	1.681.005	25,3
%	36,7	33,4	29,9	100,0	–	
Taxa de crescimento anual (%)	1,6	2,4	2,3	2,1	1,6	
Densidade (hab/km²)	9.828	2.525	10.213	5.030	742	
Chefes c/ grau escolar superior	6.170	5.713	650	12.533	39.871	31,4
%	13,4	13,9	1,8	10,2	8,4	
Domicílios totais	46.174	40.954	35.219	122.346	472.932	25,9
%	37,7	33,5	28,8	100,0	–	

(continua)

(Tabela 6.1 – conclusão)

Atributo (2010)	Área de Influência				RM Vila Velha	% AI/RM Vila Velha
	Primária (até 5 min)	Secundária (5 a 10 min)	Terciária (10 a 15 min)	Total		
Renda Média Domiciliar/ Ano (R$)	57.400	52.090	32.442	48.438	42.457	
Renda total/ Ano (R$ mil)	2.650.363	2.133.289	1.142.570	5.926.221	20.079.365	29,5
%	44,7	36,0	19,3	100,0	–	

Fonte: Conshopping, 2015.

Como explica a própria consultoria Conshopping (2015), na análise de mercado, eles trabalham da seguinte forma:

> Nesta primeira etapa é feita uma avaliação de potencial de vendas do futuro Shopping, projetada pelos 15 primeiros anos de operação. É definida sua área de influência. E feita a projeção da população e sua renda. Um levantamento da rede comercial concorrente instalada em volta é avariado. O cálculo do potencial total de consumo da área de influência é levantado. É estimada a participação do mercado. E o cálculo da dimensão do Shopping e suas possibilidades de expansão. (Conshopping, 2015)

Conforme observamos, a análise de mercado ampla estabelece uma segurança maior ao projeto no qual se pretende investir, uma vez que serão destinados milhões de reais, dos setores público e privado, a fim de estabelecer uma estrutura suportável. Assim, sempre que trabalhamos com grandes projetos, precisamos buscar fontes que comprovem a ideia do potencial do negócio; dessa forma, os investidores terão mais segurança na hora de aprovar os recursos financeiros, sejam eles em bancos públicos, sejam em bancos privados.

6.1.2 Variáveis com os diferentes tipos de renda

Na continuação da análise, observe a tabela a seguir com as variáveis de diferentes tipos de renda.

Tabela 6.2 – Variáveis de diferentes tipos de renda

Área de influência	A1	A2	B1	B2	C1	C2	D	E	total	%
Primária	236.084	501.477	812.283	681.141	281.398	94.881	40.151	2.949	2.650.363	44,7
%	8,9	18,9	30,6	25,7	10,6	3,6	1,5	0,1	100,0	–
Secundária	325.991	560.771	444.337	349.794	226.337	140.520	78.903	6.635	2.133.289	36,0
%	15,3	26,3	20,8	16,4	10,6	6,6	3,7	0,3	100,0	–
Terciária	21.880	56.949	229.048	328.880	271.910	150.641	77.606	5.656	1.142.560	19,3
%	1,9	5,0	20,0	28,8	23,8	13,2	6,8	0,5	100,0	–
Total	583,955	1.119.197	1.485.668	1.359.815	779.644	386.042	196.660	15.241	5.926.221	100,0
%	9,9	18,9	25,01	22,9	13,2	6,5	3,3	0,3	100,0	–
Agrupado		28,7		48,0		19,7		3,6	100,0	–
Vila Velha (ES)	1.782.479	3.375.929	4.463.338	4.436.746	3.102.199	1.790.140	911.571	73.937	19.936.339	–
%	8,9	16,9	22,4	22,3	15.6	15,6	4,6	0,4	100,0	–
Agrupado		25,9		44,6		24,5		4,9	100,0	–

Fonte: Conshopping, 2015.

Estudo de caso 6 – parte I

Augusto, que pretende abrir um negócio, identificou uma oportunidade na venda de comida em feiras que ocorrem em vários bairros na cidade de Curitiba. No entanto, existem diversos fatores externos que podem influenciar o negócio, como aspectos culturais e econômicos. Sabendo disso, ele levantou algumas informações importantes Embora tivesse tomado conhecimento de que alguns bairros tinham o hábito de consumir comida nas feiras, era necessário ter autorização da prefeitura e disponibilizar um local para atendimento móvel, uma vez que terá de se deslocar em diversas feiras. Outro aspecto que levantou foi a variedade de culturas diferentes da nacional nos bairros pesquisados, ou seja, era provável haver diferentes gostos por comidas típicas de países de origem dos moradores.

6.2 Aplicação de organogramas

A criação de competências para o gerenciamento da organização demanda vários conhecimentos e habilidades em atividades sob diferentes perspectivas. Para o alcance desse objetivo, dependemos diretamente do modelo de organograma aplicado na organização. Alguns dos aspectos importantes no gerenciamento das equipes da organização são: definição correta do organograma, delegação das atividades, monitoramento da execução.

Veja na sequência os dois principais tipos de organogramas organizacionais.

6.2.1 Organograma tradicional

Trata-se do modelo de organograma mais comumente utilizado nas organizações tradicionais, cuja estrutura é extremamente rígida e tem hierarquias muito bem definidas. Nesse organograma, a atuação dos funcionários é expressa com base nas responsabilidades que cada um deles tem em seus respectivos cargos – os subordinados, na maioria das vezes, não têm autonomia de atividade, tendo de cumprir o que é expresso na descrição do cargo.

O organograma tradicional é desenhado com base nas posições de nível hierárquico (na vertical e na horizontal) para mostrar os cargos de diferentes departamentos. Toda essa representação é feita por retângulos interligados por linhas que representam tanto a comunicação como a hierarquia entre os diversos cargos e setores, conforme o modelo a seguir.

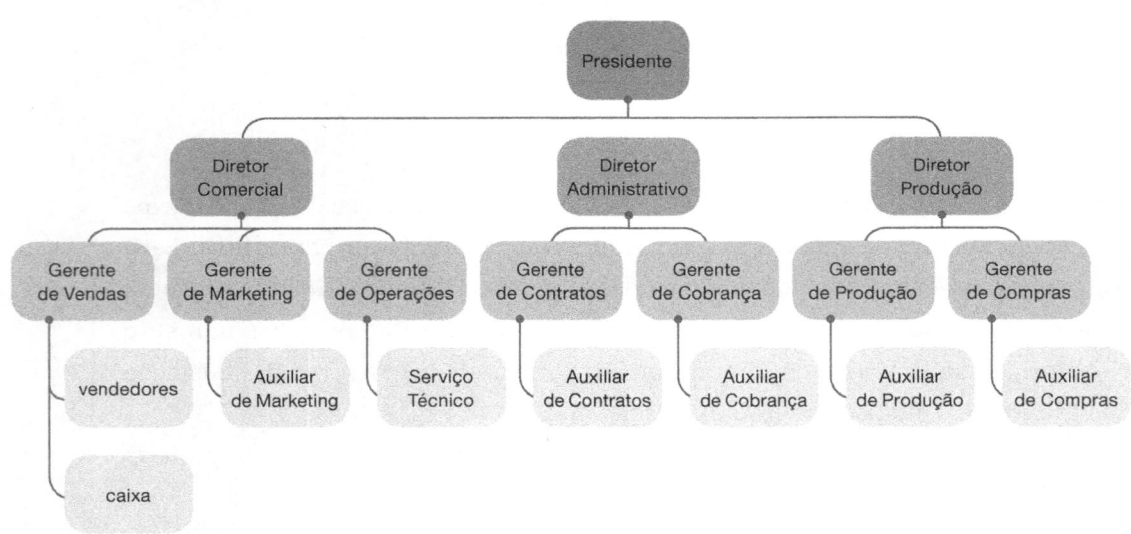

Figura 6.1 – Exemplo de organograma tradicional

```
                              Presidente
        ┌────────────────────────┼────────────────────────┐
   Diretor                   Diretor                  Diretor
  Comercial              Administrativo              Produção
   ┌────┬────┐             ┌────┬────┐                ┌────┬────┐
Gerente Gerente Gerente  Gerente Gerente           Gerente Gerente
de Vendas de Marketing de Operações de Contratos de Cobrança de Produção de Compras
   │        │        │        │        │              │         │
vendedores Auxiliar Serviço Auxiliar Auxiliar      Auxiliar  Auxiliar
         de Marketing Técnico de Contratos de Cobrança de Produção de Compras
   │
 caixa
```

Fonte: Nibo, 2014.

Observe que no topo do organograma está o presidente, a quem se reportam os diretores comercial, administrativo e de produção; o mesmo acontece com os gerentes em relação aos seus respectivos diretores, e assim sucessivamente.

6.2.2 Organograma orgânico ou (circular)

Bem diferente do tradicional, esse organograma não se preocupa em definir a estrutura hierárquica da organização. Sua função é sugerir uma ideia sistêmica, orgânica, colaborativa e participativa entre as diversas áreas em torno de partes de círculos concêntricos. As responsabilidades principais partem do centro para as extremidades do círculo.

Figura 6.2 – Exemplo de organograma orgânico

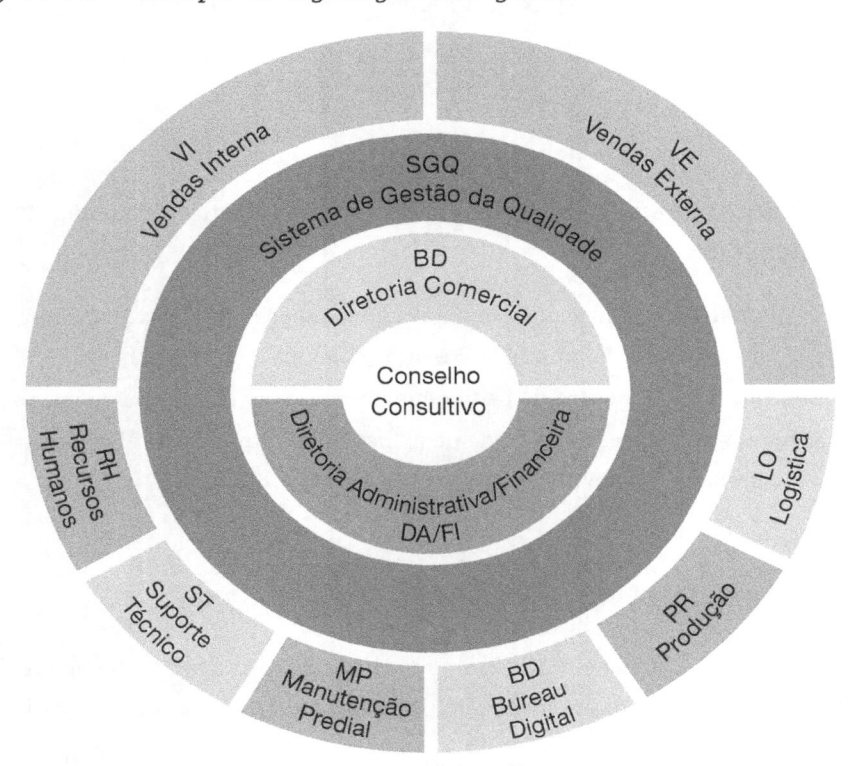

[Organograma orgânico circular com os seguintes elementos, do centro para fora:
- Centro: Conselho Consultivo
- Anel: BD – Diretoria Comercial / Diretoria Administrativa/Financeira DA/FI
- Anel: SGQ – Sistema de Gestão da Qualidade
- Anel externo: VI – Vendas Interna; VE – Vendas Externa; LO – Logística; PR – Produção; BD – Bureau Digital; MP – Manutenção Predial; ST – Suporte Técnico; RH – Recursos Humanos]

Fonte: Nibo, 2014.

O organograma orgânico é aplicado em organizações com estruturas modernas, nas quais se ressalta a importância de haver diferentes atividades em grupo. Esse modelo é caracterizado por preencher todos os espaços e melhorar a visão do todo da organização.

Estudo de caso 6 – parte II

Augusto, então, levantou outros aspectos importantes, como o perfil do público, que não se alimenta em qualquer local na rua, num contexto em que é necessário atender a uma exigência mínima de consumo de comida – a lei sobre consumo de comida é recente e poderá sofrer alterações – e as condições do tempo, como chuvas e temperaturas baixas, que poderão determinar a quantidade de clientes atendidos no dia. Com base nisso, elaborou algumas possibilidades de atuação: os atuais *food truckers* (comidas vendidas em carros adaptados) com alto investimento; pequenas barracas para montagem rápida e simples, embora com um custo menor se comparado com a opção anterior; também a possibilidade de venda próxima das feiras antes mencionadas, com baixo investimento; e, por último, a opção de abrir um restaurante com ponto fixo, de alto investimento.

6.3 Avaliação de *layout* organizacional

Segundo o International Labour Office (citado por Portal Educação, 2018) de Genebra, *layout* é a:

> [...] posição relativa dos departamentos, seções ou escritórios dentro do conjunto de uma fábrica, oficina ou área de trabalho manual ou intelectual; dentro de cada departamento ou seção; dos meios de suprimento e acesso às áreas de armazenamento e de serviços, tudo relacionado dentro do fluxo de trabalho.

6.3.1 Objetivos do *layout*

Muitos são os propósitos de utilização e elaboração de *layouts*. A seguir descrevemos para que se destina a criação e disposição de *layouts* nas organizações.

Objetivo geral do *layout* organizacional
O layout organizacional tem como objetivo geral combinar a força de trabalho com as características físicas de uma indústria (máquinas, rede de serviços e equipamentos de transporte) de tal modo que seja alcançado o maior volume possível de produtos manufaturados ou serviços. Esses produtos ou serviços deverão apresentar um nível de qualidade compatível, sendo utilizado, para tanto, um baixo volume de recursos.

Objetivos específicos do *layout* organizacional
Já os objetivos específicos do layout organizacional são:
- Ordenar o fluxo em:
  - racional (lógico e com sequenciamento ordenado);
  - progressivo (sem retorno);
  - limpo (sem obstrução).
- Dar flexibilidade (capacidade para absorver alterações/variações).
- Conferir expansão (da capacidade produtiva).
- Otimizar o uso do espaço disponível.
- Reduzir o investimento.

- Permitir o controle da quantidade e da qualidade.
- Oferecer conforto e segurança.
- Facilitar a supervisão.

Princípios do *layout*

Observe a seguir os princípios do *layout*:

- **Economia do movimento** – Um *layout* ótimo tende a encurtar a distância entre operários e ferramentas, nas diversas operações de fabricação.
- **Fluxo progressivo** – Quanto mais contínuo for o movimento entre uma operação e a subsequente, sem paradas, voltas ou cruzamentos, tanto para homem quanto para os equipamentos, mais correto estará o *layout*.
- **Flexibilidade** – Quanto mais flexível (menos rígido) for o *layout*, com o fim de propiciar rearranjos econômicos em face das inúmeras situações que as empresas podem enfrentar (adaptar a produção às mudanças do produto, volume de produção, equipamentos, processo), mais útil será para a organização.
- **Integração** – A integração entre os diversos fatores indispensáveis a um *layout* ótimo deve ter preferência.

Tipos de *layout*

Os *layouts* podem ser:

- por processo ou funcional;
- por produto ou em linha;
- por tecnologia de grupo ou celular;
- por posição fixa;
- combinados.

Estudo de caso 6 – parte III

Augusto propôs, então, as seguintes etapas[1] do processo de construção de cenários do negócio:

Primeira: *ideia de negócio* – Venda de comida em feiras.

Segunda: *identificação da influência de cada ambiente externo* – Aspectos culturais e econômicos.

Terceira: *escolha dos indicadores.*

---

1 Estas etapas serão representadas/ilustradas no tópico 6.5.

Quadro 6.1 – Matriz das variáveis

Tipo de negócio				
Variáveis	1. Restaurante	2. Food Trucker	3. Barraca de Feira	4. Informal
Econômico	Redução	Crescimento	Estável	Instável
Cultural	Favorável	Favorável	Não favorável	Não favorável
Legal	Regulamentado	Recém-regulamentado	Regulamentado	Sem regulamentação
Financeiro	Alto investimento	Médio investimento	Baixo investimento	Baixíssimo investimento

Quarta: *definição dos fatores críticos* – O perfil do público é não consumir em qualquer local na rua. É preciso atender uma exigência mínima de consumo de comida (a lei sobre consumo de comida é recente e poderá sofrer alterações) e as influências do tempo, como chuvas e temperaturas baixas, que poderão determinar a quantidade de clientes atendidos no dia.

Quinta: *estabelecimento dos fatores críticos* – Ao abrir um negócio informal, altamente arriscado com esse tipo de público, o negócio deverá seguir as normas definidas pelo órgãos regulamentadores. O tempo poderá reduzir ou aumentar a clientela, aspecto sazonal a ser monitorado constantemente.

6.4 Ferramentas de criação de fluxogramas, organogramas, mapas e modelos[2]

Vamos apresentar neste tópico diferentes ferramentas utilizadas para elaboração de fluxogramas e organogramas, entre outras representações úteis às organizações. Muitas dessas ferramentas têm integração com aplicativos de escritório, como editor de texto e planilha, além de suportarem armazenamento em nuvem. Falaremos aqui, exclusivamente, dos seguintes *softwares*: Blueworks Live, da IBM; Visio, da Microsoft; e SoftExpert, da TGN Brasil.

Blueworks Live – IBM
Permite documentar e automatizar processos facilmente na *cloud* (nuvem), sem ser necessário instalar o *software* ou receber suporte. Trata-se, então, de uma ferramenta de gestão de processos de negócio baseada na nuvem, que lhe permite descobrir, conceber, automatizar e gerir processos de negócio para a sua organização. É fácil de utilizar e acessível em qualquer lugar por meio de um navegador (IBM, 2018). Veja na figura seguinte uma representação dessa ferramenta sendo utilizada.

---

2   Os *modelos* representam o nível de representação de processos (fluxogramas) mais complexo. A ordem crescente de detalhamento pode ser descrita da seguinte forma: diagrama -> mapa -> modelo.

Figura 6.3 – Blueworks Live – IBM

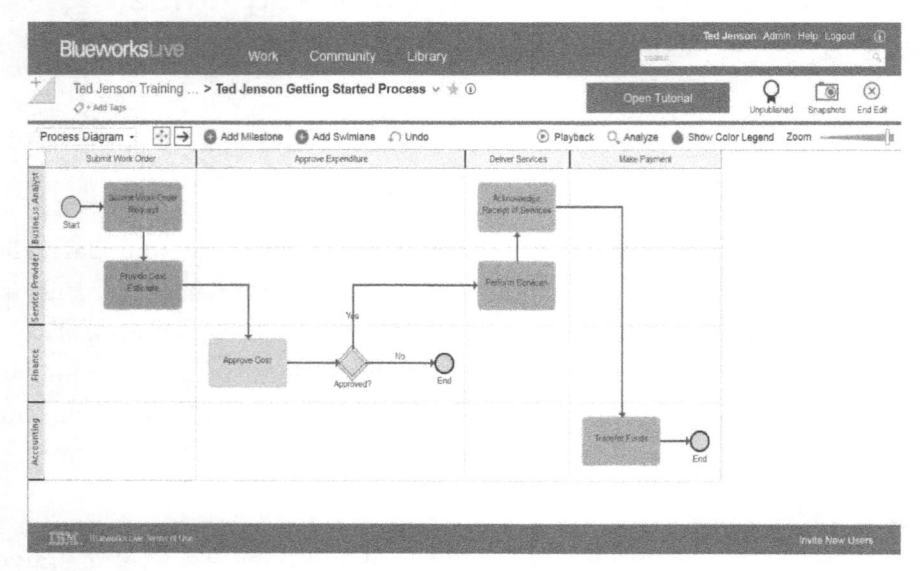

Fonte: IBM, 2018.

Visio – Microsoft

Com essa ferramenta, você pode simplificar e transmitir informações complexas com diagramas vinculados a dados, criados em poucos cliques. O Visio simplifica a diagramação. Se quiser capturar rapidamente um fluxograma elaborado em um quadro de comunicações, mapear uma rede de TI, criar um organograma, documentar um processo empresarial ou desenhar uma planta baixa, o Visio ajuda você a trabalhar visualmente (Mapdata, 2018).

SoftExpert – TGN Brasil

O SoftExpert BPM (*software* para gestão e mapeamento de processos de negócios) é um aplicativo que oferece uma solução completa de módulos e componentes para a melhoria de processos, todos perfeitamente integrados, projetados para definição, modelagem de processos, simulações de fluxogramas de processos, distribuição, execução, mapeamento de processos, análise e otimização de processos da empresa, visando uma melhor gestão, *performance* e lucratividade (TGN, 2018). Veja nas figuras seguintes representações dessa ferramenta sendo utilizada.

Figura 6.4 – Modelagem de macroprocessos e cadeia de valor

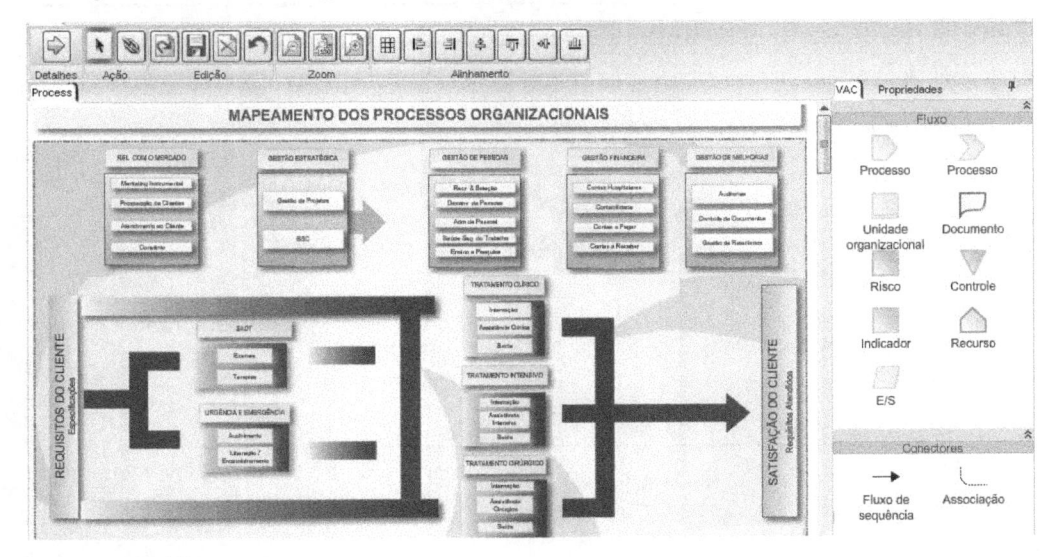

Fonte: TGN, 2018.

Figura 6.5 – Modelo de processo

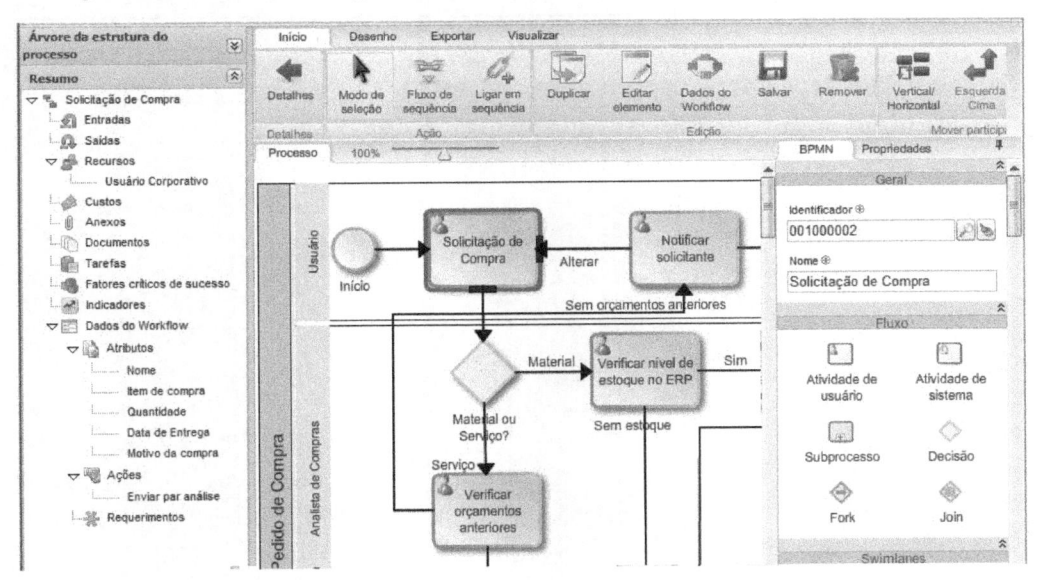

Fonte: TGN, 2018.

Estudo de caso 6 – parte IV

Augusto, dessa vez, partiu para a seguinte etapa:

Sexta: *criação de enredos*

Figura 6.6 – Criação de enredos

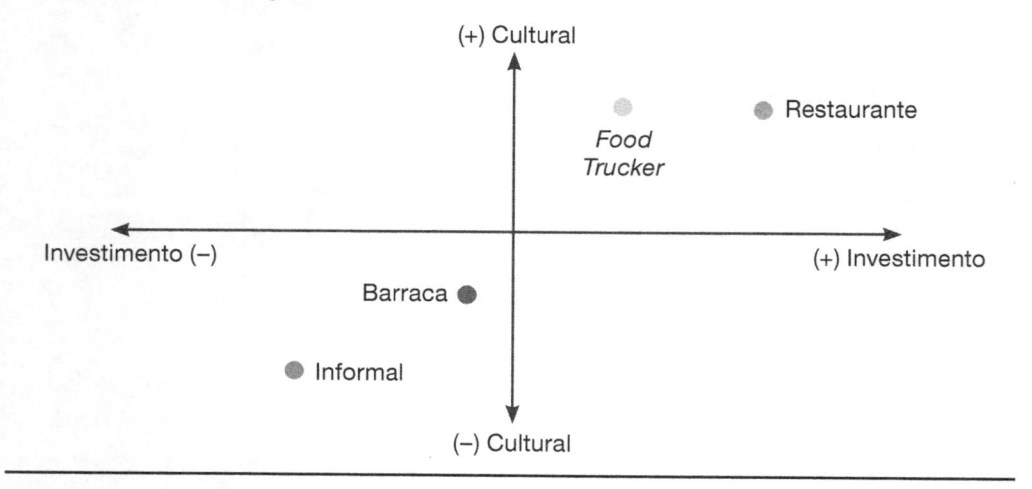

```
                        (+) Cultural
                             ▲
                             │
                             │         ● Restaurante
                             │    ●
                             │   Food
                             │  Trucker
                             │
    Investimento (–) ◄───────┼───────► (+) Investimento
                             │
                             │    Barraca ●
                             │
                             │  ● Informal
                             │
                             ▼
                        (–) Cultural
```

6.5 Construção de cenários

Nesta etapa, o gestor precisa compreender as tendências e projetar o cenário para o futuro. Veja a seguir, na figura 6.7, uma representação de construção de cenários.

Figura 6.7 – Construção de cenários

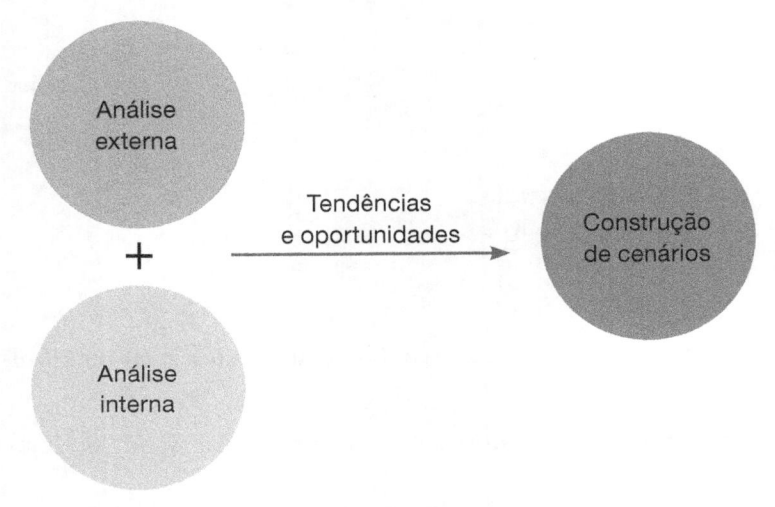

O ideal é projetar três tipos de cenários futuros que retratem diferentes possibilidades. O processo de construção de cenários é constituído de etapas, ilustradas na Figura 6.8, a seguir.

Figura 6.8 – Processo de construção de cenários

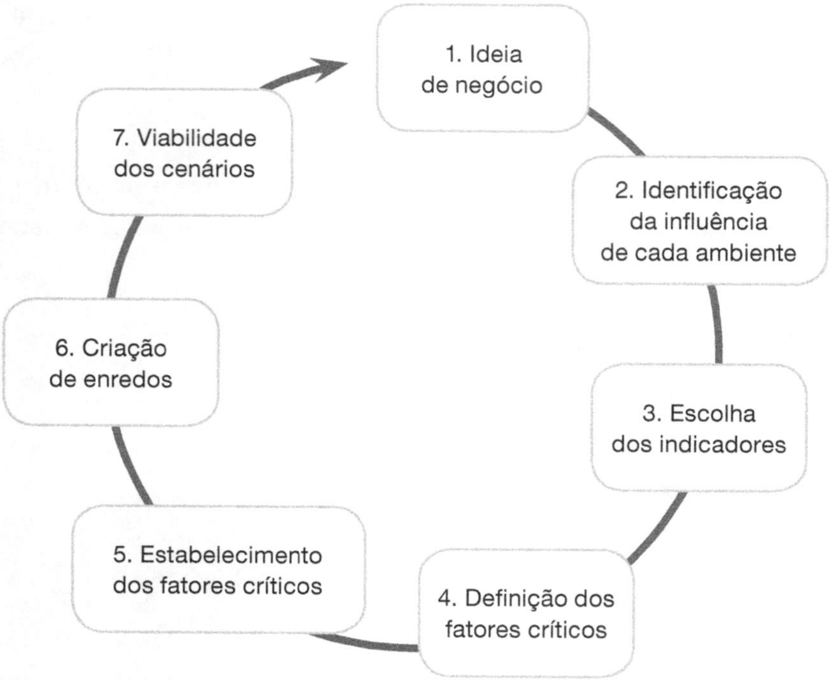

1. Ideia de negócio
2. Identificação da influência de cada ambiente
3. Escolha dos indicadores
4. Definição dos fatores críticos
5. Estabelecimento dos fatores críticos
6. Criação de enredos
7. Viabilidade dos cenários

Agora, observe um breve explicativo de cada uma das etapas indicadas na figura:

1. **Ideia de negócio** – Detectar se existe uma necessidade ou oportunidade a atender.

2. **Identificação da influência de cada ambiente** – Compreender as variáveis exógenas, seu histórico e as possíveis tendências. Ajuda a aprimorar o julgamento inicial e decidir quais são importantes ou irrelevantes.

3. **Escolha dos indicadores** – Explorar os diferentes indicadores em cada tipo de ambiente estudado; lembre-se de que, uma vez que cada um deles tem projeções diferentes, é preciso escolher somente os que realmente influenciam o negócio.

4. **Definição dos fatores críticos** – Saber quais são os elementos predeterminantes das incertezas críticas.

5. **Estabelecimento dos fatores críticos** – Definir quais serão os pontos críticos de incertezas.

6. **Criação de enredos** – Um conjunto de indicadores pode naturalmente se comportar de várias maneiras diferentes, possibilitando a criação de enredos ou roteiros diversos.

7. **Viabilidade dos cenários** – Definir como será o empreendimento de acordo com cada cenário construído.

Observe, no Quadro 6.2, o exemplo de três diferentes cenários com forças motrizes iguais.

Quadro 6.2 – Ambiente ou forças

Ambiente ou Forças	Cenário 1 (estabilidade)	Cenário 2 (transição)	Cenário 3 (instabilidade)
Demográfico(a)	Estável	Pouca mudança	Mudanças
Econômico(a)	Baixo risco	Médio risco	Alto risco
Cultural	Conservador	Algumas mudanças	Inovador
Ecológico(a)	Conservação	Pouca deterioração	Profundas alterações
Tecnológico(a)	Pouco avanço	Algum avanço	Disruptivo
Político(a)	Manutenção	Investimento	Retração

Estudo de caso 6 – parte V

Augusto, agora, segue com a sétima etapa:

Sétima – *viabilidade dos cenários*. Veja quais cenários foram propostos e a viabilidade de cada um deles:

- **Restaurante** – Inviável, uma vez que depende de um alto investimento, e arriscado no momento, pois o setor está em declínio, embora apresente aspecto cultural favorável.
- *Food Trucker* – Potencial de abertura do negócio, pois é necessário médio investimento, o setor está em alta e ainda apresenta um aspecto cultural favorável.
- **Barraca de feira** – Algum risco do negócio, baixo investimento, porém o aspecto cultural é desfavorável.
- **Informal** – Não aconselhável, pois o público-alvo costuma não realizar o consumo nesse tipo de negócio, que não tem regulamentação.

■ Síntese

Neste capítulo, apresentamos os rumos que o empreendedor precisa seguir para analisar muito bem o mercado em que atua. Vimos que ele precisa compreender que, antes da criação da empresa, é fundamental conhecer o mercado de atuação. Nesse contexto, mostramos que as maiores falhas que os empreendedores podem cometer se referem ao não reconhecimento do verdadeiro potencial do ambiente de negócio da organização e à dificuldade de se adaptar às alterações do ambiente de mercado – a consequência disso, como você pôde verificar, é o insucesso do empreendimento.

Vimos ainda que, para criar competências de gestão organizacional, é preciso obter variados conhecimentos e habilidades por diferentes perspectivas, o que dependerá também do modelo de organograma aplicado na organização. O *layout* organizacional, nesse contexto, permite combinar a força de trabalho com as características físicas de uma indústria (máquinas, rede de serviços, e equipamentos de transporte), de tal modo que seja alcançado o maior volume possível de produtos manufaturados ou serviços, tratando-se, portanto, de uma ferramenta também fundamental ao gestor.

No decorrer do texto, apresentamos as diferentes ferramentas para elaboração de fluxogramas e organogramas, que podem ser integradas a aplicativos de escritório, além de documentarem e automatizarem processos facilmente na nuvem, sem necessidade de instalação de o *software* ou de suporte.

Por fim, mostramos que a construção de cenário é a integração e a consolidação das ideias e das estruturas projetadas, trazendo-as à realidade de maneira pragmática e objetiva e fazendo com que os gestores entendam a importância de estabelecer um procedimento confiável na tomada de decisão. Na definição de algum negócio, o empreendedor deverá utilizá-lo sempre.

■ Questões para revisão

1. Leia as asserções a seguir:
    I. O empreendedor precisa compreender as tendências e projetar o futuro.

    Porque

    II. Na análise do ambiente interno e externo, precisamos integrar ambos por meio da construção de cenários.

    Com base nas duas assertivas anteriores e na relação entre elas, assinale a alternativa correta:

    a. As assertivas I e II são proposições excludentes entre si.
    b. A assertiva I é uma proposição falsa e a II é verdadeira.
    c. As duas assertivas são verdadeiras e a segunda afirmativa justifica a primeira.
    d. As assertivas I e II são falsas.
    e. A assertiva II contraria a ideia expressa na assertiva I.

2. Leia as duas asserções a seguir:

    I. Alguns empreendedores são responsáveis pela mortalidade precoce das suas empresas.

    Porque

    II. Não analisam muito bem o mercado de atuação e implantam o empreendimento sem antes analisar o mercado.

    Com base nas assertivas anteriores e na relação entre elas, assinale a alternativa correta:

    a. As assertivas I e II são proposições excludentes.
    b. A assertiva I é uma proposição falsa e a II é verdadeira.
    c. As assertivas I e II são falsas.
    d. As duas assertivas são verdadeiras e a segunda afirmativa justifica a primeira.
    e. A assertiva II contraria a ideia expressa na assertiva I.

■ Questões para reflexão

1. Com base no conhecimento adquirido neste capítulo, reflita sobre a realidade dos negócios e proponha um tipo de negócio utilizando as etapas de construção de cenários. Observe as principais tendências e variáveis do negócio.

■ Para saber mais

Acesse no link seguinte um vídeo que mostra uma solução comum para criação de fluxogramas:

BIZAGI Simulation quicktour. Disponível em: <https://vimeo.com/68410833>. Acesso em: 1º set. 2018.

Veja no vídeo recomendado a seguir a utilização de uma solução para gestão de equipes externas:

ON.TASKS – Gestão de equipes externas e tarefas. Disponível em: <https://www.youtube.com/watch?v=SghRh7wUb5E>. Acesso em: 1º set. 2018.

[para concluir...]

Concluímos aqui a jornada de leitura, estudo e aprofundamento sobre a OSM e o design organizacional. No decorrer do capítulo inicial, você acompanhou uma visão geral e o histórico da OSM, bem como alguns princípios importantes, como método, sistema, organização e design organizacional. Com o estudo do capítulo, você pôde acompanhar uma introdução à abordagem de OSM na atualidade, conhecer os princípios da OSM, resgatar o histórico da OSM, definir os conceitos de organização, sistemas e métodos, além de conceituar de maneira breve o design organizacional.

Em seguida, no segundo capítulo, tratamos do conceito de OSM, da atuação do profissional da área, das atividades relacionadas ao setor, das técnicas da função e de suas respectivas ferramentas. Você foi direcionado a uma visão ou a um entendimento de como devem funcionar as rotinas dos processos organizacionais em conjunto com o design organizacional, buscando a colaboração dos modelos e das ferramentas de negócios. Nesse viés, pudemos observar que as empresas são ricas em diferentes tipos de gestão para poder alcançar os objetivos organizacionais. Com o estudo do segundo capítulo, você aprendeu a relacionar a evolução do perfil profissional com a área de OSM, a analisar a atuação do profissional da área e a estabelecer as atividades relacionadas ao setor, além de identificar as técnicas e ferramentas de OSM.

No terceiro capítulo, observamos as diferentes estruturas organizacionais – os principais conteúdos trabalhados –, os componentes, os condicionantes e o nível de influência, a departamentalização, os sistemas e modelos de gestão organizacionais. Até a conclusão do capítulo, você pôde relacionar estruturas e sistemas organizacionais, observando as características e os componentes da organização, analisando os modelos de gestão e classificando os diferentes tipos de estrutura e seus níveis.

No quarto capítulo, trabalhamos as diferentes abordagens e ferramentas que vêm sendo utilizadas na atualidade como diagnóstico organizacional. Nele foram descritos e explicados conteúdos que tinham como plano de fundo o design organizacional: a modelagem de negócios, a gestão de design, o *design thinking* e os cenários de negócios. Ao final você pôde sintetizar o que é Design Organizacional, aprendeu a modelar o negócio, a inovar com a gestão de design e a criar com *design thinking*, além de começar a entender como planejar cenários de negócios.

No quinto capítulo, tratamos de entender a tecnologia em suas diferentes concepções e aplicações. No decorrer do texto, os conteúdos explorados foram: evolução e tendências no cenário tecnológico; tecnologia e a inovação; evolução das tecnologias; um comparativo de inovação tecnológica entre o Brasil e o mundo; o contexto das tecnologias emergentes e tecnologias de gestão. Após o estudo do penúltimo capítulo, você pôde entender a evolução tecnológica e suas tendências, compreender o papel da tecnologia e da inovação, analisar o cenário de evolução das tecnologias e suas concepções e avaliar as tecnologias de gestão.

No sexto capítulo, ao final de sua jornada de estudo, os seguintes assuntos foram relacionados: análise de mercado; aplicação de organogramas; avaliação de *layout* organizacional; utilização de fluxogramas e análise e construção de cenários organizacionais. Ao fim do estudo do último capítulo, você pôde compreender como desenvolver a análise de mercado, aplicar organogramas, avaliar *layouts* organizacionais, além de utilizar fluxogramas e construir cenários futuros.

Esperamos que, ao fim deste livro, você tenha enriquecido seus conhecimentos sobre o assunto, ainda que não plenamente, uma vez que o intuito da obra não é esgotar o tema, mas ser uma pequena contribuição às áreas de negócios e de administração, que têm evoluído rumo à transformação para uma sociedade mais digna.

[referências]

ACEVEDO DÍAZ, J. A. Cambiando la práctica docente en la enseñanza de las ciencias a través de CTS. **Biblioteca Digital da OEI**. Disponível em: <http://www.campus-oei.org/salactsi/acevedo2.htm>. Acesso em: 17 dez. 2018.

_____. Qué puede aportar la historia de la tecnología a la educación CTS? **Biblioteca Digital da OEI**, 2002. Disponível em: <https://www.oei.es/historico/salactsi/acevedo3.htm>. Acesso em: 9 ago. 2018.

_____. Una breve revisión de las creencias CTS de los estudiantes. **Biblioteca Digital da OEI**, 2003. Disponível em: <https://www.oei.es/historico/salactsi/acevedo.htm>. Acesso em: 9 ago. 2018.

ALMEIDA, J. M. de. Objetivos e importância dos métodos de trabalho. **Métodos Consultoria Empresarial**, 20 jul. 2015. Disponível em: <http://www.consultoriaempresarialmc.com.br/conteudos-digitais/consultoria-empresarial-e-gestao/objetivos-e-importancia-dos-metodos-de-trabalho/>. Acesso em: 9 ago. 2018.

ARGYRIS, C.; SCHON, D. A. **Organizational Learning II**: Theory, Method and Practice. 2. ed. Boston: Addison-Wesley, 1996.

AZZI, M. Business Model Canvas. **DTI Digital**, 22 mar. 2016. Disponível em: <http://dtidigital.com.br/blog/canvas-business-model/>. Acesso em: 20 dez. 2018.

BANCO BRADESCO. Disponível em: <http://2qwja22n0sx13mtdob3r3y5w1b38.wpengine.netdna-cdn.com/wp-content/uploads/2013/08/banco_bradesco_3.jpg>. Acesso em: 9 ago. 2018.

BARROS, A. J. da S.; LEHFELD, N. A. de S. **Fundamentos de metodologia científica**: um guia para a iniciação científica. 2. ed. São Paulo: Makron Books, 2000.

BASTOS, R. O que é design organizacional. **Target Teal**, abr. 2017. Disponível em: <https://targetteal.com/pt/blog/o-que-e-design-organizacional/>. Acesso em: 8 ago. 2018.

BERNARDES, C. **Teoria geral da administração**: a análise integrada das organizações. São Paulo: Atlas, 1993.

BERTALANFFY, L. von. **Teoria geral dos sistemas**. Tradução de Francisco M. Guimarães. 2. ed. Petrópolis: Vozes, 1975.

BORGES, L. **O que é um modelo de negócio**. 25 out. 2013. Disponível em: <https://blog.luz.vc/o-que-e-modelo-de-negocio/>. Acesso em: 20 mar. 2019.

BORJA DE MOZOTA, B. **Design Management**: Using Design to Build Corporate Innovation. Nova Iorque: Allworth Press, 2003.

BOOKSTRAT. **Crie uma proposta de valor de alto impacto**. 2018. Disponível em: <http://www.bookstrat.com.br/value-proposition-0.html> Acesso em: 15 dez. 2018.

BRANCO, J. P. et al. Planejamento estratégico e a saúde pública: um estudo do Programa Saúde da Família. In: ENCONTRO NACIONAL DE ENGENHARIA DE PRODUÇÃO, 30., 2010, São Carlos. **Anais**... Disponível em: <https://edisciplinas.usp.br/pluginfile.php/2621383/mod_folder/content/0/BRANCO_et_al_2010.pdf?forcedownload=1>. Acesso em: 4 mar. 2019.

BRASIL. Lei n. 4.769, de 9 de setembro de 1965. **Diário Oficial da União**, Poder Legislativo, Brasília, DF, 13 set. 1965. Disponível em: <http://www.planalto.gov.br/ccivil_03/leis/L4769.htm>. Acesso em: 1º set. 2018.

_____. Lei n. 10.973, de 2 de dezembro de 2004. **Diário Oficial da União**, Poder Legislativo, Brasília, DF, 2 dez. 2004. Disponível em: <http://www.planalto.gov.br/CCIVIL_03/_Ato2004-2006/2004/Lei/L10.973.htm#view>. Acesso em: 4 mar. 2019.

_____. Lei n. 61.934, de 22 de dezembro de 1967. **Diário Oficial da União**, Poder Legislativo, Brasília, DF, 27 dez. 1967. Disponível em: <http://www.planalto.gov.br/CCIVIL_03/_Ato2004-2006/2004/Lei/L10.973.htm#view>. Acesso em: 17 dez. 2018.

_____. Senado Federal. Investimento em pesquisa e desenvolvimento no Brasil e em outros países: o setor privado. **Em Discussão**, 2018. Disponível em: <http://www.senado.gov.br/noticias/Jornal/emdiscussao/inovacao/ciencia-tecnologia-e-inovacao-no-brasil/investimento-em-pesquisa-e-desenvolvimento-no-brasil-e-em-outros-paises-o-setor-privado.aspx>. Acesso em: 8 ago. 2018.

BUNGE, M. **Epistemologia**: curso de atualização. Tradução de Cláudio Navarro. São Paulo: T.A. Queiroz; Ed. da USP: 1980.

_____. **La ciencia, su** método y **su filosofia**. Buenos Aires: Siglo Veinte, 1974.

CÁCERES GÓMEZ, S. Los estudios ciencia, tecnología y sociedad y la educación para el desarrollo. **Revista de Cooperación ISF**, n. 14, 2001. Disponível em: <http://socios.ingenieriasinfronteras.org/revista/articulos/14/revista14.htm> Acesso em: 7 set. 2017.

CANVASBRASIL. **Atividades Chaves**. 2016. Disponível em: <http://canvabrasil.blogspot.com/p/atividades-chaves-e-processos.html>. Acesso em: 15 dez. 2016.

CERVO, A. L.; BERVIAN, P. A. **Metodologia científica**: para uso dos estudantes universitários. 2. ed. São Paulo: McGraw-Hill do Brasil, 1978.

CFA – Conselho Federal de Administração. Resolução Normativa n. 493, de 11 de novembro de 2016. **Diário Oficial da União**, Brasília, DF, 21 nov. 2016. Disponível em: <http://www.cra-ba.org.br/Adm/FCKimagens/Cat%C3%A1logos%20de%20Atividades%20T%C3%ADpicas%20do%20Profissional%20de%20Administra%C3%A7%C3%A3o/4%20-%20RN%20493%20(Organiza%C3%A7%C3%A3o,%20Sistemas%20e%20M%C3%A9todos(OSM)%20-%20OK.pdf>. Acesso em: 1º set. 2018.

CHIAVENATO, I.; SAPIRO, A. **Planejamento estratégico**: fundamentos e aplicações. Rio de Janeiro: Elsevier, 2003.

CHINELATO FILHO, J. **O&M integrado à informática**. 9. ed. Rio de Janeiro: LTC, 1999.

_____. **O&M integrado à informática**: uma obra de alto impacto na modernidade das organizações. 13. ed. Rio de Janeiro: LTC, 2008.

CONSHOPPING. **Serviços**. 2015. Disponível em: <https://conshopping.com.br/category/servicos/>. Acesso em: 4 dez. 2018.

COOPER, R.; PRESS, M. **The Design Agenda**: A Guide to Successful Design Management. New York: John Wiley & Sons, 1995.

CRUZ, T. **Sistemas, Organização & Métodos**. São Paulo: Atlas, 2002.

CUNHA, L. do M. N. **A inserção do design na Administração Pública carioca**. Dissertação (Mestrado em Design) – Pontifícia Universidade Católica do Rio de Janeiro, Rio de Janeiro, 2015.

CURTO JUNIOR, R. M. **Organização, sistemas e métodos**. E-Tec Brasil, Instituto Federal do Paraná (EAD), Curitiba, 2011. Disponível em: <http://redeetec.mec.gov.br/images/stories/pdf/proeja/org_sist_metodos.pdf>. Acesso em: 4 dez. 2018.

CURY, A. **Organização e m**étodos: uma visão holística. 7. ed. São Paulo: Atlas, 2000.

_____. _____. 8. ed. São Paulo: Atlas, 2005.

DAGNINO, R. **Neutralidade da ciência e determinismo tecnológico:** um debate sobre a tecnociência. Campinas: Ed. da Unicamp, 2008.

DALBERTO, D. R. A gestão de design integrada à inovação em benefício das PME's. **DesignBrasil**, 24 jul. 2006. Disponível em: <http://www.designbrasil.org.br/entre-aspas/a-gestao-do-design-integrada-a-inovacao-em-beneficio-das-pmes/>. Acesso em: 11 dez. 2018.

D'ASCENÇÃO, L. C. M. **Organização, sistemas e métodos (OSM)**: análise, redesenho e informatização de processos administrativos. São Paulo: Atlas, 2001.

DRUCKER, P. **Sociedade pós-capitalista**. Tradução de Nivaldo Montingelli Jr. 6. ed. São Paulo: Pioneira, 1997.

DURÁN CARRERA, A. Nuevas tecnologías y viejos debates: algunas ideas sobre la participación social. **Revista de Cooperación ISF**, n. 14, 2001. Disponível em: <http://socios.ingenieriasinfronteras.org/revista/articulos/14/1_3.htm>. Acesso em: 9 ago. 2018.

ELOGROUP. **Design organizacional**. 2017. Disponível em: <http://elogroup.com.br/inovacao/organizacao-e-pessoas/design-organizacional/>. Acesso em: 1º out. 2017.

ENDEAVOR BRASIL. **Design Thinking**: ferramenta de inovação para empreendedores. 27 jul. 2015. Disponível em: <https://endeavor.org.br/design-thinking-inovacao/>. Acesso em: 9 ago. 2018.

ESPER, A. J. F.; CUNHA, C. J. C. de A. Liderança autêntica: uma revisão integrativa. **NAVUS – Revista de Gestão e Tecnologia**, Florianópolis, v. 5, n. 2, p. 60-72, abr./jun. 2015. Disponível em: <http://navus.sc.senac.br/index.php/navus/article/view/254/219>. Acesso em: 6 mar. 2019.

ESTEVES, W. J. S. **Teorias e modelos organizacionais**. 69 f. Dissertação (Mestrado em Engenharia Mecânica) – Instituto Superior de Engenharia do Porto, Porto, Portugal, 2015. Disponível em: <http://recipp.ipp.pt/bitstream/10400.22/7195/1/DM_WilliamEsteves_2015_MEM.pdf>. Acesso em: 20 dez. 2018.

ETZIONI, A. **Organizações modernas**. Tradução de Miriam L. Moreira Leite. 8. ed. São Paulo: Pioneira, 1989.

FANK, O. E.; MICHALOSKI, A. O. Roadmap de gestão em segurança do trabalho aplicado em canteiros de obras. **Espacios**, v. 36, n. 13, 2015. Disponível em: <http://www.revistaespacios.com/a15v36n13/15361307.html>. Acesso em: 9 ago. 2018.

FERREIRA, H. **Inovação aberta**: Open Innovation. 4 jun. 2009. Disponível em: <http://www.openinnovation.eu>. Acesso em: 19 mar. 2019.

FLEURY, A. C. C. **Organização do trabalho industrial**: um confronto entre teoria e realidade. Tese (Doutorado em Engenharia de Produção) – Universidade de São Paulo, São Paulo, 1978.

FORTY, A. **Objects of Desire**. New York: Pantheon, 1986.

FREITAS, A. Evolução tecnológica: como será nossa vida daqui a 20 anos? **Galileu**, Tecnologia, jul. 2014. Disponível em: <https://revistagalileu.globo.com/Tecnologia/noticia/2014/07/evolucao-tecnologica-como-sera-nossa-vida-daqui-20-anos.html>. Acesso em: 4 dez. 2018.

GHEMAWAT, P. **A estratégia e o cenário dos negócios**: texto e casos. Porto Alegre: Bookman, 2000.

GILBERT, J. K. Educación tecnológica: una nueva asignatura en todo el mundo. **Enseñanza de las Ciencias**, v. 13, n. 1, p. 15-24, 1995.

GONZÁLEZ GARCÍA, M. I.; LÓPEZ CEREZO, J. A.; LUJÁN LÓPEZ, J. L. **Ciencia, tecnologia y sociedad**: una introducción al estudio social de la ciencia y la tecnología. Madrid: Tecnos, 1996.

____.____. Madrid: Tecnos, 2000.

GORB, P. **Design Management**: Papers from the London Business School. New York: Van Nostrand Reinhold, 1990.

HALL, R. **Organizações**: estruturas e processos. 3. ed. Rio de Janeiro: Prentice Hall, 1984.

HEGENBERG, L. **Etapas da investigação científica**. São Paulo: EPU/Edusp, 1976. v. 2: leis , teorias, método. Cap. 4.

HILL, S. **60 tendências em 60 minutos**: como desenvolver produtos aliando tendências e estratégias de marketing. São Paulo: Futura, 2003.

HOOLEY, G. J.; SAUNDERS, J. A.; PIERCY, N. F. **Estratégia de marketing e posicionamento competitivo**. Tradução de Robert Brian Taylor. 2. ed. São Paulo: Pearson Education, 2001.

HOPKINS, B. Forrester's Top Emerging Technologies to Watch, Now Through 2020. **Forrester**, 31 Oct. 2014. Disponível em: <https://go.forrester.com/blogs/forresters-top-emerging-technologies-to-watch-now-through-2020/>. Acesso em: 9 ago. 2018.

IBM. **IBM Blueworks Live**. Disponível em: <https://www.ibm.com/br-pt/marketplace/process-modeling-in-the-cloud>. Acesso em: 9 ago. 2018.

INFOBRANDING. O design como um processo de gestão. **BY3**, s.d. Disponível em: <https://by3.com.br/2017/04/06/o-design-como-um-processo-de-gestao/>. Acesso em: 9 ago. 2018.

INFOGRÁFICO: o que é design thinking? Disponível em: <http://www.mjv.com.br/biblioteca/infografico-sobre-design-thinking-desenvolvido-pela-mjv/>. Acesso em: 29 mar. 2019.

INOVA CONSULTING. **BMG Canvas**. Disponível em: <http://www.inovaconsulting.com.br/wp-content/uploads/2016/09/5-bmg-canvas.pdf>. Acesso em: 9 ago. 2018.

ITCHANNEL. **15 top tecnologias emergentes**. nov. 2014. Disponível em: <https://www.itchannel.pt/news/opiniao/15-top-tecnologias-emergentes>. Acesso em: 9 dez. 2018.

JARUZELSKI, B.; DEHOFF, K. Beyond Borders: The Global Innovation 1000. **Strategy+Business**, n. 53, 25 nov. 2008. Disponível em: <http://www.strategy-business.com/article/08405?gko=87043>. Acesso em: 9 ago. 2018.

JKOLB. **Category Archives**: ITIL. Disponível em: <http://jkolb.com.br/category/gerenciamento-de-servicos/itil/>. Acesso em: 19 set. 2015.

KANAANE, R. **Comportamento humano nas organizações**: o homem rumo ao século XXI. São Paulo: Atlas, 1994.

KAPLAN, A. **A conduta na pesquisa**: metodologia para as ciências do comportamento. Tradução de Leônidas Hegenberg e Octanny Silveira da Mota. São Paulo: Herder, 1969.

KRUGLIANSKAS, I. **Tornando a pequena e média empresa competitiva**. São Paulo: Instituto de Estudos Gerenciais, 1996.

LAGE, M. **Estratégia 3.0 (Parte 3)**: detalhando o Canvas do ambiente de negócios. 23 mar. 2015. Disponível em: <https://innovationtool.wordpress.com/>. Acesso em: 21 mar. 2019.

LAUDON, K. C.; LAUDON, J. P. **Sistemas de informação gerenciais**. Tradução de Luciana do Amaral Teixeira. 7. ed. São Paulo: Pearson, 2007.

LION, C. G. Mitos e realidades na tecnologia educacional. In: LITWIN, E. (Org.). **Tecnologia educacional**: política, histórias e propostas. Porto Alegre: Artes Médicas, 1997. p. 23-36.

LONGO, W. P. e. **Tecnologia e soberania nacional**. São Paulo: Nobel, 1984.

MACEDO, M. A. et al. Business Model Canvas: a construção do modelo de negócio de uma empresa de móveis. In: SIMPÓSIO DE EXCELÊNCIA EM GESTÃO E TECNOLOGIA, 10., 2013, Rio de Janeiro. **Anais**... Disponível em: <http://www.aedb.br/seget/arquivos/artigos13/59618733.pdf>. Acesso em: 9 ago. 2018.

MACROPLAN. Tendências do consumo no Brasil para os próximos 20 anos. **Atualidades Prospectivas**, Rio de Janeiro, p. 1-5, jan. 2012.

MAIS GESTÃO. Gestão da inovação. **Mais Gestão – Consultoria & Treinamento**. Disponível em: <http://www.gestaodeproducao.com.br/gestao-da-inovacao>. Acesso em: 5 mar. 2019.

MAPDATA. **Visio**. Disponível em: <http://www.mapdata.com.br/produtos/microsoft/visio/>. Acesso em: 9 ago. 2018.

MARANHÃO, M.; MACIEIRA, M. E. B. **O processo nosso de cada dia**: modelagem de processos de trabalho. Rio de Janeiro: Qualitymark, 2004.

MARCONI, M. de A.; LAKATOS, E. M. **Fundamentos da metodologia científica**. 5. ed. São Paulo: Atlas, 2003.

MARQUES, J. R. O que é aprendizagem organizacional. **Portal IBC**, 25 ago. 2017. Disponível em: <https://www.ibccoaching.com.br/portal/rh-gestao-pessoas/o-que-e-aprendizagem-organizacional>. Acesso em: 14 dez. 2018.

MARTÍN GORDILLO, M.; GONZÁLEZ GALBARTE J. C. Reflexiones sobre la educación tecnológica desde el enfoque CTS. **Revista Iberoamericana de Educación**, n. 28, p. 17-59, 2002. Disponível em: <https://rieoei.org/RIE/article/view/958>. Acesso em: 9 ago. 2018.

MARTINS, M. M. de M. T. S. et al. Ferramentas de tecnologia da informação e comunicação como suporte às atividades do secretário executivo. **Revista de Gestão e Secretariado**, São Paulo, v. 6, n. 15, p. 65-87, maio/ago. 2015. Disponível em: <https://www.revistagesec.org.br/secretariado/article/view/328>. Acesso em: 6 mar. 2019.

MAXIMIANO, A. C. A. **Teoria geral da administração**: da escola científica à competitividade na economia globalizada. 2. ed. São Paulo: Atlas, 2000a.

MAXIMIANO, A. C. A. **Teoria geral da administração**: da revolução urbana à revolução digital. 2. ed. São Paulo: Atlas, 2000b.

____. ____. 6. ed. São Paulo: Atlas, 2011.

MEDEIROS, D. T. B.; CAVALCANTE, R. de S. Proposição de melhorias no ambiente organizacional de um restaurante na região metropolitana de Belém, com base no quadro de distribuição do trabalho. In: ENCONTRO NACIONAL DE ENGENHARIA DE PRODUÇÃO, 31., 2011, Belo Horizonte. **Anais...** Disponível em: <http://www.abepro.org.br/biblioteca/enegep2011_TN_STO_141_893_18880.pdf>. Acesso em: 10 dez. 2018.

MILANI, N. C.; MOSQUIN, E. S.; MICHEL, M. Uma breve análise sobre os conceitos de organização e cultura organizacional. **Revista Científica Eletrônica de Administração**, ano 8. n. 14, p. 1-7, jun. 2008. Disponível em: <http://faef.revista.inf.br/imagens_arquivos/arquivos_destaque/1lMT5LXVhh1VQUz_2013-4-30-12-29-3.pdf>. Acesso em: 9 ago. 2018.

MOZOTA, B. B. de. **Design Management**: Using Design to Build Brand Value and Corporate Innovation. New York: Allworth Press, 2003.

MJV - Technology & Innovation. **O que é design thinking**. Disponível em: <http://www.mjv.com.br/biblioteca/infografico-sobre-design-thinking-desenvolvido-pela-mjv/>. Acesso em: 15 mar. 2019.

MOZOTA, B. B. de; KLÖPSCH, C.; COSTA, F. C. X. da. **Gestão do design**: usando o design para construir valor de marca e inovação corporativa. Tradução de Lene Belon Ribeiro. Porto Alegre: Bookman, 2011.

MUMFORD, L. **Art and Technics**. New York: Columbia University Press, 1952.

MUNDO ITIL. **O que é ITIL**. Disponível em: <https://www.mundoitil.com.br/>. Acesso em: 9 ago. 2018.

NÉRICI, I. G. **Introdução à lógica**. 5. ed. São Paulo: Nobel, 1978.

NEVES. G. **Brasil 2022**: tendências e cenários. Rio de Janeiro, 23 ago. 2013. Disponível em: <https://pt.slideshare.net/Macroplan/brasil-2022-tendncias-cenrios-e-insights-para-o-setor-de-mdia>. Acesso em: 18 mar. 2019.

NIBO. **Modelos de organograma empresarial**. 2014. Disponível em: <https://www.nibo.com.br/blog/modelos-de-organograma-empresarial/>. Acesso em: 9 ago. 2018.

NORTEGUBISIAN. **Entenda o que é o modelo Canvas e como aplicá-lo na empresa**. 2018. Disponível em: <https://www.nortegubisian.com.br/blog/entenda-o-que-e-o-modelo-canvas-e-como-aplica-lo-na-empresa>. Acesso em: 15 dez. 2018.

OCDE – Organização para Cooperação e Desenvolvimento Econômico. **Manual de Oslo**: diretrizes para coleta e interpretação de dados sobre inovação. Tradução de Flávia Gouveia. 3. ed. Rio de Janeiro: Finep, 1997. Disponível em: <https://www.finep.gov.br/images/apoio-e-financiamento/manualoslo.pdf>. Acesso em: 17 dez. 2018.

OLIVEIRA, A. G. de et al. Técnicas de OSM: verificação de sua importância em organizações itajubenses. In: CONGRESSO DE INICIAÇÃO CIENTÍFICA DO INATEL, 27., 2016, Santa Rita do Sapucaí. **Anais**... Disponível em: <http://www.fepi.br/temp/noticia/texto.722/0/Artigo-T%C3%A9cnicas%20de%20OSM%20verifica%C3%A7%C3%A3o%20de%20sua%20import%C3%A2ncia%20em%20organiza%C3%A7%C3%B5es%20itajubenses.pdf>. Acesso em: 4 nov. 2019.

OLIVEIRA, D. de P. R. de. **Administração de processos**: conceitos, metodologia, práticas. 2. ed. São Paulo: Atlas, 2007.

_____. **Sistemas, organização e métodos**: uma abordagem gerencial. 5. ed. São Paulo: Atlas, 1994.

_____. _____. 11. ed. São Paulo: Atlas, 2000.

_____. _____. 15. ed. São Paulo: Atlas, 2005.

_____. _____. 21. ed. São Paulo: Atlas, 2013.

_____. **Teoria geral da administração**. Edição compacta. São Paulo: Atlas; Pearson Education do Brasil, 2009.

OLIVEIRA, J. M. de et al. A representatividade das técnicas de OSM para o desenvolvimento das organizações. In: SIMPÓSIO DE EXCELÊNCIA EM GESTÃO E TECNOLOGIA, 8., 2011, Resende. **Anais**... Disponível em: <https://www.aedb.br/seget/arquivos/artigos11/60814769.pdf>. Acesso em: 8 ago. 2018.

OSORIO M., C. La educación científica y tecnológica desde el enfoque en ciencia, tecnología y sociedad: aproximaciones y experiencias para la educación secundaria. **Revista Iberoamericana de Educación**, v. 28, p. 61-81, 2002. Disponível em: <https://rieoei.org/RIE/article/view/959>. Acesso em: 9 ago. 2018.

OSTERWALDER. A.; PIGNEUR, Y. **Business Model Generation**: inovação em modelos de negócios. Tradução de Raphael Bonelli. Rio de Janeiro: Alta Books, 2011.

PACEY, A. **The Culture of Technology**. Cambridge: The MIT Press, 1983.

PASCALE, R. T.; ATHOS, A. G. **As artes gerenciais japonesas**. Tradução de Ruy Jungmann. Rio de Janeiro: Record, 1982.

PASCALE, R. T.; MILLER, A. H. The Action Lab: Creating a Greenhouse for Organizational Change. **Strategy+business**, v. 17, p. 64-72, 1999.

PELLIZZONI, R. C.; FIALHO, F. A. P.; MERINO, E. A. D. A gestão de design no processo de inovação de uma indústria ultracentenária. **Perspectivas em Gestão & Conhecimento**, João Pessoa, v. 5, n. 1, p. 85-97, jan./jun. 2015. Disponível em: <http://www.periodicos.ufpb.br/ojs2/index.php/pgc/article/view/18584/13423>. Acesso em: 9 ago. 2018.

PEREIRA, A. P. **Uma liderança de valor**. São Paulo: Scortecci, 2017.

PIZZA, W. R. **A metodologia Business Process Management (BPM) e sua importância para as organizações**. Monografia (Graduação em Tecnologia em Processamento de Dados) – Faculdade de Tecnologia de São Paulo, 2012. Disponível em: <http://www.fatecsp.br/dti/tcc/tcc00084.pdf>. Acesso em: 13 dez. 2018.

POPPER, K. R. **A lógica da investigação científica**. Tradução de P. R. Mariconda. São Paulo: Abril Cultural, 1975a. (Coleção Os Pensadores).

_____. **Conhecimento objetivo**: uma abordagem evolucionária. Tradução de Milton Amado. Belo Horizonte: Itatiaia; São Paulo: ed. da USP, 1975b.

PORTAL EDUCAÇÃO. Layout – arranjo físico. **Portal Educação**, Administração e Gestão, 2018. Disponível em: <https://www.portaleducacao.com.br/conteudo/artigos/administracao/layout-arranjo-fisico/46371>. Acesso em: 20 dez. 2018.

PORTER, M. E. Strategy and the Internet. **Harvard Business Review**, Mar. 2001. Disponível em: <https://hbr.org/2001/03/strategy-and-the-internet>. Acesso em: 5 mar. 2019.

_____. What is Strategy? **Harvard Business Review**, v. 74, n. 6, p. 61-78, 1996.

PRÉVE, A. D. **Organização, sistemas e métodos**. Universidade Federal de Santa Catarina, Centro Socioeconômico, Departamento de Ciências da Administração, 2013. Notas de aulas. Disponível em: <http://portal.cad.ufsc.br/files/2013/11/ÚLTIMAapostila-2013.02-OSM.pdf>. Acesso em: 9 ago. 2018.

PROCESSMIND. **Cadeia, projeto e rede de valor**: comparativo entre modelos. Disponível em: <https://thebpmexperience.files.wordpress.com/2006/09/modelos-de-gestao-por-processos-01.jpg>. Acesso em: 9 ago. 2018.

PWC – PricewaterhouseCoopers. The Top Innovators and Spenders. **Strategy&**, 2016. Disponível em: <http://www.strategyand.pwc.com/global/home/what-we-think/innovation1000/top-innovators-spenders>. Acesso em: 16 abr. 2016.

RESTREPO, M. J.; ANGULO, J. R. **Intervir en la organización**. Bogotá: Significantes de Papel Ediciones, 1992.

REZENDE, D. A. **Engenharia de software e sistemas de informação**. 3. ed. Rio de Janeiro: Brasport, 2005.

REZENDE, E. A. **Tela de modelo de negócio**. Rio de Janeiro, 11 jan. 2014. Disponível em: <https://pt.slideshare.net/druckersocietyrio/tela-de-modelo-de-negcio-definies-e-exemplos>. Acesso em: 20 mar. 2019.

RIGBY, D. K. **Ferramentas de gestão**: um guia para executivos. São Paulo: Bain & Company, 2009.

_____. **Management Tools 2015**: an Executive's Guide. Boston: Bain & Company, 2015. Disponível em: <http://www.bain.com/Images/BAIN_GUIDE_Management_Tools_2015_executives_guide.pdf>. Acesso em: 4 mar. 2019.

RIGBY, D. K.; BILODEAU, B. **Management Tools & Trends 2011**. Boston: Bain & Company, 2011. Disponível em: <http://www2.bain.com/bainweb/images/Management_Tools_2011_POR.PDF>. Acesso em: 26 set. 2015.

_____. **Management Tools & Trends 2015**. Boston: Bain & Company, 2015. Disponível em: <http://www.bain.com/Images/BAIN_BRIEF_Management_Tools_2015.pdf>. Acesso em: 9 ago. 2018.

ROCHA, L. O. L. da. **Organização e métodos**: uma abordagem prática. São Paulo: Atlas, 1998.

SANTANDER. **Relatório Anual 2010**. Desempenho dos negócios. 2010. Disponível em: <https://www.santander.com.br/portal/wps/gcm/package/relacoes_com_investidores/ra_portugues020811_68806/desempenho-dos-negocios.html>. Acesso em: 8 ago. 2018.

SANTOS, M. A. dos. Modelos de gestão por processos. **The BMP Experience/Pcrocessmind**, 4 set. 2006. Disponível em: <https://thebpmexperience.wordpress.com/2006/09/04/modelos-de-gestao-por-processos/>. Acesso em: 8 ago. 2018.

_____. Rede de valor: um modelo de gestão por processos para empresas de serviços. **The BMP Experience/Pcrocessmind**, mar. 2009. Disponível em: <https://thebpmexperience.wordpress.com/2009/03/23/rede-de-valor-um-modelo-de-gestao-por-processos-para-empresas-de-servicos/>. Acesso em: 4 dez. 2018.

SCHEIN, E. H. **Guia de sobrevivência da cultura corporativa**. Rio de Janeiro: J. Olympio, 2001.

SCIENCEOGRAM. Global Private and Public R&D Funding. **Scienceogram**, UK, 2013. Disponível em: <https://scienceogram.org/blog/2013/05/science-technology-business-government-g20/>. Acesso em: 8 ago. 2018.

SEBRAE – Serviço Brasileiro de Apoio às Micro e Pequenas Empresas. Canvas: como e por que utilizar esta ferramenta para criar o seu modelo de negócio. **Inovação Sebrae Minas**, 10 abr. 2017. Disponível em: <http://inovacaosebraeminas.com.br/dcanvas-como-e-por-que-utilizar-esta-ferramenta-para-criar-o-seu-modelo-de-negocio-2/>. Acesso em: 15 dez. 2018.

_____. **Entenda o design thinking**. Disponível em: <http://www.sebrae.com.br/sites/PortalSebrae/artigos/entenda-o-design-thinking,369d9cb730905410VgnVCM1000003b74010aRCRD>. Acesso em: 8 ago. 2018.

SILVA, D. C. et al. Contribuições científicas de Bernard Forest de Bélidor para o estudo e a organização do trabalho. In: SILVA, J. C. P. da; PASCHOARELLI, L. C. (Org.). **A evolução histórica da ergonomia no mundo e seus pioneiros**. [on-line]. São Paulo: Ed. da Unesp; Cultura Acadêmica, 2010. p. 17-26.

SILVA, D. G. da. Holacracia: um guia (quase) definitivo sobre o sistema. **Target Teal**, dez. 2017. Disponível em: <https://targetteal.com/pt/blog/holacracia-guia/>. Acesso em: 19 dez. 2018.

SILVA, E. S. **Manual de comunicação interna**: grandes resultados, baixos custos. Salvador: Clube de Autores, 2010.

SILVA, J. C. T. Tecnologia: conceitos e dimensões. In: ENCONTRO NACIONAL DE ENGENHARIA DE PRODUÇÃO, 22., 2002, Curitiba. **Anais**... Curitiba: Enegep, 2002. Disponível em: <http://www.abepro.org.br/biblioteca/enegep2002_tr80_0357.pdf>. Acesso em: 4 dez. 2018.

SILVA, J. R. da. Tipos de estruturas organizacionais. **Efetividade**, 3 nov. 2011. Disponível em: <http://www.efetividade.blog.br/tipos-de-estruturas-organizacionais/>. Acesso em: 8 ago. 2018.

SILVEIRA NETO, J. M. **Lei de Moore**. Creative Commons Attribution. 2006. Disponível em: <https://pt.wikipedia.org/wiki/Lei_de_Moore#/media/File:Lei_de_moore_2006.png>. Acesso em: 20 dez. 2018.

SINCLAYR, L. **Organização e técnica comercial**: introdução à administração. 13. ed. São Paulo: Saraiva, 1991.

SROUR, R. H. **Poder, cultura e ética nas organizações**. Rio de Janeiro: Campus, 1998.

STAMFORD, C. Gartner's 2015 Hype Cycle for Emerging Technologies Identifies the Computing Innovations That Organizations Should Monitor. **Gartner**, aug. 2015. Disponível em: <https://www.gartner.com/en/newsroom/press-releases/2015-08-18-gartners-2015-hype-cycle-for-emerging-technologies-identifies-the-computing-innovations-that-organizations-should-monitor>. Acesso em: 18 dez. 2018.

STEENSMA, H. K. Acquiring Technological Competencies through Inter-Organizational Collaboration: an Organizational Learning Perspective. **Journal of Engineering and Technology Management**, v. 12, n. 4, p. 267-286, Jan. 1996.

STOECKL, K. **Componentes organizacionais e o desenvolvimento da confiança intraorganizacional:** um estudo múltiplo de casos em clubes de serviço. Dissertação (Mestrado em Administração) – Universidade Federal do Paraná, Curitiba, 2011. Disponível em: <https://acervodigital.ufpr.br/handle/1884/26229>. Acesso em: 1º mar. 2019.

STONER, J. A. F. **Administração**. Tradução de José Ricardo Brandão Azevedo. 2. ed. Rio de Janeiro: Prentice Hall, 1985.

TARGET TEAL. A Target Teal: Org-rede de facilitadores. **Target Teal**, 2017. Disponível em: <https://targetteal.com/pt/a-target-teal/>. Acesso em: 19 dez. 2018.

TEF. **Human Intuitive Perspective of Technological Advancement the Five Years**. 2012a. Disponível em: <http://theemergingfuture.com/speed-technological-advancement.htm>. Acesso em: 17 dez. 2018.

_____. **Human Intuitive Perspective of Technological Advancement in Fifty Years**. 2012b. Disponível em: <http://theemergingfuture.com/speed-technological-advancement-fifty-years.htm>. Acesso em: 17 dez. 2018.

TEIXEIRA, E. Reflexões sobre o paradigma holístico e holismo e saúde. **Revista de Escola de Enfermagem da USP**, v. 30, n. 2, p. 286-290, ago. 1996. Disponível em: <http://www.scielo.br/pdf/reeusp/v30n2/v30n2a08.pdf>. Acesso em: 28 fev. 2019.

TGN. **O SoftExpert SE BPM**. 2018. Disponível em: <https://tgnbrasil.com.br/gestao-de-processos-de-negocio-bpm>. Acesso em: 18 dez 2018.

THE BRIDGESPAN GROUP. **Designing an Effective Organization Structure**. 2009. Disponível em: <https://www.csbgtta.org/index2.php?option=com_member&task=toolkit&act=download&id=152&no_html=1&Itemid=1>. Acesso em: 19 nov. 2017.

TRT – Tribunal Regional do Trabalho. **1ª Pesquisa Online sobre Qualidade de Vida no Trabalho no TRT da 18ª Região**: relatório. Disponível em: <http://docplayer.com.br/4693584-1a-pesquisa-online-sobre-qualidade-de-vida-no-trabalho-no-trt-da-18a-regiao-2011-relatorio.html>. Acesso em: 8 ago. 2018.

UHLMANN, G. W. **Teoria geral dos sistemas**: do atomismo ao sistemismo (uma abordagem sintética das principais vertentes contemporâneas desta prototeoria). São Paulo: Instituto Siegen, 2002.

V4 CONSULTING. **V4YB**: arquitetura organizacional. Disponível em: <http://www.v4consulting.com.br/arquitetura-organizacional>. Acesso em: 6 mar. 2019.

VASCONCELLOS, E. P. G. de. **Contribuições ao estudo da estrutura administrativa**. Tese (Doutorado em Administração) – Universidade de São Paulo, São Paulo, 1972.

VENTURA, R. Mudanças no perfil do consumo no Brasil: principais tendências nos próximos 20 anos. **Macroplan**, ago. 2010. Disponível em: <http://macroplanconsultoria.com.br/Documentos/ArtigoMacroplan2010817182941.pdf>. Acesso em: 18 dez. 2018.

VERASZTO, E. V. **Projeto Teckids**: educação tecnológica no ensino fundamental. 195 f. Dissertação (Mestrado em Educação) – Universidade Estadual de Campinas, Campinas, 2004. Disponível em: <http://repositorio.unicamp.br/handle/REPOSIP/253600>. Acesso em: 6 mar. 2019.

_____. **Tecnologia e sociedade**: relações de causalidade entre concepções e atitudes de graduandos do Estado de São Paulo. 2009. 289 f. Tese (Doutorado em Educação) – Universidade Estadual de Campinas, Campinas, 2009. Disponível em: <http://repositorio.unicamp.br/jspui/handle/REPOSIP/251718>. Acesso em: 6 mar. 2019.

VERASZTO, E. V. et al. Tecnologia: buscando uma definição para o conceito. **Prisma**, n. 7, p. 60-85, 2008. Disponível em: <http://revistas.ua.pt/index.php/prismacom/article/view/681/pdf>. Acesso em: 8 ago. 2018.

VIANNA, M. et al. **Design Thinking**: inovação em negócios. Rio de Janeiro: MJV Press, 2012.

WANZELER, M. dos S.; FERREIRA, L. M. L.; SANTOS, Y. B. I. Padronização de processos em uma empresa do setor moveleiro: um estudo de caso. In: ENCONTRO NACIONAL DE ENGENHARIA DE PRODUÇÃO, 30., 2010, São Carlos. **Anais**... Disponível em: <http://www.abepro.org.br/biblioteca/enegep2010_tn_stp_113_745_16460.pdf>. Acesso em: 8 ago. 2018.

WEST, H.; COUTINHO, A. Business Design. **Harvard Business Review**, 2012. Disponível em: <https://hbrbr.uol.com.br/business-design/>. Acesso em: 5 jan. 2013.

WILDAUER, E. W. **Plano de negócios**: elementos constitutivos e processo de elaboração. Curitiba: InterSaberes, 2012.

YAMAOKA, J. Estrutura organizacional de grupos: prepare-se para essa tendência. **Exame**, Você RH, 18 abr. 2017. Disponível em: <https://exame.abril.com.br/negocios/estrutura-organizacional-de-grupos-prepare-se-para-essa-tendencia/> Acesso em: 8 ago. 2018.

ZAVADIL, P. R. **Plano de negócios**: uma ferramenta de gestão. Curitiba: InterSaberes, 2013.

[respostas]

- **Capítulo 1**

    1. d. Comentário: O único item que se apresenta fora do contexto de OSM é o III, pois o termo é aplicado em empresas de diferentes setores.

    2. c

    3. a

    4. Comentário: No início, a função de OSM era isolada e normativa. Com a evolução da área, a OSM se tornou integrativa no cotidiano das organizações atuais. Podemos citar a aplicação da função de OSM como finalidade normativa, tal como feito antigamente, ou como elemento fundamental na melhoria e na integração dos processos de negócios atualmente.

        Comentário: A única resposta que trata da evolução correta da OSM é a alternativa "e". Atualmente a OSM em conjunto com o design organizacional é focado nos processos de negócio como um todo. A atual OSM está mais planejada na estratégia. Procura utilizar os melhores processos para alcançar os objetivos da organização. Tem como finalidade consultiva e colaborativa de melhoria nos processos de negócios. Usa como ferramentas no processo de melhoria das empresas: organogramas, formulários, fluxogramas, modelagem de negócio e as modernas ferramentas de gestão organizacional, com o intuito de eliminar o supérfluo e, principalmente, otimizar os recursos das empresas e maximizar os resultados organizacionais.

    5. Alguns exemplos nos dias atuais são os estudos sobre o trânsito em grandes cidades, sobre a saúde e sobre os sistemas do organismo humano e suas inter-relações, além de outros sistemas que fazem parte de nosso cotidiano.

Capítulo 2

1. b
2. a
3. c
4. Em nível global e mais especificamente na Europa, nos países do Oriente e na África, a ferramenta *Customer Relationship Management* (Gestão de Relacionamento com o Cliente) apareceu na primeira colocação. Em nível global e especificamente nas Américas, na segunda colocação, aparece a ferramenta *Benchmarking*. De maneira geral, as ferramentas de gestão mais utilizadas pelas empresas em 2014 foram *Customer Relationship Management* (Gestão de Relacionamento com o Cliente), *Benchmarking*, *Employee Engagement Surveys* (Pesquisas de Engajamento de Colaboradores) e *Strategic Planning* (Planejamento Estratégico). Dentre as que obtiveram os maiores índices de satisfação estavam *Big Data Analytics*, *Total Quality Management* (TQM – Gestão da Qualidade Total), *Disruptive Innovation Labs* (laboratórios de inovação disruptiva) e *Customer Segmentation* (Segmentação de Clientes).
5. Uma das ferramentas emergentes cujo potencial de aplicação visa resultados da organização é, por exemplo, a *Big Data Analytics*, que corresponde à análise de grande quantidade de dados na internet, tarefa com base na qual é possível descobrir o verdadeiro potencial de compra de produtos dos clientes e prever qual é a real necessidade deles, tudo isso com base nos dados de procura de produtos de seus clientes na rede mundial de computadores.

Capítulo 3

1. d
2. c. Comentário: A matricial envolve a aplicação da estrutura funcional e a de *staff* ou assessoria no mesmo organograma. A unidade de comando perde a importância, sendo compartilhada.
3. d
4. A questão deve ser respondida a depender da estrutura escolhida e da relação feita com tipo de negócio considerado mais viável.

5. O modelo de aprendizagem organizacional pode ser entendido como a maneira pela qual as corporações enfrentam as demandas das atividades rotineiras e as transformam de modo inovador, gerando valor para a organização. Os benefícios da aplicação desse modelo de gestão são: melhoria dos processos, acúmulo de experiência, ganho de rendimento, desenvolvimento de uma cultura inovadora.

■ Capítulo 4

1. c. Comentário: No mencionado ambiente, a organização pode exercer influência, diferentemente do que acontece com o ambiente externo, cuja estrutura ela não consegue alterar. O ambiente de negócio (ou setorial) é composto por diversas forças competitivas, as quais Porter (1996) dividiu em cinco.

2. d. Comentário: Como a organização não pode controlar as tendências do ambiente externo, uma vez que existe uma infinidade de variáveis, ela precisa criar um sistema de informação para monitoramento desses fatores ambientais incontroláveis. A escolha dos indicadores corretos, portanto, é fundamental para sobrevivência do negócio. Uma vez que o ambiente externo é amplo e disperso, querer monitorar todas as variáveis passaria a ser uma tarefa muito exaustiva.

3. d. Comentário: O modelo foi criado de forma simples e visual para possibilitar estruturar o modelo de negócio, sendo utilizado por empresas de diferentes portes e atuação. A ferramenta *Business Model Canvas* (Quadro do Modelo de Negócio, em português) é usada principalmente por empresas recém-criadas, na fase inicial de planejamento, sendo constituída de nove blocos, a saber: segmento de clientes, proposta de valor, canais, relacionamento com clientes, fontes de receita, recursos principais, atividades-chave, parcerias principais e estrutura de custos.

4. c

5. c

6. Comentário: Indicadores possíveis:

Demográfico	Tamanho e densidade e distribuição geográfica populacional. Nível de escolaridade.
Econômico	Renda real da população. Distribuição de renda.

7. Comentário: Como exemplo, podemos citar os seguintes itens: avaliar a competitividade da organização; tratar de aspectos dos recursos e capacidades organizacionais; fazer um levantamento dos valores e de elementos da cultura organizacional, de fatores críticos de sucesso, sistemas e processos; aplicar a estrutura dos 7S, analisando o potencial que a organização tem de reunir sete fatores para se tornar excelente.

■ Capítulo 5

1. c. Comentário. A intensidade da utilização de tecnologia em determinado país vai depender do nível de investimento em pesquisa e desenvolvimento P&D que for feito. A maioria das pesquisas traz um comparativo em relação ao Produto Interno Bruto (PIB).

2. c

3. c

4. c

5. Há uma relação da evolução da tecnologia nos dias atuais e a obsolescência, por exemplo, de celulares, computadores e televisores de tela plana.

6. As tendências observadas são: "mundo sem fronteira: em qualquer lugar do mundo virtualmente conectado"; "acesso aos aplicativos populares em TV conectadas à internet"; "convergência de serviços de acesso em computadores para as TVs modernas".

■ Capítulo 6

1. c. Comentário: As duas assertivas são verdadeiras. A segunda justifica a primeira, porque o empreendedor precisa compreender como projetar o futuro mediante a construção de cenários e a análise de todos os ambientes que têm influência no sucesso do empreendimento.

2. d. Comentário: As duas assertivas são verdadeiras. A segunda justifica a primeira, pois o empreendedor inicialmente precisa avaliar com propriedade o mercado em que atua.

[sobre o autor]

Graduado em Administração (2006) – com habilitação em Análise de Sistemas – pelo Centro Universitário Internacional Uninter, tem MBA em Gestão de Tecnologia da Informação (2007) pelo Instituto Brasileiro de Pós-Graduação e Extensão (Ibpex) e extensão em Magistério do Ensino Superior (2007) por essa mesma instituição. Atuou como coordenador de curso e do núcleo comum dos Cursos Superiores de Tecnologia na Escola Superior de Negócios e como Revisor do Banco Nacional de Itens (BNI) da Educação Superior para a construção dos instrumentos de avaliação do Exame Nacional de Desempenho dos Estudantes (Enade/Sinaes), do Instituto Nacional de Estudos e Pesquisas Educacionais Anísio Teixeira (Inep). É docente na modalidade presencial nas disciplinas de Sistemas Organizacionais, Projeto Integrador e Aprendizagem Baseadas em Problemas (PBL), e na modalidade a distância, nas disciplinas de Fundamentos de Gestão e Sistemas de Informação Gerencial. Atua como Coordenador Geral do Grupo de Trabalho do Enade e é representante docente do Consu (Conselho Superior de Gestão Universitária) no Centro Universitário Internacional Uninter, onde também é assessor na Reitoria e na Pró-Reitoria de Administração na consolidação de informações estratégicas.

Os papéis utilizados neste livro, certificados por instituições ambientais competentes, são recicláveis, provenientes de fontes renováveis e, portanto, um meio sustentável e natural de informação e conhecimento.

FSC
www.fsc.org
MISTO
Papel produzido
a partir de
fontes responsáveis
FSC® C057341

Impressão: Log&Print Gráfica & Logística S.A.
Julho/2020